农村中小学
音乐教育现状的
思考与应对策略的探究

骆丽丽 林 宏 骆军英 主编

中国商务出版社

图书在版编目（CIP）数据

农村中小学音乐教育现状的思考与应对策略的探究 / 骆丽丽，林宏，骆军英主编 . -- 北京：中国商务出版社，2020.5

ISBN 978-7-5103-3323-1

Ⅰ. ①农… Ⅱ. ①骆… ②林… ③骆… Ⅲ. ①音乐课 – 教学研究 – 中小学 Ⅳ. ① G633.951.2

中国版本图书馆 CIP 数据核字（2020）第 064922 号

农村中小学音乐教育现状的思考与应对策略的探究
NONGCUN ZHONGXIAOXUE YINYUE JIAOYU XIANZHUANG DE SIKAO YU YINGDUI CELUE DE TANJIU

骆丽丽　林　宏　骆军英　主编

出　　　版	中国商务出版社		
地　　　址	北京市东城区安定门外大街东后巷 28 号	邮　　编	100710
责任部门	职业教育事业部（010-64218072　295402859@qq.com）		
责任编辑	周　青		
总　发　行	中国商务出版社发行部（010-64208388　64515150）		
网　　　址	http://www.cctpress.com		
邮　　　箱	cctp@cctpress.com		
排　　　版	北京亚吉飞数码科技有限公司		
印　　　刷	三河市铭浩彩色印装有限公司		
开　　　本	710 毫米 × 1000 毫米　1/16		
印　　　张	23	字　　数	412 千字
版　　　次	2021 年 3 月第 1 版	印　　次	2021 年 3 月第 1 次印刷
书　　　号	ISBN 978-7-5103-3323-1		
定　　　价	86.00 元		

凡所购本版图书有印装质量问题，请与本社总编室联系。（电话：010-64212247）

版权所有　盗版必究（盗版侵权举报可发邮件到本社邮箱：cctp@cctpress.com）

编委会

主　编：骆丽丽　　林　宏　　骆军英
副主编：胡　琴　　张翠萍　　宁　喆　　刘艳菊
　　　　徐　青　　胡钦之　　徐彩萍　　苑琳琳
　　　　操　冰　　华　珊　　张闻棠　　胡金莲
　　　　匡　赛　　万玉洁　　孙文慧　　龙杨眉
　　　　陈　星　　王文娟　　刘宝红　　郑敏吉
　　　　刘　梅　　潘芮孜　　杨印丽

序

在我国深化教育改革、全面推进素质教育、努力促进教育公平、实现教育持续健康发展的背景下,音乐学科课程的学习为培养学生良好的审美情趣和人文素养发挥出了重要作用。音乐是人类最古老、最具普遍性和最具感染力的艺术形式之一,是人类精神生活的有机组成部分。作为人类文化的一种重要形态和载体,音乐蕴含着丰富的文化内涵,以其独特的艺术魅力伴随人类历史的发展,满足人们的精神文化需求。对音乐的感悟、表现和创造,是人类的一种基本素质和能力。音乐课程的价值在于为学生提供审美体验,陶冶情操,启迪智慧;开发创造性发展潜能,提升创造力;传承民族优秀文化,增进对世界音乐文化丰富性和多样性的认识和理解;促进人际交往、情感沟通及和谐社会的构建。

依照国务院办公厅颁布的《关于全面加强和改进学校美育工作的意见》这一指导性文件,全面贯彻党的教育方针,"立德树人",培养造就德智体美全面发展的社会主义建设者和接班人是我们当代教育的根本任务。

习近平总书记在2018年全国教育大会上再次强调:"要全面加强和改进学校的美育工作,坚持以美育人、以文化育人,提高学生审美与人文素养。"新《课标》中指出,音乐学科课程是面向全体学生的一门必修课程,不论是九年义务教育阶段还是普通高中阶段都是如此。如何认真贯彻落实党的十九大精神和教育大会的精神呢?

黄冈市音乐教师在市教科院音乐教研员老师的带领下,以提高农村中小学音乐教育教学质量为出发点,从2019年开始,开展了省级课题《提高农村中小学音乐教育质量的策略研究》的研究工作。

2019年6月份,笔者以特邀课题评审指导专家的身份有幸参加了全市音乐学科省级课题中期成果交流会,会议期间展示出的课题成果丰富,精彩纷呈。老师们通过课题研究PPT汇报,纷纷发表了自己对当前农村中小学音乐教育存在的问题及其改变策略的见解。通过第一手资料——真实的调查数据,专家们分析原因,探讨应对策略;在优质课展示环节,骨干教师们毫无保留地呈现着精彩活动,观摩学习的老师认真做笔记,课题探讨会场气氛热烈!使笔者深受感动!有这样一群有教育情怀的教师们,我们的艺术教育大有希望!

  通过课题研究活动,以课题为抓手,促进音乐教师针对学科教学的现状、问题进行研究,解决实际教学问题,书中对音乐学科素养的关注是提高农村中小学音乐教学质量的主要策略;对如何加快教师的专业发展和加强激励措施以及多种课堂教学模式探究,教师们也有独到的见解。为扎实推进新时代学校美育的改革与发展,让我们一起努力改变当前农村音乐教育的现状,把课题研究成果进行推广,以促进当前农村中小学校音乐教育教学工作的开展和同行们之间的交流,让农村中小学每个孩子都能享受到优质音乐教育。课题研究的成果以优秀论文形式出版,特作此序以示祝贺!

黄冈师范学院音乐学院 段友芳
2019 年 9 月 18 日

前　言

自国务院办公厅《关于全面加强和改进学校美育工作的意见》(2015年)文件颁发以来,经过各地有关部门的共同努力,农村中小学美育教育的现状有了一定改观。但总体上看,美育仍是整个教育事业中的薄弱环节,主要表现在农村中小学校美育课程得不到落实。其原因是一些地方和学校领导的传统应试思维还未改变,对美育育人功能认识不到位,应付、挤占、停上美育课的现象仍然普遍存在;资源配置不达标,美育教师仍然缺额较大,导致农村中小学音乐课不能按国家要求和课标进行,并缺乏统筹整合的协同推进机制。

2018年习近平总书记在全国教育大会上强调:"要全面加强和改进学校的美育,坚持以美育人、以文化育人,提高学生审美与人文素养。"十九大报告中对全面改进美育教学又做出重要部署,全面贯彻党的教育方针,以"立德树人"为根本任务,促进学生全面发展,培养造就德智体美全面发展的社会主义建设者和接班人,艺术教育是不可分割的组成部分。坚持以育人为本,面向全体,缩小城乡差距和校际差距,让每个学生都享有接受美育的机会。

国家文件指导性非常强,为什么在实际教育工作中落实起来就那么艰难呢?我们在这次音乐学科的省级课题研究调研中发现,要提高农村中小学音乐教育质量,从国家层面的文件精神颁布到学习理解再实施,中间有很大一段距离,需要我们教研员和广大的农村中小学音乐教师通过自己的努力完成这一部分工作。地方部分教育部门和学校领导忙于应付其他事,对美育《意见》精神没能认真学习。作为音乐教育工作者,在国家如此重视美育教育的今天,我们要来搭建起农村中小学音乐教育正常开展、落实按课标上课的桥梁,我们广大音乐教育工作者的使命感促使我们来推进这项工作。

本书分三个部分,第一部分,关于农村中小学音乐教育现状调查与思考;第二部分,提高农村中小学音乐教育教学质量的主要策略"关注音乐学科核心素养,让学生快乐识谱歌唱"的探索;第三部分,音乐教师发展及对各种教学模式的探究。

课题研究促使我们音乐教师专业成长、个人综合素质逐步提高,让音乐老师不仅会歌唱、弹琴、跳舞,而且还能通过撰写论文把自己的教学成果提炼,做新时代研究型教师!这也是我们广大农村中小学音乐老师的追求,我们把课题研究的探索作为一个教研成果,以出版的形式整理出来与同行相互交流,相互学习。

　　由于编者水平有限,时间紧迫,书中有不足或错误之处,敬请同行和老师们批评指正。

编　者
2020 年 4 月

目 录

第一部分：农村中小学音乐教育现状的调查与思考1

农村中小学音乐教育质量亟待提高及有效策略
………………………… 黄冈市教育科学研究院 骆丽丽 1
如何有效评价中小学音乐教学质量
　　——关于黄州区中小学音乐教学质量评价方案的思考
………………………… 湖北省黄冈市黄州区教研室 赵利红 6
农村乡镇高中音乐教育现状浅析
………………………… 湖北省黄冈市英山县第一中学 郑 阵 9
浅谈农村中小学音乐教育的现状——以团风县为例
………………………… 湖北省黄冈市团风县思源实验学校 吴保娟 12
农村小学音乐教学探究
………………………… 湖北省黄冈市团风思源实验学校 刘 莉 15
农村中小学音乐学科教育路在何方
………………………… 湖北省黄冈市浠水县汪岗镇初级中学 胡癸平 18
浅谈农村中小学音乐教学现状
………………………… 湖北省黄冈市浠水县思源实验学校 孙 杰 21
有关农村初中音乐课教学的几点思考
………………………… 湖北省黄冈市蕲春县实验中学 宋玲珍 24
提高农村中小学音乐课堂教学质量之我见
………………………… 湖北省黄冈市浠水县浠水师范附属小学 范 莎 27
农村中小学音乐教育的现状与思考
………………………… 湖北省黄冈市巴河镇巴驿小学 杨印丽 艾婷婷 30
农村中小学音乐教育存在的问题与对策
………………………… 湖北省红安县永河小学 徐文亮 33
浅淡革命老区农村小学音乐教学现状与对策
………………………… 湖北省黄冈市红安县龙泉小学 刘宝红 汪 玲 37
改善农村中小学音乐教育现状及应对策略的研究
………………………… 湖北省黄冈市蕲春县教研室 操 冰 41

· 1 ·

浅析农村中小学音乐教学中常见的两大误区的成因及改变策略
············湖北省黄冈市蕲春县青石镇中心小学　陈小青 45
对农村学校音乐教育现状的思索
············湖北省黄冈市蕲春县西驿中心小学　余潇潇 50
浅谈农村音乐教育若干问题的思考
············湖北黄冈市省蕲春县第二实验小学　刘　芳 53
蕲春县农村高中音乐教育现状及提升的策略
······················蕲春县实验高级中学　王俊秀 56
小学音乐教育现状调查报告——以大同镇何铺小学为例
··············湖北省黄冈市蕲春县实验小学　冯小红 59
针对农村中小学音乐教育现状的探讨
　　　——横车中学的音乐教育现状及整改意见
··············湖北省黄冈市蕲春县实验小学　熊晨婷 63
关于提高农村中小学音乐教学质量的策略
····················湖北省黄冈市黄冈中学　贺　晨 67
中小学音乐教育现状的分析
················湖北省黄冈市团风县实验中学　魏　芳 70
黄州区小学音乐教育现状与对策
················湖北省黄冈市黄州区赤壁中学　陈　星 74
小学低年级音乐教学中课堂教学方法的初探
··············湖北省黄冈市黄冈思源实验学校　程　静 78
"音"为有爱　"乐"中思忧——浅谈小学音乐教育的现状及对策
························蕲春县实验小学　吴金金 82
浅谈农村小学音乐教师的现状与改变策略
··············湖北省黄冈市蕲春县实验小学　梅傲雪 86
如何改变农村中小学音乐教育现状
··············湖北省黄冈市蕲春县实验小学　刘　帅 89
提高农村小学音乐教育质量之我见
··········湖北省黄冈市麻城市中馆驿镇中心小学　侯定勇 92
论当今教育形势对音乐教师的素质要求
··············湖北省黄冈市蕲春县实验中学　董赛群 96
提高中学音乐教学质量的策略初探
················湖北省黄冈市黄州西湖中学　林　宏 100
浅谈农村小学音乐教学中的学科融合——以音乐与舞蹈的融合为例
··············湖北省黄冈市黄州思源实验学校　吕阳 103

提高农村小学音乐教育质量的策略初探
.... 湖北省黄冈市黄州区县考棚小学 余 瑶 107
浅谈如何加强农村中小学音乐教育
.... 湖北省黄冈市英山县理工中专 姜友玲 110

第二部分：提高农村中小学音乐教育教学质量的主要策略探究…113
小学音乐识谱教学的现状及教学策略探究
.... 湖北省黄冈市实验小学 张翠萍 113
让低年级学生在音乐活动中轻松识谱歌唱的初探
.... 湖北省黄冈市实验小学 田 梦 117
浅谈如何利用想象力趣识五线谱
.... 湖北省黄冈市实验小学 徐 雯 121
如何在小学音乐教学中让学生轻松识谱快乐歌唱
.... 湖北省黄冈市实验小学 胡钦之 124
浅析识谱在音乐教学中的重要性
.... 湖北省黄冈市实验小学 谢 荟 127
巧用柯达伊教学法，让学生快乐识谱
.... 湖北省黄冈市实验小学 骆军英 131
小学生识谱教学之我见
.... 湖北省黄冈市东坡小学 苑琳琳
湖北省黄冈市思源实验学校 张胜强 134
柯达伊手势在常规音乐课中的运用
.... 湖北省黄冈市黄州区实验小学 胡 琴 137
如何培养小学歌唱教学的音乐素养
.... 湖北省黄冈市黄州区实验小学 徐彩萍 140
小学识谱教学方法的初探
.... 黄冈市黄州区实验小学 王文娟 143
在音乐教学中如何运用听赏环节
.... 湖北省黄冈市黄州区实验小学 龙杨眉 146
柯尔文手势在小学低年级歌唱教学中的运用
.... 湖北省黄冈市黄州区实验小学 张闻棠 149
柯达伊教学法在小学合唱教学中的妙用
.... 湖北省黄冈市黄州区思源实验学校 陈 燕 152
小学音乐识谱教学策略探究
.... 湖北省团风中学 李志梅 155

· 3 ·

团风县团风小学中年级音乐识谱教学现状及改变现状的策略
.... 湖北省黄冈市团风县团风小学　方　娅 158
浅谈农村中学生的识谱与歌唱教学
.... 湖北省黄冈市罗田第一中学　梁晓凤 161
运用灵活多变教学方法　提高小学生识谱唱歌能力
.... 湖北省黄冈市罗田县实验小学　王利容　乐晓峰 164
如何落实农村中小学合唱教学
.... 湖北省黄冈市浠水县第二实验小学　鲁　滢 168
浅谈如何提高农村小学生的音乐识谱歌唱能力
.... 湖北省黄冈市浠水县洗马镇翔宇小学　汪梦婷 171
浅谈唱歌教学与识谱关系
.... 湖北省黄冈市浠水县清泉镇张家坪小学　陈胜红 175
农村中小学合唱训练能力培养和提升策略研究
.... 湖北省黄冈市浠水县第二实验小学　田续敏 178
低段识谱教学趣味"四法"
.... 湖北省黄冈武穴市师范附属小学　徐　青 181
如何提高小学生唱谱能力
.... 湖北省黄冈武穴市师范附属小学　陈　思 184
浅谈如何提高小学生识谱能力
.... 湖北省黄冈市实验小学　许　可 188
让孩子快乐识谱——浅谈我的小学音乐识谱教学
.... 湖北省黄冈市黄州区考棚小学　曾若影 190
浅谈如何在初中学校乐队中培养学生的识谱能力
.... 湖北省黄冈市启黄中学　王　萧 193
浅谈小学低年级识谱教学
.... 湖北省黄冈市黄州思源实验学校　程　珍 196

第三部分：教师素质提高及中小学各种课堂教学模式的探究 …… **199**
丝竹悦耳　琴瑟沁心——《民乐合奏》选课走班课程探索与实践
.... 湖北省黄冈中学　华　珊 199
浅析小学音乐教学中学生创新能力的培养
.... 湖北省黄冈市东坡小学　谢　鸽 205
运用柯达伊教学法 提高学生音乐能力
.... 湖北省黄冈市黄州西湖中学　林桂芳 208
新课改形势下高中音乐鉴赏课中落实课标的路径
.... 湖北省黄冈市黄州区第一中学　刘艳菊 212

小学音乐乐理知识教学中微课的运用
………………… 湖北省黄冈黄州区东门学校 孙文慧 215
立足素养培养　情满音乐课堂
………………… 湖北省黄冈市罗田县实验小学　石桂红 刘　芳 218
中小学音乐教师声乐素质谈
………………… 湖北省浠水县特殊教育学校 徐冠林 222
利用红色本土资源，进行小学音乐特色课程建设
………………… 湖北省黄冈市红安县龙泉小学 江　丽 229
别样撞色　精彩纷呈——让流行音乐走进音乐课堂
………………… 湖北省黄冈市黄梅县八角亭中学 刘　芳 232
低年级唱歌教学中游戏的运用
………………… 湖北省黄冈市黄梅县教育科学研究所 宁　喆 236
打造高效音乐课堂之我见
………………… 湖北省黄冈市黄梅县小池镇第一中学 王永红 240
如何提高高中艺术生的视唱能力
………………… 湖北省黄冈市黄梅县第二中学 李文博 243
浅谈小学音乐课堂审美与情感体验
………………… 湖北省黄冈市黄梅县第三小学 刘　梅 246
多元教育中快乐学习，品味艺术中实现成长
　　——有效提升小学音乐课堂教育质量
………………… 湖北省黄冈市蕲春县实验小学 乐　灵 249
中学音乐教学中德育渗透的有效路径探究
………………… 湖北省黄冈市蕲春县第二实验中学 何新秀 252
再谈如何发掘音乐课的文化育人功能
………………… 湖北省蕲春县第三实验中学 赵银银 255
浅谈小学阶段音乐教育的重要性
………………… 湖北省黄冈市第二实验小学 宋　霞 258
从国培中汲取养分，提高音乐教师素养
………………… 湖北省黄冈市团风县王亚南学校 陈　军 261
低年级器乐曲欣赏教学初探
………………… 英山县温泉小学 张志强 264
浅谈如何提升学生的音乐审美能力
………………… 英山县中小学教学研究室 郑　珊 266
浅谈如何提高农村初中音乐教学质量
………………… 湖北省黄冈市英山县实验中学 胡金莲 269

农村中学歌唱教学之有效方法
……………………… 湖北省黄冈市英山县长冲中学　郑敏吉 272
"快乐导航"让低年级的孩子爱上音乐
……………………… 湖北省黄冈市罗田县实验小学　姚　赤　朱　磊 276
小学音乐课堂中合唱教学方法初探
……………………… 湖北省黄冈市武穴市师范附属小学　彭　蕾 280
浅谈小学音乐欣赏教学方法与手段
……………………… 湖北省黄冈市团风县淋山河小学　余文静 283
常规音乐课上如何提高小学生的音乐欣赏能力
……………………… 湖北省黄冈市黄州区东门学校　万玉洁 287
浅谈小学低段音乐欣赏课的教学策略
……………………… 湖北省黄冈市东坡小学　匡　赛 291
小学低段音乐课堂教学之初探
……………………… 湖北省黄冈市东坡小学　杨　贝 294
中学音乐鉴赏课教学模式探索
………… 湖北省黄冈市黄州区思源实验学校　潘沏孜　黄　欢 298
浅谈小学音乐教学中科学歌唱之重要性
……………………… 罗田县凤山镇李家楼小学　张　勇 301
如何在初中音乐课堂中有效开展合唱教学
　　——节奏、音准、和声的训练方法探究
……………………… 湖北省黄冈市蕲春县实验中学　黄二玲 304
浅谈初中音乐教学中如何搞好"三定位"
……………………… 湖北省黄冈市罗田县实验中学　方海霞 308
热情非洲鼓　灵动新课堂——创意教学初探
……………………… 湖北省黄冈市黄州西湖中学　郭　璨 311
如何培养中小学生对音乐课堂的兴趣
……………………… 湖北省黄冈市蕲春县第三实验中学　胡　格 314
构架通往音乐殿堂的桥梁——小学音乐欣赏教学方法初探
……………………… 湖北省黄冈市麻城市实验一小　蔡淑芳 317
浅谈音乐教学中的美育
……………………… 湖北省黄冈市麻城市中馆驿中心小学　吴金芮 320
浅谈钢琴演奏的基本技能对中学音乐教师的重要性
……………………… 黄冈市黄州区西湖中学　石　佩 323
浅谈音乐在舞蹈教学中的重要性
……………………… 湖北省黄冈市黄州西湖中学　熊宏君 327

目 录

浅谈艺术高中声乐教学中的构想与实践
………………………湖北省黄冈市黄州区西湖中学　熊玉华 331
谈音乐教师声乐演唱中呼吸的重要性
………………………湖北省黄冈市黄梅县实验小学　艾平平 334
浅谈如何提高钢琴课堂的教学效率
………………………湖北省黄冈市黄州西湖中学　罗曼丽 337
小学音乐教师钢琴即兴伴奏能力现状分析及应对策略
………湖北省黄冈市蕲春县第二实验小学　田文欢　江　玲 342
浅谈声乐教学中6～12岁女童的嗓音训练
……………………湖北省黄冈市黄州区黄州西湖中学　袁子倩 345

农村中小学音乐教育质量亟待提高及有效策略

黄冈市教育科学研究院　骆丽丽

摘要：我们在课题调研中发现，当前农村中小学音乐教育的现状令人担忧。80%的农村中小学音乐学科不能按课标要求开齐开足音乐课程，初高中学段问题表现得更为突出；应付、挤占、停上音乐课的现象常态存在屡见不鲜；实际工作中音乐师资队伍缺额较大，音乐教师经常被迫改岗教授其他课程，造成音乐教师编制上理论数据与实际教学人数不相符；资源配置不达标，音乐教师上课没有音乐教室、辅助的乐器（如钢琴、电钢琴、电子琴），没有教材、课程资料（教师用书、音像资料），学生上课没有应有的教材（循环教材）等，且缺乏统筹整合的协同推进机制。针对如何坚决贯彻党的教育方针，发挥美育（音乐学科）在完成"立德树人"的根本任务、培养全面发展的社会主义建设接班人的过程中发挥应有的作用，本文对提高农村中小学音乐教育质量的策略做了初步探究。

关键词：农村中小学　音乐教育质量　提高策略

习近平总书记在全国教育大会上强调："要全面加强和改进学校的美育，坚持以美育人、以文化育人，提高学生审美与人文素养。"全面贯彻党的教育方针，以立德树人为根本任务，落实文艺工作座谈会精神，按照国家中长期教育改革和发展规划纲要（2010－2020年）要求，把培育和践行社会主义核心价值观融入学校美育全过程，根植于中华优秀传统文化深厚土壤，汲取人类文明优秀成果，引领学生树立正确的审美观念、陶冶高尚的道德情操、培养深厚的民族情感、激发想象力和创新意识、拥有开阔的眼光和宽广的胸怀，培养德智体美全面发展的社会主义建设者和接班人[1]。

为进一步贯彻落实党的十九大精神和教育大会的精神，深刻认识学校美育工作的重要性和紧迫性，准确把握学校美育发展的状况和面临的挑战，扎实推进新时代学校美育的改革与发展，我市音乐教师积极响应，开展了提高农村中小学音乐教育质量的策略探究工作，改进当前农村音乐教育落后的现状。

音乐学科课程是面向全体学生的一门必修课程,音乐课程的价值在于为学生提供审美体验,陶冶情操,启迪智慧;开发创造性发展潜能,提升创造力;传承民族优秀文化,增进对世界音乐文化丰富性和多样性的认识和理解;促进人际交往、情感沟通及和谐社会的构建[2]。

音乐学科核心素养包括三个方面,即审美感知、艺术表现、文化理解。审美感知是指对音乐艺术听觉特性、表现形式、表现要素、表现手段及其独特美感的体验;艺术表现包括唱歌、演奏、综合艺术表演和音乐创编等;文化理解是指通过感受音乐感知和艺术表现中的音乐艺术的人文内涵,理解不同文化语境。教师应坚持在听觉和体验的基础上进行音乐教学,从音响本体和音乐表现要素(旋律、节奏、速度、力度、音色、调式)等方面,提高学生表达音乐艺术美感和情感内涵的实践能力,培育艺术情趣,丰富人文素养。

近年调查的数据表明,我市中小学1989所,学生人数704756人,现有音乐教师684名,应配2519名,差额1835名;我市目前小、初、高音乐教师配比分别是21%、5%、3%,显然这种现状及结构是很不科学的。农村中小学校领导对美育育人功能认识不足,育人目标滞后,课程行为偏颇,重应试轻素养、重少数轻全体、重比赛轻普及,导致农村中小学校音乐学科"核心素养"的落实存在较大的问题,忽略了音乐学科在完成"立德树人"、培养全面发展根本任务中人的作用,美育仍是整个教育事业中的薄弱环节,农村中小学音乐教育质量亟待提高。

一、领导要改变教育观念,做新时代素质教育的践行者,重视美育教育,开齐开足音乐课程

多年以来,应试教育的"魔棒"一直牵引着我们教育教学的方向,地方教育管理部门领导与农村学校领导及家长只重视文化课的学习,不重视艺术教育,中小学生的文化课的学业任务过重,艺术教育缺失。如何改变领导者的观念呢?

(1)在实际工作中,我们向地方教育部门领导、校长和老师宣传新时代习近平总书记在全国教育工作大会的讲话精神,宣传国务院有关加强和推进艺术教育的文件精神,宣传新课标传递给我们的育人理念,即通过全面的、科学的素质教育,培养德智体美劳全面发展的社会主义接班人,实现新时代"立德树人"的目标。为了逐步推进艺术教育落地的工作,中小学要开齐开足艺术课。

(2)通过课题研究,我们进校园、进课堂、听课、座谈、教研、宣传、推进工作取得实质性的进展。激励鞭策地方学校领导学习新时代党中央、国务院一系列文件精神,落实贯彻新课标,改变观念,素质教育才是有益于学生健康成长的优质教育。

(3)改变农村音乐教学现状落后陈旧的教学观点,不要以教授知识为主要的学习形式,而是要开展丰富多彩的学科实践活动,使之成为音乐的审美的获得途径。

二、关注音乐学科素养,让学生轻松快乐识谱歌唱是提高农村教学质量之主要策略

在教育教学过程中,我们要求教师要认真学习新课标,提高学生音乐学科核心素养。让老师们认识到音乐课中的识谱就像语文课中的识字,实施学科素养,掌握简单的识谱歌唱是完全可以的,五线谱和简谱都一样。在各个学段的教学过程中始终贯穿识谱教学,让学生懂得音值的基本划分规律,认识常见的几种音符形状及音乐术语。在实际的音乐教学活动中始终贯彻多种形式的识谱学习,开展丰富的学科活动,如合唱、乐器演奏等都能让学生轻松识谱、快乐歌唱。

三、课题研究、优质课展示、公开课研讨促进中小学音乐教师共同成长

课题研究让老师们共同追求快乐的、充满创意的、关注学生的音乐课堂。我每年根据视导情况,都会组织优质课展示交流、公开课研讨等形式来促进教师成长,建立平台让优质资源发挥更好的示范作用。如何通过音乐课堂提高学生感受美、表现美、鉴赏美和创造美的能力,陶冶情操,发展个性,启迪智慧,丰富和发展形象思维,激发创新意识和创造能力,全面提升学生的素质。教师应坚持以审美为核心的音乐教育,坚持一切活动都是以对音乐的审美感受为前提基础构建起来的,将感受与欣赏、表现与创造,音乐与相关文化的实践活动组织起来构成多彩的音乐教育形式。

美国音乐教育审美哲学家贝内特·雷默和音乐教育实践哲学家戴维·埃利奥特倡导:音乐教学是音乐艺术的实践过程,音乐艺术的审美体验和文化认知是在生动、多样的音乐实践活动中,通过学生的亲身参与生成和实现的。所有的音乐教学领域都应该强调学生的艺术实践,积极引导学生参与演唱、演奏、聆听、综合表演、创编等各项音乐活动,将其作为走进音乐、获得审美体验的基本途径。通过实践,提高学生的音乐素养,增强自信心,培养合作意识与团队精神。学校应注重教师的专业发展,组织教师合唱团让老师们快乐歌唱,带动分散在每所学校的音乐教师们(专

兼职老师），这样也能帮助爱好音乐的兼职教师正常地进行音乐教学活动。只有这样才能保证音乐学科教育教学活动正常开展。

四、关注在岗音乐教师的心灵激励与待遇权益保障

目前农村中小学音乐教师缺额很大，在实际的学校工作中，音乐教师除教学任务外，还承担了很多的课外活动、对外演出排练等任务，一年到头很难有休息的时候，包括假期都一样。虽然这样，音乐教师的工作还是得不到学校领导的重视，音乐老师的劳动价值得不到认可。具体表现在以下三个方面：

（1）学校音乐教育教学工作得不到重视，没有音乐教室、没有辅助上课的乐器、没有课本资料等。

（2）音乐老师的课酬和其他"正课"的学科老师待遇不对等，课外活动计酬也是如此，这是不公平的，这也是迫使部分音乐老师转岗的重要原因。

（3）在评职评优评先的问题上，音乐教师被打到"十八层地狱"，评优评先难于上青天。调查中发现，许多音乐老师坚持在岗二十多年，职称一直评不上去，也看不到希望。

音乐教师缺失心灵激励，严重地影响了农村中小学音乐学科的正常教育教学工作。

五、丰富课外活动形式，让学生的天性得到释放

快乐合唱、器乐演奏及舞蹈排练以及戏曲进校园等活动，让学生的天性得到释放。改变了孩子们单调的生活，不至于沉迷电脑游戏，有兴趣有天赋的同学的特长也得以发展。

六、建议每所学校要建设音乐教室和音乐兴趣活动场地，配备必要的音乐设施器材

配备键盘乐器（钢琴、电子琴），教科书及配套的教辅音响资料，这样才能保证音乐课的正常开展和音乐活动的正常开展，促进孩子的健康发展。

总之，我们要把提高农村中小学音乐教育质量作为新课程改革的重难点，进一步推动农村中小学音乐教育教学正常开展，落实党的教育方针，依法办学、开足开齐音乐课程。正确对待音乐教育教学、关心音乐教师的专业成长；确保广大农村中小学学生享受音乐（艺术）教育的权利。落实新课标、深化课程改革、彰显美育的教育功能，为全面推进素质教育发挥出音乐学科应有的积极作用。

参考文献

[1] 关于全面加强和改进学校美育教育工作意见.国发办(2015)71号文件.

[2] 中华人民共和国教育部.音乐课课程标准[M].北京：北京师范大学出版社,2011.

如何有效评价中小学音乐教学质量
——关于黄州区中小学音乐教学质量评价方案的思考

湖北省黄冈市黄州区教研室　赵利红

摘要：当前我区大部分学校的音乐教师始终处于严重不足的状态，音乐教育教学是整个学校教育中的薄弱环节，这一点始终得不到根本性的改变。我区教育主管部门积极作为，以诸多问题为导向，用问题倒逼机制促进教育教学改革，结合我区实际，特制定了《黄州区中小学教学质量评价方案(试行)》。本方案指导思想明确，站位高，方法措施接地气，成效显著，突出了音乐学科的核心素养，但也存在着亟待解决的评价单一不全面等问题。

关键词：中小学音乐教学　质量评价　思考

我区中小学音乐教育现状是整个学校教育中的薄弱环节的这一点，始终得不到根本性的改变。因此，音乐教育在教育观念、教学质量、教学方法、师资队伍、教学考核等方面，还存在着一些问题亟待解决。我区教育主管部门积极作为，以诸多问题为导向，用问题倒逼机制促进教育教学改革，逐一破解难题，结合我区实际，于2015年12月特制定了《黄州区中小学教学质量评价方案(试行)》。如今本方案已经执行了四年，取得了较为显著的效果，但也存在一些不足，现做如下剖析：

一、本方案指导思想明确，站位高，方法措施接地气

本方案准确把握我区中小学学科质量状况，科学诊断教学和管理中存在的问题，不断改进教育教学质量管理，全面提升教育教学质量，促进广大学生全面健康可持续发展。

测试内容及方法：随机抽取50%的学生进行检测。参加测试的学生提前两分钟抽签，测试形式为现场演唱歌曲。

成绩呈现：音乐测试评分标准总体分为四个等级，优秀、良好、合格、

不合格。

　　表彰奖惩制度：各校将教师个人教学质量评价结果与教师年度考核、评先、评优挂钩。

二、成效显著，突出了音乐学科的核心素养

　　（一）促使音乐教育更加注重面向全体学生

　　在方案执行之前，我区中小学音乐教育更愿意发展和定向培养尖子学生，使其在音乐的某个领域有所成绩，这也为学校和老师个人收获了更多的荣誉，所以学校和音乐老师更愿意在培优方面投入和付出。方案执行后，由于要面向全体学生临时随机抽查，这样就倒逼学校和音乐教师不会轻易放弃任何一个学生的音乐教育。

　　（二）教学考核更加公正客观

　　在方案执行之前，教师对学生学习成绩的考核评定带有很大随意性，往往由任课教师平时的印象或好恶而定，甚至有的由班主任老师打个分数了事。这样的结果不但不能科学客观地反映学生在音乐方面的真实水平，同时也影响了学生的学习兴趣。通过考核，教师及时了解学生的学习情况和教学中存在的问题，制定改进措施，同时，学生也能通过考核了解自己的学习状况，调动主动学习的积极性。

　　（三）促使各学校音乐教师专任专职

　　过去在很多中小学中，尤其是农村学校，由于缺少音乐专职教师，只好让其他学科教师兼任。2012年以来我区招录的一大批音乐专业的农村新机制教师，纷纷改行代语数学科，学校的音乐专职教师仍然寥寥无几。本方案倒逼学校尽量做到专才专用，有效地保证了各学校音乐专职教师的数量。

　　（四）促使各校音乐课程开齐开足

　　过去很多学校虽然设置了音乐课，却不能保证开课率，课表上虽然安排了音乐课，但实际上没有音乐老师去上；即使上了课，也不按教学大纲的要求完成既定的计划及教学任务，课上的质量怎样也无人过问，使音乐课有名无实。而现在开齐开足音乐课已成为各校领导的共识。

　　（五）提高了音乐教师工作的积极性

　　由于长期以来音乐课得不到重视，音乐教师自身又得不到理解和关心，致使他们缺少工作热情，教学无长进，应付检查，应付上课，不认真制订教学计划，上课不认真备课，不按教材内容进行教学，随便找一首流行歌曲一唱了事，更有甚者，根据教者的好恶，拿一首通俗歌曲反复播放，连教也不教等。而方案的执行就倒逼老师必须认真钻研教材，并认真上好教材中的每一课,这也增强了音乐老师的职业成就感和工作积极性。

（六）全面提高了学生的歌曲演唱水平

由于方案目前主要测试的是学生的歌曲演唱能力,各校音乐教师最重视的就是培养学生的歌唱水平,要想达到较高的演唱水平,除了有一定的发声技巧并具备一些必要的音乐基础知识以外,还必须有充分的情感体验和审美表现力,而这些都不是一蹴而就的,必须在平时的音乐课堂和音乐活动中稳打稳扎,反复训练逐步提高。

三、存在的问题及解决问题的建议

（一）单纯的视音乐课为唱歌课

《中小学音乐教学大纲》规定:"我国中小学音乐教学内容包括:唱歌、欣赏、器乐、乐理知识及视唱练耳(小学低年级还有唱游)等几个方面"。但由于方案目前主要测试的是学生的歌曲演唱能力,所以音乐课就带有应试的功利目的,学生们基本认为音乐课就是学唱歌,往往把音乐课等同为唱歌课。

（二）教材不合理

近些年来教材版本变化过于频繁,湖教版、人教版、花城版、人音版等版本轮番上演,变化频率极快,让老师们应接不暇,音乐教学器材配备及课件教辅等都不成熟,声像教材、多媒体教材和多媒体组合教材,无论在教材编写观念上还是教材本身的质量上都较以前有所更新和提高,但严格说来仍没有真正突破专业音乐教育教材体系的框架,中小学音乐教材显得封闭、呆板、成人化、专业化、理性化。[1] 现行的教材在一定程度上还阻碍了我国中小学音乐教育事业的向前发展。

所以我认为还要大力发展校本教研,结合区情、校情、中小学学生身心发展特点,制定更合理的教材教程,让学生真正爱上音乐课。

参考文献

[1] 袁银初. 素质教育理论与实践 [M]. 北京：中国工人出版社, 2001.

农村乡镇高中音乐教育现状浅析

湖北省黄冈市英山县第一中学　郑　阵

摘要：本文调研考察了黄冈市农村乡镇高中音乐教育现状，对价值认知、课时师资投入、设备器材及教材、教学模式和评价体系五个方面存在的问题进行了分析，并基于自身经验和音乐教育理论给出了合理建议。

关键词：农村　乡镇高中　音乐教育

随着社会经济腾飞，教育事业得到长足发展。与城区高中相比，乡镇高中虽然在文化课程教育方面取得了长足的进步，但在音乐教育等艺术类教育方面的差距却在进一步增大，未得到应有的重视，存在的问题非常多。作者利用工作机会，对黄冈市乡镇高中音乐教育的现状进行了大量的调研和访谈，就其现状与问题进行分析，结合自身的经验提出建议，希望借此推动我市乡镇高中音乐教育发展。

一、对音乐教育的价值缺乏认知

普通高中普遍不重视音乐课，尤其是乡镇学校。学生普遍对音乐课兴趣不大，且不能认识到音乐课的价值和意义。[1]教师对音乐教学的积极性也受到各种因素影响，部分教师甚至存在离开音乐教师岗位的念头。[2]从本文的调查数据统计结果看，乡镇高中与城区高中在音乐课课时上差别不大，基本按课表上课，偶尔会停课或被其他课占用。但作者联系调查的少数中学，甚至不开音乐课，原因是开音乐课对升学没有任何帮助。由此可见，乡镇高中音乐教学制度存在着较严重的问题。

二、课时不足，师资力量需加强

接受问卷调查的4所普通高中，高二年级虽然都开设了音乐课，但音乐课时偏少，大多只有10～15个学时。另外，大多班级不能完全按课表进行上课，仍然存在音乐课被其他课占用的现象。课时开设不足，这也是音乐教育一直处于二级学科及配角地位的原因之一。

调查显示,乡镇普通高中音乐教师的第一学历都为专科,年龄在30至39岁之间,而城区高中音乐教师第一学历基本为本科,个别教师拥有硕士学历。城区高中音乐教师为全职,但乡镇高中音乐教师全是兼职。绝大部分教师很少有科研方面的训练,少数教师为升职称写过论文,但对如何搞教学科研,改善课堂教学,鲜有涉及。[3] 在访谈中,大部分乡镇高中音乐教师普遍都意识到自身专业知识、有关学科技能已难以完全胜任新时代的教学任务。由此可见,乡镇高中音乐教师的师资力量建设存在着严重不足,亟待加强。

三、设备、器材不完善,教材缺乏吸引力

接受调研的学校虽然都设有多媒体音乐教室,但大多学校相关多媒体设备并不完备,而且多媒体教室仅限于多媒体教学光盘,网上播放视频、音频资料,并没有专门的音乐教学软件。学校的乐器数量与种类也不丰富,部分乡镇高中甚至一件乐器都没有。[4] 综合来看,无论城区还是乡镇普通高中,都存在着教学设备、器材不完善的情况,乡镇高中更为严重。

调查数据显示,学生不喜欢音乐课的主要原因是音乐教材内容枯燥无味,一方面是教材呈现内容单一,另一方面是教材以民族传统音乐为主,很难引起学生兴趣。学生对流行音乐的喜欢远远大于其他音乐类型,而较少学生对中国传统民族音乐感兴趣。[5]

四、教学模式陈旧

教学模式陈旧,教学方法单一,主要以教师讲授为主,缺乏自主学习模式。近一半的学生觉得课堂气氛沉闷,部分学生觉得非常枯燥,究其原因,主要是教学模式造成的。调查显示,学生学习音乐相关技能和知识,大多是通过其他途径获得,很少通过课堂学习获得音乐知识。

课外音乐活动匮乏,种类单调。大部分学校较少组织音乐活动,一般一年组织1~2次和音乐有关的文艺活动,这些活动大多以艺术节或文艺汇演的形式展现,学校的广播站会经常播放音乐。受调查的市级高中设置了音乐兴趣小组,但很少举办活动;而县乡级高中则没有设置音乐兴趣小组。

五、评价体系不科学

应试教育的观念根深蒂固,学校领导主要依据升学率对教师进行评

价,对学生评价也仅以文化课分数为标准。因为高考不考音乐,音乐教师在学校地位不高,在评职称、先进、奖金时受到影响,导致音乐教师教学积极性不高。城区高中学生的音乐素养考核不太理想,农村乡镇高中学生的音乐素养考核情况更不乐观。音乐教师在考试时多数采取让学生唱歌或者表演节目的考试方法,这样的评价系统也不科学。

六、政策建议

（1）学校领导应更新教育观念,重新认识音乐教育在高中教育中的价值,促进学生素质教育的全面发展;（2）加强教学管理,确保音乐教育课时充足,配备专职的专业音乐教师,注重对乡镇高中音乐教师的专业培训;（3）增加乡镇高中音乐教育经费的投入,完善设备、器材,组织编写高质量的音乐教材;（4）改进教学模式,注重音乐理论与演唱实践相结合,重视建立音乐课外兴趣活动小组并开展丰富多彩的活动;（5）在教师考评体系中给予音乐教师与文化课教师同等的待遇,制定更科学的音乐课程考核方式。

参考文献

[1] 曹理.普通学校音乐教育学[M].上海:上海教育出版社,1993.

[2] 廖颖.农村音乐师资现状研究——以绵阳市调查为例[J].贵州教育学院学报,2008（5）.

[3] 王晶晶.不容忽视的高中音乐教育[J].艺术教育,2003（3）.

[4] 闵文.乡镇高中音乐校本教育资源的开发与利用[J].科学教育,2007（8）.

[5] 金世余.皖西地区农村中小学音乐教育现状调查分析[J].福建师范大学学报,2005（6）.

浅谈农村中小学音乐教育的现状

——以团风县为例

湖北省黄冈市团风县思源实验学校 吴保娟

摘要：在音乐教育快速与时代接轨的今天，随之而来的也有诸多问题。如对音乐教育不够重视、音乐开课率达不到要求、音乐老师不受重视、学校的音乐设备不够齐全，学生对音乐的诉求不高等。老师在指导学生的同时也得对自身的文化素养有严格要求。教师们只有脚踏实地，我们的音乐教育才能取得真正意义上的成功。音乐教育工作应该以学生为本，教师站在学生的角度，灵活创新使用音乐教育教材。

关键词：中小学 音乐教育 传统 灵活

一、中小学音乐教育的发展现状

近年来，我国的中小学音乐教育随着一波又一波的改革浪潮得到快速发展，国家对中小学音乐教育越来越重视，并且也颁布了相关的政策，以各种方式来激励教师进行改革。越来越多的中小学老师在不同的学校进行交流学习，总结经验，使音乐教育得到了广泛的普及。

但音乐教育的发展道路中还有很多坎坷。如今，音乐教育因为家长和学校的忽视而渐渐被遗忘。再加上应试教育的压力，很多家长只在乎自己的孩子学习文化课知识，考上一所理想的大学。然而一切教学改革都必须基于对教学现状的深刻理解，而这些弊端需要教育工作者不断地发现，并且总结经验提出建设性建议，以此促进我国中小学教育发展。[1]

二、中小学音乐教育存在的问题

（一）不够重视本民族的音乐教育

纵观中国现代音乐的发展史，我们可以清晰地总结出，"欧洲中心论"占据主导地位是近代音乐教育发展的一个基本状况。因此，我们应该加强民族音乐观念的重要地位，并且在实际教材中得以系统性的体现。中小学教育可以加大对民族器乐的教学比例，并且可以融入当地特色的传统音乐，体现出当地的民俗风情与地域文化，加强学生对传统文化的了解，激发学生的兴趣。[2]

（二）缺乏优秀的音乐师资

由于音乐教师的缺失，音乐课堂的学习氛围差。长久以来，音乐老师也就没有工作的热情。而更多的师资相关性问题，如中小学音乐教师职称晋升要求较高，中小学音乐教育的地域性差异过大等导致学校缺少年轻的音乐老师。没有新鲜的师资力量注入，导致整个学校的音乐教育无法运转下去，学生没有办法学习到新鲜的音乐知识。学校对中小学音乐教育不够重视，也使得越来越多的文化课取代了音乐课，学生对音乐知识的了解越来越匮乏。

（三）学生的现状以及提升学生兴趣的建议

中小学音乐教材内容大多是初级音乐知识和简单曲目，教学中多采用赏析与讲解的形式，学生音乐基础较好但是实际能力不够。因此老师要贴合学生的实际情况，引起学生的学习欲，积极鼓励且挖掘学生的兴趣点。利用和大家一起学习的学习方式，营造好的学习氛围。采用竞争的方式，提高学生的课堂参与度，建立一个有趣的教学课堂。[3]

三、中小学音乐教育发展的启示和建议

（一）音乐作为文化的观念对中小音乐教育的启示

我们应该把音乐作为文化来看待，以文化的思维来思考音乐问题。从此，音乐不再是娱乐或者技术，它同样也是人们创造性表达的一部分，也成为我们生活中不可缺少的一部分。

我们深刻地认识到音乐背后的文化意义，也是民族特性的最佳体现方式。作为中小学的音乐教师，应该把音乐当作精神食粮，从内心深处喜欢它，这样也可以更加深入地让学生们了解音乐，喜欢音乐。

（二）音乐教育推动心理健康，提高审美能力

从小到大，在紧张的文化课的包围下，音乐课的开展对于学习忙碌的中学生而言，有效降低了学生心理问题的产生几率，也为学生健康的心理奠定了一定的基础。同时，音乐的日渐熏陶也增强了学生的艺术水平。音乐是最能够表达人们心理状态、传递情感的一种方式，在中小学的关键阶段，能够帮助学生树立正确的三观，净化心灵，提高审美水平。

（三）积极开展音乐活动，培养学生的创造精神和能力

随着素质教育的不断深入，老师们越发关注学生的综合能力，但真正想要达到这一目标，学校必须根据实际情况来制定相关政策。音乐老师上课时要用一些辅助教学的音乐设备，给学生带来听觉、视觉全方位的熏陶，让学生对音乐产生兴趣，引导学生成为聆听、感悟、欣赏音乐的主导者。丰富多彩的音乐活动可以让学生对音乐有多方面的了解和认识，让学生体会学习音乐的快乐！[4]

结语

综上所述，创新机制改变领导思维方式并通过专业培训的音乐老师来解决目前音乐教育道路上的难题。我相信，创新音乐课堂的引入，可以促进学生综合素质的提升。在老师和同学们的共同努力下，我们一定可以让中小学的音乐教育得到更好的发展！

参考文献

[1] 孙英敏.中小学音乐教育中学生学习兴趣的激发与培养[J].科教导刊,2019（24）.

[2] 张超.我国中小学音乐教育现状浅析[J].音乐教育·黄河之声,2019（08）.

[3] 史良璇薇.音乐作为文化低观念对我国中小学音乐教育的启示[J].北方音乐,2017（02）.

[4] 谭雯娟,任利容.中小学音乐教育的创新教育方法[J].文艺生活,2019（07）.

农村小学音乐教学探究

湖北省黄冈市团风思源实验学校　刘　莉

摘要：在小学各个学科的教学活动开展的过程中，兴趣是学习的动力，因为有了兴趣，学生才能够全身心地融入学习活动的学习、体验、探究、交流、沟通、演绎、创造等过程中，学生们通过创造性的理解和学习体验的过程去有效提高学习效果。本文以农村小学音乐教学实践为例，谈谈小学音乐教学的有效性探究。

关键词：小学音乐　农村教学探究

音乐是一门具有强烈的人文性、审美性和实践性的学科。农村小学音乐教学的开展过程中，虽然有着各种局限，但是农村有其得天独厚的优势。在农村小学音乐教学实施开展的过程中，教师可通过创造性地结合农村方面的资源，结合学生的各种兴趣特点等展开有效的音乐教学，把音乐课堂打造成学生的兴趣乐园，在学生喜欢音乐，学生乐于参与到音乐学习、感受、欣赏等过程中，享受音乐表现和创造的过程，学生的情感和情操能够在音乐美的熏陶下，得到有效的丰富和发展。接下来就以笔者的实际教学经验为例，谈谈如何开展农村小学的音乐教学。

一、兴趣为引，调动气氛

兴趣是调动学生参与学习的奇妙因子，有了兴趣的注入，学生就好像被注入了对音乐探索的强大的动力因子，他们能够自觉地加入对学习对象的探索、欣赏、体验、感受的过程中。在兴趣的支配下，学生对学习过程的参与呈现为主动进入、自觉建构的趋势，在学生们对学习过程的积极参与和体验的过程中，音乐课堂展现出和谐、友好、向上的学习氛围，在学生们对学习活动的强烈的求知欲的驱动下，学习的进程才能够得到有效的推进。

例如在学习《母鸡叫咯咯》时，农村的孩子们对母鸡的叫声非常熟悉，包括其他各种农村常见的小动物如猫、狗、猪、羊、牛等，在歌曲学习导入部分，教师将这些孩子们非常熟悉的元素融入教学体验的过程中，以谜语的形式导入教学内容，什么叫声喵喵喵？什么叫声汪汪、什么叫声呼噜噜、什么叫声咩咩咩、什么叫声哞哞哞等，在教师创设的游戏情境下，学生们的学习兴趣会伴随着游戏活动的进程而不断地提升。因而他们能够自觉地加入对动物们的叫声的积极探索和发现的过程中，他们会自觉地将自己熟悉的动物叫声元素融入课堂交流的过程中，在同学们的思维被极大地打开的前提下，在积极和谐的学习氛围中，学生们都能够主动地加入对《母鸡叫咯咯》歌曲的积极探究和实践的过程中去，继而能够实现学习效果的有效提升。

二、丰富体验，陶冶情操

《音乐课程标准》指出，音乐课程应当是在生动、多样的音乐实践活动中，通过学生的亲身参与生产和实现的。农村有丰富的生活资源和音乐资源，教师们在音乐教学的过程中，将丰富的农村资源融入其中，让学生能够在对生活化的经验的有效启发下，在对丰富的音乐资源的感受和体验的过程中，实现音乐学习的效果。

例如在学习《新年好》歌曲时，教师利用学生们对新年的生动体验，感受在新年这个特殊的节日里浓厚的传统气息，学生们对新年的感受和体验更加浓厚和生动，当歌曲在具体的学习实践中响起来的时候，孩子们对生活经验的感受和认识被有效地调动起来，因而他们能够积极主动地加入对生活化的内容和经验的主动思考和重新审视的过程中，在对音乐的审美理解和感受体验的过程中，学生们认识中华传统节日的寓意，感受中华传统文化的博大精深，感受歌曲中蕴含着的美好祝福的意愿，在积极的交流和沟通中，促进学习效果的有效提升。

三、生动实践，高效吸收

学生在参与音乐活动的过程中，其积极能动性能够被充分地调动和激发起来，学生是独特的个体，每个学生都会有自身对学习对象的个性化的理解和体验，也会用独特的表现形式来呈现，而学生们的合作交流则是思维的碰撞和同化的过程，在交流的过程中，他们取长补短、优势互补，在创造性的活动交流的过程中，实现对音乐学习内容的有效理解和体验。

例如在学习歌曲《秋收》时，歌曲中选取的秋收情景是从收谷的场景出发来表现秋收的欢喜。学生们在歌曲的创编活动中，可以创造性地加入其他方面的秋收情景的表现，各种具有代表性的秋天成熟的作物，如红红的苹果、黄澄澄的橙子、高大的玉米……在歌曲情境的驱动下，同学们对音乐学习活动的理解和参与程度随着自身对音乐内容的理解而提高,在集中集体智慧的前提下,让整个的学习活动变得更加生动起来。学生们在相互间的沟通和交流中能够实现对歌曲中的丰收意味、对劳动者辛勤劳动的生动体验和感受。学习的效果能够在学生们对音乐学习活动的积极互动、有效交流的过程中得到有效地呈现。

总之,在农村小学音乐教学的过程中,教师们将丰富的生活资源融入其中,让音乐活动变得更加丰富多彩,在学生们对学习活动的积极参与和体验的过程中,音乐教育课堂能够得到有效地创建。

参考文献

[1] 何丽娜.浅谈如何提高农村小学音乐教学的有效性[J].北方音乐,2019(20).

[2] 沈桂英.论如何提高小学音乐教学的课堂效率[J].才智,2019(29).

农村中小学音乐学科教育路在何方

湖北省黄冈市浠水县汪岗镇初级中学　胡癸平

摘要：论文从本人实践角度出发，阐述了农村中小学音乐课堂的具体开展情况，从学校重视、学生喜好等多角度剖析了音乐学科教育落后的原因，并针对现状积极寻找解决之策，让农村音乐课堂生动活泼起来。

关键词：农村中小学音乐教育　乡镇音乐教师　艺术活动 音乐素养

作为一名音乐教师，特别是乡镇中小学校的音乐教师，这是一个比较尴尬的岗位。20世纪90年代当我还是一名初中生时，我们学校有十几个班，只有一个音乐教师，会教我们跳舞、打节奏、唱各种风格的歌曲，她也是学校各种文艺活动的总导演，我们都很喜欢她，每个人都会有一个精美的音乐笔记本用于记录音乐课上的内容。也正是因为她的影响，我成为一名文艺活动积极分子，直到高中正式选择学习音乐，考入黄冈师范音乐学院。

2005年毕业后，我选择到浠水汪岗中学任教。报道第一天，教导主任跟我说："我们学校不缺音乐教师，你带语文吧，再兼一门副课好吧？"虽是商量的口吻，但结果是不容改变的。好吧，初来乍到，任凭安排。记得当时七年级有7个班，八年级有10个班，九年级忘记了。不说九年级，单这17个班每周一节课也是够累的，那时学校也只有一个音乐教师，还有一架台式电子琴，教师们有时也带电子琴到班上弹唱，学生对每周一节的音乐课是莫名的喜欢，都扯开嗓子尽情地嘶吼。

后来当教育部门重视体、音、美课程，要求加大其课程比重时，我又回到了音乐教学岗位，回到了我梦寐以求的音乐课堂，但此课堂已非彼课堂。响亮的歌声听不见了，期盼的眼神看不见了，精美的笔记本也从未看见过，甚至有些学生的音乐课本早早地拿去垫了板凳，这是怎么了？是我的课堂不够生动？是我的嗓音不够婉转？还是我的舞姿不够优美？后来，通过自身不断的反思，通过与学生的交流探讨，通过对初中音乐课本的研究，我终于找到了答案：一是电子科技高速发展的时代，网络信息传

第一部分：农村中小学音乐教育现状的调查与思考

媒风起云涌,各种综艺、娱乐节目铺天盖地,青春偶像、小花欧巴漫天飞,学生们更愿意追捧百变酷炫的偶像明星,追求感官上的刺激与快感。而课本上的古典音乐内容和各国各民族的特色音乐模式受到排斥。学生普遍认为"音乐又不考,我也用不着,学了干嘛。"二是学校的音乐课堂配置不到位。课本上有许多或古典或现代的乐器介绍,因为没有实物,教师只能干讲,最多出示图片给学生观看外形构造,不能摸一摸、弹一弹、敲一敲、吹一吹,用学生的话说"没有'肌肤之亲',就不会刻骨铭心。"三是音乐课总是被主科老师占用或借用,特别是临近期末,基本上全校停上音乐课。这就给学生一个暗示,既然它可以随时被叫停,那我们就更没必要认真上这可有可无的音乐课了。

那么我们的音乐课究竟该如何上,我们的音乐学科教育之路究竟在何方？结合学生实际,结合学校现状,参考城市音乐教育开展情况,我觉得还是应该从六个方面来入手：

（1）高度重视。学校态度坚定地严格执行教育部门关于中小学生德智体美劳全面发展的方针,作为美育的一个重要内容的音乐教育,其精神力量是其他学科不可替代的,更要被重视。优美动听的旋律可以陶冶情操,可以激人向上,也可以洗涤心灵。很多时候很多场合,一首歌、一段旋律比唾沫横飞的演讲宣传更能凝聚人气,团结人心。比如2019年春晚,当《我和我的祖国》旋律响起时,不管是路过还是工作着的人们都会自发地聚在一起高歌。所以,我们要摆正音乐课的位置,它是不可代替的,是必须存在的。

（2）备齐师资,开足课程。据了解,我镇有一所中学、五所小学、三个教育点,只有中学有一名专职音乐教师,其他学校都没有设置专职的音乐老师或是设置音乐教学岗位,有的学校甚至没有开设音乐课。针对此现状,音乐学科教育从何教起。所以,每个校园各配一名专业音乐教师是当务之急,在课程的开设上,初中每周每班一节,小学每周每班至少两节,这是基本要求,也是最低保障。比较我们城区的音乐教学,大点的学校都有3~4名专业音乐教师,每周两节课,还有各种兴趣小组和丰富的社团活动。乡镇还未起步,城区已百花齐放,这个差距谁来填补？又该如何填补？

（3）设备设施要齐全。近年来,我校也按照要求设置了专门的音乐教室,配置了电子琴以及一些打击乐器,但因无专人管理,损坏遗失现象时有发生。另外,乐器种类和数量较少,教学中运用起来多有困难,希望装备办和学校两方入手填补空缺。

（4）音乐课要实实在在地开展,我们音乐老师要拿出看家本领。一节音乐课不仅仅是学会唱一首歌,弹一首曲,更要教会学生如何欣赏音乐,在歌的字里行间,在曲的旋律起伏之间看到歌与曲背后的故事,体会到歌与曲的传情达意,从而感受到艺术之美。

(5)音乐不需要功利,它是讲感情的,它是我们的精神食粮,教师们要教会学生树立起对音乐课堂的正确态度。

(6)多举办一些艺术活动来刺激音乐教育的开展,同时,这也是对平时学习的一个检验。近年来,学校因经费紧张,很少举办此类艺术活动,但苦中作乐,乐在其中,艺术的世界里不仅有"阳春白雪",更有"下里巴人"。有了实践的检验,学生们才会有探求的冲动。

音乐学科教育的研究任重而道远,作为一名乡镇中学音乐教师,我们更应该挑起重担,积极探索音乐学科教育新道路,努力缩小城乡学生音乐素养差距。

浅谈农村中小学音乐教学现状

湖北省黄冈市浠水县思源实验学校 孙 杰

摘要：少年强则国强，无根浮萍终难有未来可言，中小学音乐教育于音乐强国之梦而言，无异于大树之根，未来发展如何，也要看农教这一教育体系重要的组成部分，然受地域偏远，经济落后，师资薄弱等长期问题的影响，使得农村的音乐教学成效难以快速发展，当下，我国农村中小学的音乐教育问题值得我们关注。

关键词：农村中小学音乐 音乐教育现状

音乐是快乐的音符，音乐教育是把这种快乐传递给每一个上音乐课的学生，这不光是素质教育不可或缺的一部分，也是精神文明建设的重要组成部分，也是当下新时代的国家决胜阶段的非常重要的一部分。但是我国农村中小学音乐教育在观念、管理、队伍建设等各方面都相对落后，极大影响了农村学生的综合素质，经过不断总结及教学实践，本文分离出现有问题体系进行研究。

一、农村中小学音乐教育师资力量匮乏，良莠不齐

师者，传道授业解惑也，师为育之本，其水平的高低直接影响学校的教学水平。乡村学校音乐师资严重不足，较多学校无专职音乐教师。另外，音乐教师不但数量少，学历也低。本科院校的师范生专业老师占比还是太少，甚至为了填补空缺，有些学校出现了一师多课程的奇怪现象，一会儿语文老师一会儿音乐老师，稍微专业一点的知识，这些老师也无法完全解答，更别谈给学生讲解与演示。而一些有专业技巧能力的高校毕业的音乐师范生宁愿在繁华的大城市过着蜗居的生活，也不愿到偏远的、经济落后的农村去工作，这也是导致农村中小学严重缺少专业音乐教师的原因之一，且师资年龄跨度大，缺乏统一的教育思想去引导，经验论者仍占大多数。

二、传统思想作祟，"副课可以随便点"难以形成落实态度

（1）由于音乐不是中、高考的考试内容，较多农村学校甚至家长至今仍将分数作为辨识学生学习态度及成效的唯一方式，并以此衡量学校的教学能力以及师资水平，农村学生从小就被告知要好好读书，不然没出息，而孩子眼中的"出息"，往往也是父母眼中的考试排名，尤其到了中学，只要是考试范围以外的课程都被视作副课，一律不去"浪费"时间学习，因此，音乐在中小学音乐教育中一直难以受重视，目前，绝大多数的学校都已开设了音乐课，但也就真的只是应付国家要求，整学期也没安排几节课，临考了，还会被主课老师借用，美其名曰"临考专项提分"，甚至有很多农村小学直接没有音乐课，它们把期末考试成绩当作招生的敲门砖，没分数就没学生，更加导致了学生在小学阶段几乎与音乐"绝缘"了。

（2）农村中小学音乐课程教学模式相对单一，大部分还是老一套的传统的唱歌课，唱歌内容也大部分是教唱一些流行歌，很少涉及舞蹈课、欣赏课，只有唱歌课、乐器课、音乐活动课等。简单教唱很难吸引学生的共鸣，也就更加难激发学生学习音乐的兴趣，也让很多孩子都认为音乐、美术都是专门用来玩的课程，学生不能学到更多音乐知识，以至于不能开阔学生的眼界，提高学生的审美能力，而有此思想的不光是学生，还有很多家长甚至是部分老师，这才是更可怕的。

三、农村中小学教育经费投入长期不足

（1）《学校艺术教育工作规程》规定"各级教育行政部门和学校应当在年度工作经费预算内保证艺术教育经费"。[1]对于经济落后的农村，县、镇教育部门的教育经费一直非常有限，本来就不是很重视中小学音乐教育，再加上日益增加的学校看分排名行为，致使投入到各中小学音乐教育的经费就少之又少。现在大多数农村学校虽然都配备了电脑多媒体等设备，但由于缺少独立的音乐教室，使得音乐教学的设施、设备缺少独立性，教学条件难以得到保障。[2]

（2）由于上级教育部门对音乐学科的不重视，认为音乐教学成绩与升学率无关，可有可无，而且大家普遍认为音乐课不就是唱歌课么，哪个老师都能教，导致专业的音乐教师不受重视，课程少，工资低，这也是优秀师资力量流失的主要原因。[3]

（3）在学校里，由于艺术经费投入少，关于音乐的书籍、书刊等更是少之又少，学生不能从课上获取音乐知识，更别说在课下对音乐有更多的钻研，这对那些无数真正喜欢音乐的农村中小学生而言，不能不说是一种

悲哀。中国是一个人口大国,大多数人都是在农村接受中小学阶段的教育。因此,农村音乐教育必须跟上社会的发展,跟上时代的步伐,而不能因为孩子生于农村,就要被差别对待,从义务教育上就体会城乡差别。我也相信多一门艺术课程的学习,能够帮助农村学生更加积极乐观地面对生活,让他们的生活多一种欢乐,多一份乐趣。

(4)希望各级有关部门能认识到农村中小学音乐现状,也采取有效措施,让农村中小学音乐教育存在的问题得到改善和解决,我们相信农村中小学音乐教育之路会越走越宽广。

参考文献

[1] 学校艺术教育工作规程 [J]. 基础教育改革动态, 2002(23): 3-4.

[2] 时爱华. 河南新农村中小学音乐艺术教育存在的问题及发展对策 [J]. 河南科技学院学报, 2010(12): 31-33.

[3] 沈春明. 农村中小学音乐教育现状研究 [J]. 科教导刊:电子版, 2013(33): 55-55.

有关农村初中音乐课教学的几点思考

湖北省黄冈市蕲春县实验中学　宋玲珍

摘要：目前，农村初中音乐教学存在一系列问题，比如音乐设施简陋、学生音乐基础薄弱、音乐课时开设不足等。为此本文进行一些音乐教学探索和实践，提出改编教材内容、注重音乐基础教学等一系列举措，对于促进义务教育阶段农村基础音乐教学的发展以及农村中学生身心健康和全面发展具有一定的意义。

关键词：农村　初中　音乐教学

一、引言

农村初中音乐教学发展至今，现状不容乐观。一是在中考指挥棒的指挥下，音乐课作为非应试学科，学生不重视、家长不重视、学校也不重视；二是学生的音乐综合素养差，学校的音乐教学设施设备差，音乐课时开设严重不足，师资力量配备严重不足。音乐课成了无足轻重、可有可无的课，甚至成了学生在高强度应试学习下的放松课、玩耍课或者是作业课。如何把学生培养成为德智体美劳全面发展的、对社会主义有用的建设人才，如何把"立德树人"的任务真正地落到实处，如何充分发挥音乐课独特的育人作用，真正要引起我们广大教育工作者的深刻反思，特别是要引起我们广大音乐教师的深入思考。

二、农村中学音乐教学存在的问题

（一）学生音乐综合素养比较低

由于受各方面条件的影响，农村小学音乐教育师资匮乏，几乎没有专职的音乐教师，条件好一点的学校开设音乐课或者开展音乐活动，也仅仅是充充门面而已，教学水平相当低下。广大学生几乎没有接受过系统的音乐知识教育和音乐训练，特别在乐理知识和识谱能力方面几乎如同白纸一张，学生的音乐基础和音乐能力比较差，不能达到新课标规定的标准,从而导致初中音乐教学的开展举步维艰。

(二)音乐课时开设严重不足

受中考指挥棒影响,不少学校片面追求升学率,家长也非常注重孩子的成绩和分数,导致学生的学习压力很大,文化课占用了学生大部分的时间。作为非应试科目的音乐课成了"搭头"课,学校不重视,家长不重视,学生也不重视音乐学习。学校开设的课时严重不足,九年级几乎不上音乐课,七八年级基本上是每周开设一节课时,甚至有的学校根本就不上音乐课,课程表上的音乐课时只是为了应付上级的检查。因此农村初中的音乐课根本就达不到《中学音乐新课程标准》规定的教学目标。

(三)音乐课教学设施设备简陋,教学方式落后

大部分农村初中学校几乎都没有专门的音乐课教室,更不用说钢琴、手风琴、古筝等花费高昂的现代音乐课教学器材和教具,上课仅有一部录音机或者教师使用手机作为教具。缺乏丰富的音乐教学资源,教学手段落后,教学方法单一,教学内容缺乏新意和活力,教师教得简单,学生学得乏味,音乐课对学生失去了吸引力和影响力。

(四)音乐师资力量匮乏

在学校,音乐课是非应试科目,音乐课得不到应有的重视,音乐老师在学校也就成了一个"边缘人",评模、评优、晋级、职称评审几乎没有份儿,要靠边站,教师的教学荣誉感低,教学积极性低,不少专职的音乐教师改教其他学科,教师资源严重流失,师资力量严重匮乏。

三、改进初中音乐课教学的探索与实践

(一)改编教材内容,把更多的合唱曲目编入教材,激发学生学习音乐的兴趣

初中音乐教材中音乐鉴赏的内容居多。可是,在小学阶段由于音乐教学脱节,学生音乐知识缺乏,音乐综合素养不高,导致初中的音乐鉴赏课无法进行。在音乐鉴赏课中学生们连简单的情绪(如高兴、忧伤)都无法表达,更不用说对音乐和声以及乐段的分析。针对学生的现状,我把音乐教材的内容略做改进,加入了一些歌唱教学内容,特别注重合唱教学。合唱是一个团队的活动,能够培养学生集体主义观念,培养与人合作的意识,明白团结、合作、谦让的道理,还能给学生创造舞台实践的机会,充分展示他们的才华,不断提高艺术修养。我建议在初中音乐教材中编入更多的合唱的内容。

(二)注重音乐基础教学,提高学生综合艺术素养

从基础入手,提高学生的识谱能力。歌唱教学是音乐教学中一个重要的组成部分,这是《新课标》中要求的重要的教学任务之一。每一节课,我要拿出10分钟教学生们如何识谱,我在教唱乐谱的同时,让学生熟悉旋律后再熟练背唱乐谱,反复的练习之后,学生们识谱能力提高很快,对音乐的兴趣也在不断提高。

在教学中,我还对教学内容进行整合,在一段时间内集中学习各种音符、时值、节奏,每节课都进行不同节奏的混合练习,每学习一种节奏型,我都会引导学生进行节奏型的创作。学生们掌握了基础的音乐知识后,自己就敢唱,想唱,能唱,学习音乐的兴趣非常浓厚。

(三)贯穿知识于音乐欣赏中,不断提高学生对音乐的敏感度

情感是音乐的重要构成要素,音乐欣赏中,我着力强调情感要素,这对学生理解音乐的创作方式、表达的思想十分关键。如在欣赏民歌的过程中,我不仅让学生聆听乐曲,还要引导他们对不同地域、民俗、文化等特点做详细分析,并将相应的民歌知识贯穿其中,学生既欣赏了不同风格的民歌,同时也得了相关的音乐知识,从而提高了自己的音乐素养。

我也建议在小学阶段对《新课标》规定的内容进行必要的考核,特别是对音乐特征方面的表达,如音乐力度、演奏法、速度、情绪等内容,学生必须要掌握好。有了这样的基础,初中音乐鉴赏才能与学生产生共鸣。

四、结语

以上是我对当前农村初中音乐教育状况和音乐教学改革的几点思考与探索,农村中学音乐教育的改革和发展还需要更多的同行积极地投身其中,更需要我们的教育主管部门及学校的重视和思考。只要自上而下地不断努力,农村中学的音乐教育就一定会回到正确的轨道,让音乐教育在全面贯彻党的教育方针,在落实"立德树人"的根本任务中发挥独特的作用。

参考文献

[1]苏庆霞.农村初中音乐教学的困境与对策研究[J].中国农村教育,2019(33):52.

[2]刘涛.农村小规模学校音乐教学改革与创新研究[J].成才之路,2019(30):24-25.

[3]鲁文娅.农村初中音乐教育存在的问题及对策研究[J].戏剧之家,2017(06):223.

提高农村中小学音乐课堂教学质量之我见

湖北省黄冈市浠水县浠水师范附属小学　范　莎

摘要：2011年新版中小学音乐课程标准的制定,奠定了音乐教育改革的基础,音乐课确立"音乐审美为核心,以兴趣爱好为动力"的基本理念,力求全面推进素质教育。但是中国现今有相当一部分的学生地处偏远农村,教学环境落后、师资力量薄弱、教学质量堪忧,对推行音乐课堂中素质教育的实施有很大的困难,更是大大降低了音乐课堂教学质量。

关键词：农村中小学　音乐课堂教学质量

大思想家孔子曾说过："兴于诗,立于礼,成于乐。"新中国成立后,中国不断对音乐课堂教育进行探索和改革,并于2011年确立新版中小学音乐课程标准,这种举措更是推动全国从"应试教育"走向"素质教育"。因此,音乐课程成为素质教育实施中重要的一部分,也是九年义务教育中面对全体学生的一门必修课。本人近十年来扎根农村教学中,发现农村中小学音乐课堂教学仍处在相对"原始"的状态,现本人针对如何提高农村中小学音乐教学质量总结一些教学经验。

一、完善专业音乐教师队伍

近年来,湖北省各级教育部门都积极开展各种"支教"行动,为农村教育输出了大量的优秀人才,大大提高了农村中小学教学质量。但是从音乐学科来看,专业音乐教师仍然大量缺乏,许多学校音乐课由文化课老师兼任,久而久之,音乐课在学校中成了课表上的"摆设"。更有甚者,由于学校的文化课师资力量薄弱,便让教育部门分配下来的专业音乐教师"改行",负责担任学校"主课"。最终音乐教师仍然形成一个巨大的缺口,导致音乐课程无法正常进行。

本人希望各级教育部门能够重视学校音乐师资缺乏这一严峻问题,充分地做好宣传工作,吸收师范院校或专业音乐院校中的人才,不断完善专业音乐教师队伍,并且让专业音乐老师人尽其用,在音乐的领域里发挥自己的教学作用,让美育教育在学校教育中真正为学生的学习添砖加瓦。

二、提高音乐教师专业素养

我市近年来一直坚持开展"音乐教师五项全能比赛"活动,旨在提高音乐教师的专业素养。但是对于农村中小学音乐教师而言,现有的大部分音乐教师来自中专,教师唱奏演能力缺乏,还有许多教师是因为"年纪大了,学校照顾"或"带不了其他科目只会唱歌"而教的音乐。虽然有音乐老师,学生依然达不到音乐教学目标,更享受不到音乐课堂教学带来的魅力。

在此情况下,音乐教师应"在其位,谋其职",改变音乐课为"副科"的观点,主动钻研音乐学科知识,从各方面提高自己的专业能力,而教育部门可以制定一套完善的考核方案,并定期设置考核,来鞭策所有音乐教师的专业成长。同时,教育主管部门可以多举办音乐教师素养培训活动,在内外合力的促进下,让每一位音乐教师能够越来越专业起来。

三、形成集体教研氛围

在教学中,开展教研工作成为每一个学校的常态,以校、镇、县为单位,总是能看到"教研"的存在。但这种常态往往只体现在"主课"上。因此,"主课"老师无论专业功底好坏,都能在短短几年间迅速成长,成为一名能独当一面的专业型教师。

那么,我们音乐教师为什么不可以开展集体教研呢?音乐老师往往人数较少,我们可以以县为单位,分中学组和小学组,每个月定期进行一次音乐课集体教研,号召所有音乐老师参与进来,在有经验的专业老师的带领下,进行集体的音乐课程研讨,让农村音乐教师有更多的机会参与音乐教学讨论、实践,最终可以将教研成果落实到常规课堂上。

四、改变学生对音乐课的"刻板印象"

本人农村任教期间,发现学生对音乐课积极性不高,甚至每当临近考试,学生们都主动要求将音乐课改上"主课"。为什么会出现这样的现象?本人反复思考并总结其原因:(1)受"应试教育"影响,学校、老师对音乐课不重视;(2)教师的教学方法不当。

因此,首先教师自身要提高专业素养和改善教学方法,让学生能从小学开始接触到真正的音乐课堂,以专业的知识功底和丰富有趣的教学设计来改变学生对音乐课的刻板印象。同时,学校和家长也应该对音乐课有一个正确的认识,音乐课不应该为文化课让路,而是必不可少的具有教育意义的一门课程。教师、学校、家长三方配合,从而培养和提高学生感受美、表现美、鉴赏美、创造美的能力,陶冶情操,发展个性,启迪智慧,丰富和发展形象思维,激发创新意识和创造能力,全面提升学生的素质。

柏拉图说:"音乐教育除了注重道德和社会目的外,还把美的东西作为质的目的来探求,把人教育成美和善的。"而音乐课堂是学生通往美育的一个必经之路,当今农村中小学音乐教学质量参差不齐,如何提高农村中小学音乐教学质量是我们所有音乐教学工作者需要长期坚持研究和探索的方向。

在此,本人强烈呼吁更多的音乐教育人才能够投身到农村中去,积极传承和发扬中华民族的艺术精华。同时也希望各级教育部门能重视音乐学科的教育现状,积极改善现在的城乡音乐教育不平等的局面,从而提高农村音乐教学质量,为农村中小学生获得相对公平的教育资源,同时也为祖国的民族和未来培养更多的艺术人才。

农村中小学音乐教育的现状与思考

湖北省黄冈市巴河镇巴驿小学　杨印丽　艾婷婷

摘要：在培养学生德、智、体、美、劳全面发展的现行素质教育中,音乐教育对于培养学生创造力、拥有美好的情操起着很大作用。而农村中小学音乐教育的现状却不容乐观。

关键词：农村　中小学　音乐教育　现状与思考

法国作家雨果曾经说过:"开启人类智慧的钥匙有三把:一把是数学,一把是文学,一把是音符。"音乐通过人的听觉器官不仅能引起丰富的情感共鸣,也能很好地抒发、展现人的感情。在培养学生德、智、体、美、劳全面发展的现行素质教育中,音乐教育对于培养学生创造力、拥有美好的情操起着很大作用。所以提升学生音乐知识、提高音乐综合技能,发展音乐教育,特别是农村中小学音乐教育是当前的重要任务。随着素质教育改革的深化,音乐教育在教学内容、形式、方法等各个方面都有了很大的拓展,特别是城市里丰厚的硬件资源、与时俱进的思想、聚集的人才,更是让音乐教育在城市里先行一步。而农村中小学音乐教育的实施却不容乐观,学生们更多的是从路边店铺的音响里、电视或网络上被动地接收素养参差不齐的音乐内容,这严重阻碍了孩子们对音乐教育的正确认识,甚至波及心理的健康发展。造成这一现象,本人认为有如下具体原因。

一、应试教育的传统教育观念

当前,教育主管部门对音乐教育重视度不够,教学目的不明确。特别是在农村传统教育观念的影响下,成绩便是学习好坏的唯一标准;这也导致家长认为学习音乐对孩子毫无益处;甚至有的学校虽然开设了音乐课,但为了突出教学成绩,牺牲音乐课程的时间来上文化课,音乐课"名存实亡"。

二、师资力量薄弱、地位低

教师作为学习过程中的引路人,对学生的学习起到不容忽视的作用。音乐教育作为一门专业程度很高的课程,对老师的专业要求自然也很高。但现实中,大多数音乐教师都是半路出家的非专业教师,有的身兼多职,有的则将音乐课上成了唱歌课,使音乐教育的审美性大打折扣。而且音乐老师常常被认为是"副科"老师,评级晋升的机会也比文化课的"主科"老师少,这种待遇的不平等也挫伤了音乐教师的积极性。

三、音乐教学资金投入少,设备简陋

现代化的教育设施能极大程度上带来教学方便,同时也能很好地激发学生的学习兴趣。同样,音乐教学也需要现代化的基础设施。在城市学校里,钢琴、吉他、古筝等众多乐器一应俱全,可以让学生们接触到不同的音乐知识。在农村的学校里,一架电子琴就已经是非常高端的教学设备。即使专业音乐教师想努力教授学生们音乐知识,但也很难达到预期效果,这使得音乐教学的路程更加艰难。

以上这些问题的存在导致了农村中小学的音乐教育形势不容乐观,导致了恶性循环。

我认为要提升当前农村中小学音乐教育,可从如下三点做出改变。

一、转变和更新思想教育观念

我国音乐教育家贺绿汀曾经说过:"中小学音乐教育是关系到整个后代的文化修养、思想境界和道德品质的大事,决不能可有可无,等闲视之[1]。"要想改变当前的这种音乐教育状况,首先教育主管部门要明确音乐教育教学目的,下达教学要求。同时,学校也要提高对音乐教育的重视程度,铲除"主科""副科"的观念;通过与素质教育做得好的学校进行交流学习,将可复制可实施的方案带回自己学校;并针对音乐教育开展多元化的活动,鼓励学生积极参与,将学生们在活动中的成长及收获宣传至学生家长。在激发学生对音乐兴趣的同时提升家长对音乐教育的认识。

二、改善音乐教师的待遇,提升师资力量

农村音乐教师在职称、晋升及学校工作中地位等不公正的待遇,让许多音乐教师对待本职工作的积极性大大降低。教育部门及学校需重视音乐教师在普及素质教育教学任务中的地位,给予和文化课老师同等待遇的考评和晋升机制,提升音乐教师待遇。同时,以农村中小学音乐教师的

专业素养提升为抓手,为音乐教师组织乐理、唱歌、器乐、舞蹈的进修培训,提高农村音乐教师的教学素养和专业技能,提升音乐教师的教学积极性。学校也可以通过利用多方资源,灵活进行多元合作,将现代化的音乐知识引入师资力量的提升过程中,加强音乐教师的专业素养,拓宽专业知识面。

三、加强硬件设施建设

在加强农村音乐教育观念、提升学校师资力量及教学兴趣的同时,学校应增强硬件设施的建设;学校可以增加乐器种类,音乐教师在乐器相关进修培训后,可以运用多种乐器,展示不同的音乐形式给同学们带来的不同心灵感触。改变音乐课就是唱歌课的固有观念,让学生们提升音乐文化修养,对音乐艺术有更深刻的认识。

音乐教育有着重要的美育功能,农村中小学音乐教育改革势在必行。在农村中小学音乐教育改革中,音乐教师需要提升音乐教学的专业技能和素养;各级教育主管部门、学校、社会也要为音乐教师、学生们创造良好的硬件条件及良好的学习氛围;让学生们思想及情感上得到艺术的升华,通过音乐去表达自己丰富的感情,让心灵发声!

参考文献

[1] 张溪,王思凯.浅谈孟家院中心小学音乐现状反思[J].北方文学,2019-03-15.

农村中小学音乐教育存在的问题与对策

湖北省红安县永河小学　徐文亮

摘要：习近平总书记在全国教育大会上强调："一定要坚持中国特色社会主义发展道路，培养德智体美劳全面发展的社会主义建设者和接班人。"因此在中小学课程教育中，一些学校领导纷纷加强了中小学音乐、美术、体育等课程的建设。但是由于农村中小学校长期受到传统教育思想的影响，当前农村中小学音乐教学课堂还存在着诸多的问题，使得农村中小学音乐教育无法在实际中发挥其应有的价值和效果，这就需要相关学校领导和教师坚持问题导向，针对当前农村中小学音乐教育课堂的问题提出相对应的解决措施。

关键词：农村中小学　音乐教育　研究

在现代化教育进程中，随着我国音乐教育的快速发展，再加上普通民众对音乐艺术的追求，在当前中小学课程教育中，一些学校领导应当加强中小学音乐课程的建设，根据当前农村中小学音乐教育的现状来提出针对性的教学方案，并且加大对农村中小学音乐教学的投入力度，使每个学生都能够享有丰富的教学资源和教学设备来进行音乐的学习。

一、农村中小学音乐教育存在的问题

（一）教育管理部门的不重视

虽然当前大部分农村中小学在日常教育过程中极力推行素质教育，但是在实际中仍然达不到预期的教学效果和教学目标，出现这种情况的原因是大部分地区的教育管理部门对农村中小学音乐教学课堂的重视程度不足，一些区域的教育管理部门以提高该区域中小学升学率为主来开展相关教学方案的制定，并且把考试成绩的排名作为衡量学校教育质量和教师工作成绩的唯一标准。在一些中小学课程中，美术和音乐不是学生的必考科目，一些教师为了争夺名次，凸显自身的教学质量，将教学精力和教学重点放在了一些主要科目的教学上,甚至一些主要科目的教学教师随意借占音乐课,使得学生接触音乐课程的时间减少,学生也无法激起对音乐课程学习的兴趣,造成中小学音乐课程教育存在一定的缺失。

(二)师资力量较为缺乏

在我国农村中小学音乐教学课堂中,专业化的音乐教师数量不足,严重影响了中小学音乐教育的质量。[1]研究表明我国现有农村中小学大概90多万所,但是中小学音乐教师才10万人,较为缺乏的师资团队很难满足学生对音乐课程学习的需求。并且从现有的农村中小学音乐教师来看,虽然这部分教师是音乐课程的教师,但是大部分的教师教学素养和专业能力有待提高,他们并不能对学生的音乐学习进行良好的指导。再加上农村中小学教学环境和教学资源的不完善,使得大部分音乐教师不愿意到农村进行教学,造成了农村学校音乐师资力量较为缺乏的现象,严重阻碍了农村中小学音乐教育的有序开展。

二、农村中小学音乐教育的改善对策

(一)重视中小学音乐教育课程

新时代浪潮滚滚向前,现代化的社会急需全面发展的综合性人才,因此一些农村中小学校应当对自身的办学理念和办学方向做到与时俱进,不断改进和创新教育方式,运用现代化的教育理念来对中小学课程进行积极有效的改革。学校领导应当加强自身的业务学习,并且加强和城市学校之间的沟通和交流,学习城市中小学先进的办学理念。[2]习近平总书记提出在当前时代下一定要促进人才的德智体美劳全面发展,因此农村中小学领导还应当全面落实党中央对中小学课程教育的要求,加强对音乐学科的重视程度和建设力度。与此同时,相关区域内的教育行政部门还应当加强对农村中小学的资金投入力度,可以设置专门的资金来用于农村中小学音乐课程的建设,这样才有利于为学生打造一个较为良好的音乐学习环境。

(二)加强师资队伍建设

为了从整体上提高农村中小学音乐教育的质量和效率,加强师资队伍的建设也是非常重要的,教育主管部门领导应当以解决农村中小学音乐师资力量不足的问题为主要的出发点,不断地提高农村中小学音乐教师的教学素养和专业水平。[3]教育主管部门领导可以改善中小学音乐教师的待遇,使得更多高素质的音乐教师愿意到农村中小学中任教。与此同时,相关学校领导还应当加强对教师专业素养的培育,定期组织中小学音乐教师参与到培训活动中,学校领导还可以加强和城市中小学之间的沟通和交流,组织音乐教师到城市的中小学中进行教学经验和教学方式的学习,从而使这部分农村中小学音乐教师可以全面地认识到自身在教学中的不足之处,不断地提高教师的教学质量和教学效率。

（三）教师要用多样化的教学手段

为了促进学生的全面发展,提高农村中小学音乐教学课堂的有效性,教师应当运用多样化的教学手段来进行教学。例如教师在教学《让我们荡起双桨》这首歌曲时,可以让学生挑选一些乐器来演奏这首歌曲,这样一来每个学生都可以根据自身所感兴趣的内容来进行学习,并且在一定程度上也使学生的音乐演奏水平得到有效的提高。与此同时,教师还可以在教授这首歌曲时带领学生到户外划船,让学生在划船时哼唱这首歌曲,使学生可以迅速地进入到音乐情境中来,感受存在于音乐中的情感世界以及音符的旋律美,从而使音乐教学课堂更加具有生动性和趣味性的特征,每个学生也会在无形之中调动起对音乐学习的兴趣。

（四）对课堂教学内容进行改革

在当前农村中小学音乐教学课堂中,为了使农村中小学音乐教学课堂更加具有活力,每个学生可以积极地参与到课堂学习中,教师一定要根据新课标的内容来对课堂进行创新,新课标中规定在当前中小学音乐教学课堂上,教师一定要突出与时俱进的教学特征,对课堂教学内容进行有效的创新和改革,教师要在中小学音乐教材的基础上,对课堂教学内容进行有效的创新和补充,例如教师可以在教学课堂上利用歌曲《别看我只是一只羊》《去年夏天》这类简单的歌曲来进行教学,这些歌曲的曲调都是十分简单的,并且整个音乐节奏是非常动感的,十分符合中小学生的音乐水平和理解能力,教师可以通过这两首歌曲来对学生进行识唱曲谱能力的培养,降低学习难度,充分利用学生的学习兴趣。与此同时,教师还可以在课堂教学的过程中让学生观看《音乐之声》电影片段,在课堂开始时,教师先向学生播放这一个电影的片段,之后教师再将多媒体设备调成静音,让学生观看无声条件下的电影,这样一来每个学生都可以认识到音乐在电影中的重要性以及音乐的生动性特征,丰富学生的学习体验。

三、结束语

当前农村中小学音乐教育还存在着诸多的问题,使得农村中小学音乐教育无法有序的进行，针对这种情况，相关学校领导应当运用现代化的教育理念，加强对中小学音乐教育课程的投入力度，积极地改善学生的音乐学习环境。教师也要不断地提高自身的专业素养和教学水平，运用多样化的教学手段来激发学生对音乐学习的兴趣，有效地提高课堂教学的效果。

参考文献

[1] 简辽. 浅析农村中小学音乐教育存在的问题及对策 [J]. 商，2015（6）：295-296.

[2] 吴夏颖. 浅析如何有效开展农村小学音乐教学 [J]. 都市家教月刊，2017（4）：249-250.

[3] 刘会杰. 浅谈如何提高农村小学音乐课堂教学的有效性 [J]. 中国校外教育，2018（26）：12-15.

浅谈革命老区农村小学音乐教学现状与对策

湖北省黄冈市红安县龙泉小学　刘宝红　汪　玲

摘要：小学阶段的音乐教育是孩子们进入音乐世界的一块敲门砖，音乐教育作为陶冶情操，开启心智，激发创造力和想象力的手段，对于少年儿童的健康成长，有着不可低估的作用。湖北红安是红色革命老区，各乡镇小学有几十余所，有些学校是近年来才新建成的，师资力量也在不断提升中。下面，结合我这几年的从教经验来谈谈几点看法和建议，不当之处，恳请批评指正。

关键词：红安农村小学　音乐教育现状　解决对策　我的实践

一、农村小学音乐教育现状分析

在我们当地的乡镇小学里，每年都会招聘新教师提升师资力量。但有部分学校没有专职音乐教师，学校开设的音乐课是由语数老师兼任，从而使得音乐教育活动目标不能完成。

（一）学校的教育资源匮乏

农村学校教学设施简陋，在小学使用率最高的弹奏乐器是电子琴，而有的学校连一台风琴都没有，更不提音乐课中必不可少的打击乐器和常用器乐。有的农村小学没有专职音乐教室，也没有多媒体一体机，造成学生空洞乏味地学习，从而丧失学习的积极性。

（二）学生对音乐教育的认识有误，消极对待音乐课堂

小学音乐课堂在氛围上是令学生感到放松的，而在课后也没有布置作业，因此学生对音乐课并没有过多重视，对于音乐教学也持可有可无的态度。

（三）学生音乐基础知识薄弱

在中国应试教育环境影响下，学生家长，甚至领导只一味注重升学

率,把升学率作为评价一个学校教学质量高低的第一标准,导致非统考科目音乐长期被忽视,一直处于可有可无的尴尬困境。校园里基本上是听不到学生们欢乐的歌声,学生对音乐基础知识不了解,连最基本的小节、节奏、五线谱都不认识,这样就更不用谈如何提高音乐教育水平了。

(四)教材没有因材施教,学生没有求知欲望

音乐课堂枯燥无味与学生的音乐需求之间存在的差距使学生都喜欢音乐,但是不喜欢上音乐课。比如他们喜欢唱流行歌曲,不喜欢唱书本上的歌曲。而有的教材不贴近生活和本地特点,我们县的音乐教材前几年是用鄂教版教材,后来改用的是广东花城版本,沿海地区的歌曲和湖北的有一定差别,有些歌曲让我们湖北的孩子们学起来并不感兴趣,如《月亮月光光》《小白菜》等,有的教材追求高雅的古典音乐、民族音乐,试问一个农村孩子从未接触过这些音乐,又何来欣赏的兴趣?当然,一个好的音乐课能够激起学生的学习兴趣也是非常的重要,有的教师并未发挥其引导作用,导致课堂教学无生机、缺趣味性,这也是一方面原因。

二、改善小学音乐教学现状的对策

(一)改变传统观念,重视音乐教育

雨果说过:开启人类聪明的宝库有三把钥匙,一把是数学,一把是文字,还有一把就是音乐。[1]

我们应该呼吁家长和社会共同关注农村音乐教育,正确认识音乐学科在素质教育中的重要地位。面向全体学生,紧紧围绕学科性质和价值,把培养音乐兴趣、爱好、学习音乐的态度,丰富情感体验,培养审美意识和情趣,促进个性和谐发展,扩大文化视野等作为重要的方面构建素质教育式的音乐教育。[2]

(二)增加投放,改善学校音乐教学的条件

学校应配置音乐专用教室和专用设备,如一体机、钢琴、电子琴、音像器材、多媒体教学设备以及常用的打击乐器、民族乐器。学校图书馆应购买音乐书籍、音像资料等供教师备课、进修和研究使用;也供学生收集、查阅资料使用。

(三)强化教师自身的职业意识,提高教师的专业水平

教师要明确自己在课堂中的角色地位,发挥自身的主导性,以学生为本,让学生通过音乐课堂的学习,掌握必要的音乐知识,提升自己的艺术

品味。定期参加音乐教师知识培训,学习教育学、心理学、课程改革理念等多方面知识。[3]

(四)因材施教,让音乐课堂更加美妙

音乐的可感知性是其他美育教育手段无法比拟的。音乐教学过程的兴趣是学生喜欢音乐课的前提条件,教师要善于利用兴趣引导学生探知音乐的积极性,一堂好的音乐课里教师是占引导地位,而学生是主导地位,因材施教,教学形式要多样化,全面激发学生的潜能,例如对于高年级学生而言,一些简单的儿童歌曲他们会觉得幼稚,但是教师如何在唱歌活动中加上奥尔夫音乐的音乐游戏或者延伸到一个创编,对他们来说可能更有挑战性,也更有学习的欲望,这样才能实现高效课堂!

(五)适当对音乐教学进行创新

创新是新课改重要的教学理念。培养学生的创新意识,形成学生学习的创新能力,是义务教育阶段重要的教学目标。所以教师要深入学习新课改的教学理念,教学应注重创新能力的形成。只有创新的教学设计,才会有创新的音乐学习。教师可根据实际情景,采用形象生动的教学方法,来培养孩子们参与和体验音乐实践的主动性和积极性。

三、我的实践

在乡镇小学的工作经历对我的教师生涯有很大的启迪。第一年我教的是5年级学生,属于小学高年级了,第一次去上音乐课,孩子们都很好奇,我搬来放置在器材室多年的一台电子琴,他们都感到新奇无比,有的学生甚至连电子琴都不认识,他们所学会的歌都是跟着电脑唱流行歌曲,并没有专职音乐老师上音乐课。那时我作为一线音乐老师的心情是复杂而又尴尬!为了能够让这些孩子尽快适应音乐课的常规教学,课后我制订了一个详细的教学计划:

(一)乐理知识需要从零开始,我制作简单易懂的游戏课件,教会孩子们识谱,认识常用的音符,课后布置小习题让孩子们巩固乐理知识,每周评奖,激发孩子的学习积极性;

(二)结合课本教材教授一些好听的歌曲,采取多种教学形式,如情景表演唱、轮唱、分小组唱、个别唱,让每个孩子都能开口唱歌,真正融入音乐活动中来,在这个环节里,我积极鼓励学生并及时给予评价和正面引导,让孩子体会唱歌带来的自信;

(三)将奥尔夫教育体系贯穿在整个音乐课中,节奏练习、游戏、舞蹈

等多种形式的全员参与,让孩子们在玩中学习,孩子们更体会到了合作的快乐;

（四）针对孩子们喜欢唱流行歌曲的小要求,我选择了一些积极向上励志的歌曲来教给孩子,同时要求孩子们来协作创编小动作加以表演,这样经过一学期的有计划性教学,孩子们都喜欢上了音乐课,在乡镇举行的"六一"文艺汇演中,学校特意抽调这个年级的学生参加表演,农村娃自信的表演得到了观众们的一致好评,看到孩子们的进步,我内心是无比的欣慰!

四、结语

作为一名近10年在小学一线工作的音乐教师,我也感到各级教育主管部门对音乐区域教育越来越重视,每个学期都开展许多各种艺术类的比赛或演出活动,不置可否,这也是提升素质教育的一项举措。但我个人觉得,提高音乐教学水平还是应从课堂抓起,从基础的音乐知识抓起,应面向全体学生,而不是面对极少数学生。以上是我的一些拙见,如有不当之处,恳请指正。

在今后的工作中,我也将为提高小学音乐教学而努力探索实践。让我们红色革命老区的孩子们在素质教育阳光下开出朵朵鲜花,师生一起奏出美妙的乐章!

参考文献

[1] 柴淼.新课标下小学音乐课堂教学的思考与探索[D].河北大学,2014.

[2] 王爱红.小学音乐课堂教学现状调查及其对策研究[D].鲁东大学硕士论文,2015.

[3] 何国平.小学音乐教学现状分析及对策[J].中国校外教育,2014(12).

改善农村中小学音乐教育现状及应对策略的研究

湖北省黄冈市蕲春县教研室　操　冰

摘要：农村中小学的音乐教育应当重视音乐教师队伍的建设，努力提高农村音乐教学的质量，改善办学条件，共同努力提高农村音乐的教学水平，促进农村中小学音乐教育事业发展。

关键词：农村　中小学　音乐教育

作为一名音乐教研员，我在下乡进行音乐课程的调研中发现：农村的学生对于音乐的喜爱程度不亚于城镇的学生，但因为一些客观的原因导致真正喜欢上音乐课的学生少之又少。而少部分学生对于音乐课程的喜爱是因为音乐课不像其他学科那样有大量的作业，喜欢的不是音乐课，而是没有作业。除此之外，我们音乐老师上课的模式也让学生提不起兴趣，老师在上面唱，学生在下面跟唱，"老牛拉破车"，一遍又一遍，音乐教学模式呆板，使音乐课堂枯燥且乏味。音乐教学模式的改革是势在必行。本文在此针对农村中小学音乐教育的现状做一个分析。

一、农村中小学音乐教育的现状

在我县，农村中小学的音乐教育一直比较落后，音乐教师队伍的缺乏，音乐教学设备的紧缺，给农村中小学音乐教育课程的实施带来了巨大的阻力，经过实地考察，我将县城与农村的相关信息做了一个对比，详见表1。

表1 县城与农村中小学相关信息表

学校名称	班级数目	音乐教师人数	音乐课节数（周）	任课教师情况	课程与课标是否相结合	是否有电子琴	是否有钢琴	有无音乐教室	教材情况
蕲春县实验小学	102	13	1~4年级2节 5~6年级1节	专职	是	是	是	无	每班有教材
张榜镇中心小学	22	2	1~6年级2节	兼职	是	是	否	有	每班1/2教材
株林镇中心小学	17	2	1~2年级2节 3~5年级1节	兼职	是	是	否	有	每班1/3教材
刘河镇中心小学	38	2	1~6年级1节	兼职	是	是	否	有	每班1/3教材
彭思镇中心小学	14	2	音乐课没有开展	兼职	是	是	否	无	每班1/3教材
青石镇中心小学	13	2	音乐课没有开展	兼职	是	是	否	有	每班1/3教材

大同镇何铺小学是一所寄宿性完小，还包括两个教点王街村和唐山村。为了了解农村音乐课程的教学现状，作者与我县骨干教师对大同镇何铺小学、王杰村小学、唐山小学进行了实地调查，详情请看表2。

表2 学校基本情况及相关音乐课程设施明细表

学校名称	教师人数	学生人数	专职音乐教师	音乐教室	音乐用琴
何铺小学	14	172	0	1	电子琴
王街村	1	8	0	0	无
唐山村	1	7	0	0	无

表2可以看出，农村音乐课都是由本班的语数老师兼任。音乐课堂就是让学生跟着多媒体听听唱唱，由于这些老师未经过音乐专业知识的训练，所以在音乐课程中，大多数人以为音乐课程就是学生唱唱歌就可

以，以自己的感受去教学生，或者让学生自己听音乐自学演唱，甚至还有黄调黄腔的，即使有电子琴，教师因未经专业的训练，不会弹奏，所以在音乐课程教学中并没有发挥其作用。

表3　农村学校音乐课程教学改革情况调查

学校名称	音乐教材	音乐新课标的实行	音乐周课时	户外拓展
何铺小学	无	无	2	很少
王街村	无	无	0	0
唐山村	无	无	0	0

音乐新课标的实施情况是衡量音乐课堂教学质量的重要依据。从表3的数据来看，三所农村小学没有音乐教材，更没有实行新的音乐课程标准内容，即使在日常的教学中开设有音乐课程，但真正实施起来还是有一定的难度。

通过对50位农村小学生的音乐综合素质的考察，本文得出表4。

表4　学生的音乐综合素质明细

学校	调查人数	喜欢上音乐课人数	喜欢上音乐课比率	背唱两首歌曲人数	背唱比率	有旋律感人数	有旋律感比率	有节奏感人数	有节奏感比率
何铺小学	44	42	95%	40	91%	30	68.2%	32	72.7%
王街村	3	3	100%	2	67%	1	33.3%	1	33.3%
唐山村	3	3	100%	2	67%	1	33.3%	1	33.3%

在这份音乐综合素质明细表中，我们可以看出，有开设音乐课程的农村小学90%的学生音乐综合素质都很好，其中，68.2%的学生对于歌曲的旋律有较强的辨识能力，72.7%的学生对歌曲的节奏感具有较强的感知能力。而相对于没有开展音乐课程教学的学校，虽然大多学生热爱音乐课，但学生的音乐综合素质与其他开足音乐课的学校相比，还是有很大区别，与中心小学的情况形成鲜明对比，和城市小学相差更远。

农村中小学音乐教师严重缺乏，应加强教师队伍建设，提高教学质量。作者了解到，在农村学校，任教的音乐教师多半是半路出家。音乐教学课程的不落实，从而制约了学校音乐教育的发展。

二、重视程度不够，意识观念淡薄

在我县各农村中小学校，其他老师和家长都认为音乐课可上可不上，音乐教师上课也比较随心，想唱什么就唱什么，没有目标性，外界因素的影响和老师个人音乐综合素质等因素制约了农村中小学音乐的发展。虽学校开设了音乐课，但"名存实亡"。

本人对我县农村中小学音乐教学设施进行调查了解，在农村学校几乎无钢琴、风琴，少数学校有电子琴，但电子琴也非常破旧了，甚至许多音不准，只有极少学校有音乐教室。

三、如何激发学生学习热情

《新音乐课程标准》中提到，音乐课程的教学应以学生为主体，师生互动，学生对于音乐的感受和对音乐的参与应放在主体地位。基于课程标准的要求，在音乐课程教学中，教师应为学生预留足够的活动时间和空间，让学生在轻松愉快的气氛中主动积极地参与其中，使整堂课程沉浸于愉快的音乐教学氛围中。

四、教学设计可遵循以下原则

（1）开放性原则；

（2）趣味性原则；

（3）实践性原则；

（4）创新性原则。

我们教师在音乐教学中，结合以上的这几种原则，可以利用多变的教学方法手段，让学生在音乐中成长，在艺术情感的支持下去培养学生的情感意识、参与意识等。

五、师生合作，共同体验音乐活动

有专家说过："只有学生主动参与课堂教学活动，才能够进行情感体验，学生音乐能力的培养离不开活动。"我们的老师要懂得在课堂上进行开放性教学，而不是手把手牵着学生走，要让学生的思维得到充分的发挥，我们的老师必须要为学生创造一个快乐、轻松的课堂氛围，要使学生在玩中学、乐中学。

浅析农村中小学音乐教学中常见的两大误区的成因及改变策略

湖北省黄冈市蕲春县青石镇中心小学　陈小青

摘要：在素质教育尚未被广大家长及社会大众完全接受的今天，农村中小学音乐教学存在两大误区：误区一：音乐是副课，可有可无；误区二：音乐教学简单化。如何走出这两大误区呢？本文认为主要有两大策略：一是强化顶层设计，把农村中小学音乐教学纳入中考考察范围；二是积极开展农村中小学音乐教学活动，以活动促教学。

关键词：农村中小学　音乐教学　误区　应对策略

音乐是人类精神生活的有机组成部分，是人类文化的一种重要形态和载体。她蕴含着丰富的文化内涵，并以其独特的艺术魅力满足人们的精神文化需求，陶冶人的情操，净化人的心灵。《音乐课程标准》(2011版)指出，"音乐课程的价值在于：为学生提供审美体验，陶冶情操，启迪智慧；开发创造性，发展潜能，提升创造力；传承民族优秀文化，增进对世界音乐文化丰富性和多样性的认识和理解；促进人际交往、情感沟通及和谐社会的构建。"由此，音乐教学的重要性可见一斑。

伴随着素质教育的深入推进，和以"大家唱、大家跳"为主要形式的体育艺术活动的广泛开展，广大农村中小学迎来了音乐教育又一个崭新的"春天"。

但是，以笔者所见所闻所感，目前，在我国农村，尤其是欠发达地区的农村中小学，音乐教学还存在一些误区，主要包括以下两个方面：

误区一：音乐是副课，可有可无

主要表现是，一些学校的音乐课仅仅停留在课表上，在音乐课程开设的管理上，不闻不问，不检查，不考核。

形成这一误区背后的原因是，一些学校对音乐在满足人的精神成长需求、陶冶人的情操、净化人的心灵、促进人际交往、情感沟通及和谐社会的构建,乃至创造财富等方面不可替代的作用认识不够。因此,学校对音乐课的开设漠不关心。这其实是一个表面因素。另一个主要原因是,现行学校评价机制的片面化。当下,社会上衡量一所学校办学质量的好坏还是看考试成绩。只要学校文化考试成绩上来了,升重点初中、高中的人数上来了,大家就认为这所学校办学水平高。反之,大家就认为这所学校办学水平差。在这样的大背景下,学校对音乐等课程的漠视,也就不足为奇了。

学校可以采取以下策略走出误区:

策略一,各级教育管理或实施单位尽快建立全面评价学校质量的考核体系,把农村中小学音乐教学纳入中考考察范围;

策略二,各级教育管理或实施单位都应加强对音乐等艺术课程开设的督导管理,引导学校加强对学生音乐艺术素养的培育;

策略三,积极开展形式多样的音乐教学与研究活动。如音乐教学论文、音乐教学案例、音乐优质课评选以及音乐汇演等。

误区二:音乐教学 = 教唱歌曲

主要表现是,一些学校仅满足于音乐课程的开设,而忽视了对音乐课程整体教学内容的准确把握。在一些学校,教唱歌曲就等于音乐教学的全部。

这些学校一般只关注每个学期学生学没学会唱几首歌,而对在音乐课程开设的过程中,学生对音乐课程"感受与鉴赏""表现""创造""音乐与相关文化"四大教学领域(内容)的把握,少有要求与关注。由此一来,一学期、一学年、一学段结束后,学生也仅仅只能唱老师教的那些歌曲,至于与这些歌曲相关的乐理简谱知识、相关音乐文化等,一概不知、一概不懂、一概不会。这样的音乐课就像"稻草人",有其形而无其神。其育人功能"十不及其一"。

形成这一误区的原因是多方面的:一是各级教育主管部门对音乐课程重视程度不够,教学监管不力;二是音乐师资匮乏,不能满足农村中小学音乐教学的需要,学校缺乏合格的音乐教师,所以只能教唱歌曲;三是学生"急功近利"思想的影响。笔者也曾经担任过兼职初中音乐教师,当年,我曾经在音乐课上教学生乐理、简谱知识,学生反映冷淡,远远没有学唱歌有激情。

那么,如何走出误区二呢?本文认为有以下三种策略:

策略一,各级教育主管部门对音乐课程要真正重视起来,加强对音乐教学过程的监管;

策略二,为农村中小学配备合格的音乐教师,满足农村中小学音乐教学的需要；

策略三，在音乐课上开展全方位的音乐教学活动，用内容丰富、形式活泼的音乐活动，帮助学生消除"急功近利"的思想，把学生吸引到音乐教学活动之中去，培养学生全方位的音乐素养。

下面，本文仅以唱歌课为例，谈一谈这类音乐课的具体策略。

一、因地制宜，选用合适的情境导入方法，激发学生音乐学习的热情

教师要根据音乐课的特点和学校、学生的实际情况，通过诗歌、语言、故事、游戏、猜谜语、歌曲、舞蹈、律动、绘画、图片、动画、录像等手段创设情境，导入课题。

美术与音乐是一对孪生姊妹，虽然表现形式不同，但能互融、互补，在音乐教学中，彼此间的相互借用，往往收到意想不到的教学效果。教师也可利用自己的特长，如：舞蹈、声乐等方面的特长进行表演，创设情境，导入新课。创设情境，激发了学生学习兴趣，调动了学生学习积极性，为学习新课做了良好的情感铺垫；师生互动，让学生领会新课学习的意图，并以跃跃欲试的心态投入学习。

二、用现代化的教学手段，寓教于乐，提高音乐课堂教学的实效性

（一）自主学习，感受音乐

教师可以先播放 VCD 或录音歌曲，让学生倾听范唱，从听觉上感受歌曲的意境、情绪、内容。在听的同时，教师从视觉上展示音乐形象，并让学生联系自己的生活经验来体验音乐（可结合音乐游戏进行），使学生主动获取新的知识，达到初步认识歌曲、了解歌曲的目的。

（二）合作交流，学习新歌

教师可通过随身听、音箱、班班通、手提电脑等一系列现代化手段，播放相关的音乐音频或者视频资料，启发学生理解歌曲的内容、情感。在此基础上，学生学唱或者自由跟唱歌谱（中、高年级的同学可进行视唱练习，低年龄段的学生可不做此要求），学习歌词，理解歌曲内容，通过学生相互交流、合作，让学生汇报自己会唱了几句，哪几句比较难，整首歌曲中最美、最好唱的是哪几句，让他们自己发现难点，请会唱的同学做小老师教唱。如《草原就是我的家》，教师先让学生读歌词，然后老师说："你们很聪明，歌词读得也很好。老师有个想法，你们自己随着范唱录音来学唱歌曲吧！如果觉得哪里学起来有困难，可以找老师帮忙。"老师对歌曲的难点部分通过范唱进行及时点拨。随后学生可跟琴或伴奏音乐填词演唱歌

曲,启发学生用适合歌曲的情绪和声音来演唱歌曲。

这样使他们积极主动地参与复习旧知识获取新知识的学习实践,自己发现难点、解决难点,不断提高音乐素养。将歌谱和歌词的学习有机地结合起来,集中精力听歌曲的旋律走向、力度的强弱、节奏的跳跃舒缓,感受词曲结合所带来的丰满的艺术形象。这样便于提高学生获取音乐知识的效率,使学生的听觉、视觉、口语表达等得到协调发展。

(三)演唱歌曲,体验音乐

教师进一步提炼音乐形象,可通过随身听、班班通、音箱、手提电脑等手段让学生进一步感受音乐的美,激发学生的学习兴趣,并挖掘歌曲的内涵,扩大学生的知识面。

演唱歌曲,整体体验音乐形象。调动学生用自己的声音表现音乐形象、表现歌曲,进一步提高学生的声音表现能力。

三、创造表现,提高学生艺术表现能力

(一)合作探究,创造实践

感受歌曲的意境,结合艺术的其他表现形式,如:表演、舞蹈、诗歌、创作等,挖掘歌曲的文化底蕴,创造性地表现歌曲内涵。

教师要用儿童化的语言给学生提出要求,可以小组为单位展开讨论,根据歌曲的内容、情绪对歌曲进行创造实践活动,培养学生的主体意识、实践意识、合作意识和创造意识。如:在执教《洗手绢》一课时,老师说:"同学们唱得这么好听,你们能想个办法为歌曲伴奏吗?老师今天没有带打击乐器,你们想一想能不能用身体的各个部位?"这时学生设计各种活动为歌曲伴奏,如:拍手、弹舌、拍手加拍肩、跺脚等,教师对学生的设计予以鼓励。

(二)表演展示,交流评价

在动态的教学过程中,教师利用评价起到促进学生发展,完善教学管理的作用。

学生分组表演,开展师生、生生的相互评价,在评价的过程中鼓励学生勇于提出自己的不同见解,关注他人的不同见解,并以合作的心态接纳他人的不同见解。这样,学生真正成了音乐课堂的主人,教师则变成整个音乐学习活动的组织者和引导者。在这种轻松愉快、和谐的气氛中学习,有利于学生的心理健康发展。

（三）拓展延伸,开阔视野

本环节学生创造性地表现歌曲的意境,培养了学生的想象力、表现力和创造力。教师要以学生为主体,将学生对音乐的感受和音乐活动的参与放在重要位置,鼓励学生积极参与到音乐活动中去。

教师要以音乐教学为主线,结合艺术的其他表现形式,如美术、诗歌、表演等门类以及与其他学科的联系,以丰富的视觉效果拓宽学生的音乐视野,丰富学生的文化知识,以便更好地完成教学目标,努力体现"学生是学习和发展的主体"的理念,使学生更加了解和热爱祖国的音乐文化。

对农村学校音乐教育现状的思索

湖北省黄冈市蕲春县西驿中心小学 余潇潇

摘要: 音乐教育是一个美学教育,是希望通过歌唱、表演、欣赏、创造等手段让学生获得音乐知识和技能,对音乐对艺术形成基本的审美,培养丰富的创造力及高尚的情操的过程。但是城乡教育发展的不平衡,以及农村教育者普遍的对音乐教育的忽视,造成当下农村音乐教育现状堪忧。我作为农村教育者中的一员,农村小学的音乐教育该如何向前走,是我们该探究的问题。

关键词: 农村学校 音乐教育 现状 反思

音乐教育对于学生的全面发展、整体素质的提高,有着不可估量的作用,它促使了人的审美能力的形成,是文化教育中不容忽视的一环。我国近年来的素质教育成果显著,但农村素质教育的水平始终影响着整体教育水平,特别是艺术类课程的教育。这也促使我们必须重视起农村音乐教育。而当前我国农村音乐教育理念、师资建设等诸多方面的问题,严重制约了农村学校音乐教育的发展和农村学生综合素质的整体提高。

一、农村学校音乐教育的现状

首先,教育部大力推行的"素质教育",并没有从根本上转变大多数乡村学校领导和老师固有的教育理念。不少学校仍以考试成绩、竞赛成绩作为评价教师和学生的唯一标准,不开音乐课、假开音乐课情况比比皆是。近年来,农村学校大量融入新进力量,当中不乏各种音乐专业性人才。但是年轻力量纷纷转行教起了语文、数学。音乐教师岗位也就成了"退休岗",一些年龄大的老师被"赶鸭子上架",对音乐理论知识、音乐课程教学方法了解不够深刻,音乐课教学形式单一、气氛不活跃,教学内容不科学,直接导致学生对音乐课丧失了兴趣。这样的状况长此以往严重阻碍了学校音乐教育的发展,也使之与国家制定的新课程标准相脱节。

其次,农村家长始终觉得音乐就是哼两句歌,不能带来实质的经济价值,所以根本不会创造条件让孩子去专业学习,更谈不上有意识地培养艺术素养,家长的关注点依旧是"应试教育",致使农村学生对音乐的认知也只停留在哼唱歌曲的层面。

最后,由于条件限制,大多数农村学校条件简陋,没有专门的音乐教室、音响、乐器,即使有,也并未真正用于日常教学中。这也使得音乐课的教学质量和教学效果大打折扣。甚至因为没有专职音乐教师,任课老师个人能力有限,无法完全按教材的要求和内容施教,所以不得不抛开教材,自己随意更改教学计划,制定教学内容,导致音乐课堂缺乏系统性、多样性和丰富性,从而破坏了音乐教学整体性,更无法培养和激发学生的学习兴趣。

二、基于农村音乐教育现状而引发的思索

综上所述,想要改变当前农村学校音乐教育的这种状况,首先需要各级教育部门的重视,得尽快地将农村音乐教育工作改革提到议事日程,不再以"分"为主,严格地执行教育大纲和课程标准,尽可能地让每个学生都拥有接受音乐教育的权利。把拓宽学生的视野、提高审美能力、培养学生将全面发展作为终极目标。还要多创造机会,组织、鼓励学生及家长参与艺术活动,通过亲身感受让家长切身体会了解音乐教育在孩子身心成长过程中的重要性,以及对塑造孩子健全人格的重要作用,感同身受地转变观念。

聘请专职音乐教师也是提高音乐教育质量工作中至关重要的一环。因此学校应该慎重决策构建教师队伍的建设,有效合理地利用现有师资,充分发挥现有师资的专长,专职专教或者对能力突出者重点培养,为他们的能力发挥创造良好的条件。

在教学基础设施上学校还应有计划、多渠道地筹措音乐教学设备专用资金,设置专用的音乐教室,添置必要的教学用具,并且督促专款专用,落到实处,切实地丰富音乐课堂教学内容而不拘泥于形式。音乐老师还可以因地制宜开发地区资源为我所用。例如教师可以对农村常见的石头、竹、木等自然资源加以创意,做成特色乐器。这些孩子们熟悉的事物能更激发他们的学习兴趣与创造力,让知识目标能潜移默化地被轻松接受,并且还能与其他学科教学内容有机结合,从侧面带动农村音乐教育立体化的发展。再如蕲春是黄梅戏之乡,教师可以结合当地风俗及传统文化,制定恰当的音乐课程标准,编写符合实际情况的特色校本教材或特色地方教材,选用一些地方戏曲小调、山歌、号子等优秀民间艺术作品,增强学生学习音乐的兴趣,丰富他们接受多元化音乐的艺术形式,适当地舍弃通用

农村中小学音乐教育现状的思考与应对策略的探究

教材中超出农村学生接受能力的内容,先拉近学生与艺术的距离,再来尝试提升。

我国的教育正面临着巨大的改革,特别是音乐教育作为教育整体的一个重要组成部分,也面临着变革与突破。所以,农村音乐教育从业者任重道远。每一位教育管理者、每一位家长、每一位学生也都应该关心、支持音乐教育,尤其是要关注相对落后的农村音乐教育。总而言之,要想实现农村音乐教育现状的改变和提高,只有我们每一位农村教育人坚持不懈,始终与时俱进,一切以人为本,从实际出发,发挥智慧,因地制宜,才能使农村音乐教育环境逐渐得到改善。我希望农村的音乐教育之路能尽快地乘着这一轮的教育改革的春风,我们农村的莘莘学子也能真正地与城镇孩子们一起成长在灿烂的阳光下,徜徉在艺术的海洋中。

浅谈农村音乐教育若干问题的思考

湖北黄冈市省蕲春县第二实验小学　刘　芳

摘要：在素质教育大力推行的今天,音乐作为一门基础学科,逐渐得到了教育部门和家长们的重视。但是与城市音乐教学发展相比,由于农村音乐教育发展的不平衡,农村音乐教学发展水平相对滞后。

关键词：教育观念　素质教育　课堂实效　因地因材

柏拉图曾说过："音乐教育除了注重道德和社会目的外,还把美的东西作为自己的目的来探求,把人教育成美和善。"由此可见,音乐教育对于一个人的全面发展有着不可估量的作用,但现实情况是农村音乐教育还是存在着诸多问题。

一、农村音乐教育的现状

（一）教育观念

近几年来家长们对孩子的培养非常重视,特别是艺术方面的培训。但对于音乐课,家长们都会觉得无所谓。从没有哪个家长会主动与老师交流孩子音乐课的表现。包括学校也只是重视艺术活动,认为只要是孩子会唱会跳会表演就行。每年安排任课老师的时候,语数老师如果缺岗,音乐老师就会填补上去。语数老师对于音乐课也是不以为然的。只有极少数班主任老师会在班上强调音乐课孩子们要好好上。在这样的环境下音乐课对于学生们来说就是放松课,老师们的课堂教学组织起来非常费劲,学习效果很难达到预期目标。

（二）师资缺乏

我县每年都有音乐教师招考,音乐老师有9个名额,都分到各个乡镇场。但由于乡镇各科老师极度缺乏,导致新上岗的音乐教师都填补所谓的主课老师的空缺去了。专职老师都变成兼职音乐教师,大部分老师兼职几年都转行教语数了。而我校由于处于中心城镇,班数不断增加,现有63个教学班,只有六位专职音乐教师。但每年的新考上编制的教师都不能留在县城,所以我们的音乐教师至今也无法配齐。另外,平时针对音乐老师的比赛竞赛活动不多,加上指标分配得非常少,在评模晋级方面,音乐老师没有优势。这些现实情况严重打击了音乐教师的授课积极性,对音乐教学水平发展影响很大,进而严重制约了学校音乐教育的发展。

(三)教材频换

我县的音乐教材出现好几次变更。人教版、湖北科技版、河北版、花城版每个版本用几年。大多数音乐教材中的歌曲并不适合我们当地小学生学唱,学生们不爱唱,教师教起来吃力,学生学起来也费劲。音乐教材有的是简谱,有的是五线谱,音乐知识也无法系统衔接起来教授。在此情况下,学生对音乐课不感兴趣,更别说学习相关的音乐知识、音乐技能了,因此学生的音乐水平普遍降低。

(四)设施不全

近几年国家对素质教育很重视,对学校投入大量资金,配备了一些音乐器材,如钢琴、打击乐、手风琴等。但大多数学校在硬件设施的建设上大大低于课标要求的标准。如我所在的学校地处镇中心,面积不能扩展,学生逐年增加,越来越多的功能室被占用,配套功能室严重缺乏。学校只有一间小小的音乐器材室,音乐室也只有一个,而专职音乐教师有六位,下发的音乐器材也非常少,根本不能满足日常教学。

二、改变农村音乐教育现状的建议

(一)加大宣传力度,潜移默化促进观念改变

作为音乐老师,我们首先要在自己的日常教学中严格地执行《音乐教育大纲》和新的《音乐课程标准》。其次开展艺术活动时要加大宣传力度,扩大社会影响力。鼓励学生家长参加相关活动,在活动中让家长和孩子一起感受音乐的美。使他们明白音乐教育在孩子身心成长过程中的重要作用。通过这些让家长和孩子在快乐的体验中潜移默化地改变观念。

(二)专注教师培养,提高教师保障

师资问题是目前我县农村音乐教育的最大问题。因此,必须要打造合格的音乐师资队伍。一要重视音乐教师技能等方面的培养;多争取一些学习、比赛、交流等活动的机会,不能在家闭门造车。二要通过积极沟

通争取评优晋级机会和提高待遇。三要引起教育部门对音乐教学的重视，配齐音乐教师，开足课时，减轻教师任课负担。问题解决了，我们的音乐教学发展将会不断提高，学生不仅提升了兴趣，更能从中学到了更多更专业的音乐知识，提高了审美能力。

（三）因地因材施教，加强课堂实效。

音乐教师要让自己的音乐课更有吸引力，让音乐课有实效，就需要充实教材，结合当地音乐特色，因地因材教学。从孩子们生活中熟悉的素材入手，让他们了解音乐就在生活中。教师还可以搜集各种音乐素材来丰富课堂，开阔学生的视野。现在网络上的音乐素材也是多种多样的，教师也可引导孩子搜集适用的音乐素材，在班上与学生交流共享。同时，教师也可以根据学生实际情况调动学生的积极性，制作一些打击乐器，如沙锤、铃鼓、响板等或者编创一些音乐游戏等，在激发学生参与音乐活动的兴趣的同时，也可以培养学生的创新能力。

参考文献

[1] 贾文亮.论我国农村音乐教育的重要性[J].山西煤炭管理干部学院学报,2011（4）.

蕲春县农村高中音乐教育现状及提升的策略

蕲春县实验高级中学　王俊秀

摘要：教育部发布新的《高中课程标准》指导未来我们的教学,更好地服务于我们的课程。高中音乐课程的改革必将给高中音乐教学带来压力和反思。在高中新课改的背景下,如何提高农村高中音乐教育教学质量是所有从事农村高中教育的管理者和音乐教师应该思考的重要问题。音乐教师应该根据现状对音乐教学过程中呈现出的问题进行深刻的反思,在现行新课程改革的基础上及时进行调整以适应高中音乐教育教学。

关键词：农村高中　课程标准　音乐教学

一、当前农村高中音乐教学的现状及问题

（一）农村高中生的音乐素质普遍偏低

虽然教育导向已经从应试教育向素质教育转型,但在农村地区教育资源匮乏,初升高和高考的升学压力和竞争形势依然严峻,导致在初中和高中的日常教学中,音乐课程的地位和时间受到了排挤,出现了断层现象。高中生对音乐知识的了解几乎都是停留在小学阶段,而且都是音乐的某一个方面,他们对音乐的了解和学习主要途径依靠网络和媒体。

（二）农村高中音乐老师严重缺位,课程设置不合理

蕲春县高中有9所（6所公办、3所私立）,在校学生人数达14000多人,而全县高中专业音乐教师仅14人,师生比严重失调。绝大多数高中只在高一年级开设音乐课,而且每月只有2～3课时,学校对音乐课教学没有统一要求和部署,课堂教学流于形式,教师疲于应付。

（三）农村高中学校缺少音乐课教学专用场地和设施

基本都是以教室代替音乐室,音乐乐器几乎是空白,组织和实施教学难度大,困难重重。

（四）农村高中缺少对音乐课教学的考核评价体系和监管制度,不能满足新课程改革和新高考的要求

根据《湖北省普通高中2018级学生课程实施指导意见》要求学生要

在 6 个必修模块选取 3 个学分的内容学习。目前农村高中 2018 级高一年级音乐课基本上没有按照《指导意见》实施，也没有任何评价体系和监管机制。在现行教学过程中唯一能够引导落实较好的音乐教学就是每年音乐专业全省联考和校考，然而，这项考试侧重于专业培训，而忽略所有学生艺术素质提高，与"立德树人""全面发展"的教育理念不协调、不统一。

二、新一轮高中课程改革对音乐教育教学提出新的要求

（一）2017 版的高中音乐课程标准提出的课程基本理念要求

彰显美育功能，提升审美情趣；强调音乐实践，开发创造潜能；深化情感体验，突出音乐特点；弘扬民族音乐，理解多元文化；丰富课程选择，满足发展需求；立足核心素养，完善评价机制。

课程基本理念是新的教学思想的体现，是新课程标准的特色。《普通高中音乐课程标准》（2017 年版）更加关注美育的功能以及情感体验，在实践的过程中深化情感，同时，更强调普通高中在实施开展音乐教育时更加关注课程选择、评价内容与评价方式的多样性，这对在普通高中开展音乐课堂更具有针对性，目标维度更具体。

（二）2017 版的高中音乐课程标准提出的课程目标和核心素养要求

《普通高中音乐课程标准》（2017 年版）增加了以逐步形成正确价值观、必备品格以及关键能力的学科核心素养，以审美感知、艺术表现、文化理解为导向达到学科育人的目的。审美感知是指对音乐艺术听觉特性、表现形式、表现要素、表现手段及独特美感的体验、感悟、理解和把握；艺术表现是指通过歌唱、演奏、综合艺术表演和音乐编创等活动，表达音乐艺术美感和情感内涵的实践能力；文化理解是指通过音乐感知和艺术表现等途径，理解不同文化语境中音乐艺术的人文内涵。[1] 同时，课程目标进一步优化，具体体现为：在音乐情境中，学生能够认知特征与背景、体裁与形式等，以此提升音乐审美能力；在音乐学习过程中或社会文化生活中，学生能积极参与实践、体会实践、理解实践，从而提升对实践的深化理解，增强自信心，培养团队精神。

三、农村高中音乐教育应对策略

（一）加大农村高中音乐教育培训力度和范围

学校在培训内容上重点是《普通高中音乐课程标准》（2017 版）和新高考对音乐教育新要求，坚守"立德树人"的总体目标，全面贯彻学生全面发展的素质教育理念，落实好学校音乐课程教育教学工作。不仅仅是从事高中音乐教育的专业教师，学校还要开展针对农村高中音乐教育管理层面的培训，提高音乐教育课程改革思想认识和管理指导水平。坚持集中专题培训和校本培训相结合，形成一套长期培训的体系，从而达到提升农村高中音乐教育理论和实践水平的目的。

（二）教育主管部门应该结合农村高中学校和学生的实际情况，研究部署农村地区艺术教育发展目标要求和发展规划纲要

加大对新课程改革和新高考指导和落实力度，特别是要提升农村地区艺术教育在新课程改革和新高考教育过程中的地位和作用，为农村高中组织实施艺术教育提供方向、目标和措施。加大对学校艺术教育落实情况的检查、督导力度，逐步形成一套切实可行的"达标""示范"等评价体系。

（三）农村高中要根据学校艺术教育实际情况成立专班，负责组织指导艺术教育课程实施

认真研究新课程改革和新高考对艺术教育的新要求，科学制订一套适合学校实际和艺术教育需求的发展计划，做到目标明确，措施得力，分步实施，全面发展，形成学校艺术教育的特色发展。要借助新高考选课走班新型教学模式，大力推动艺术教育模块教学，把学生的全面发展和个性化发展有机结合起来，积极筹备农村高中各种艺术团和社团建设，营造艺术教育氛围，提升艺术教育水平。

（四）加强农村高中艺术教师队伍建设，实时补充艺术教师人数，激发艺术教师的教育教学潜力

合理设置岗位和艺术教学模块，让艺术教师专业技能充分得到发挥，让他们找回遗失的成就感。

农村地区学校的艺术教育教学改革和推进工作困难重重，障碍多多，道路漫漫，关键还是在于思想认识上不到位，教育理念落实上不全面，尤其是在升学竞争激烈和社会舆论压力的背景下，学校在贯彻和落实教育理念上出现了缺位情况。面对教育改革新浪潮和新时代的要求，教育应该着眼于时代发展和学生终身发展的需求，敢于担当，勇于创新，提升艺术教育地位和水平，提高学生艺术文化素养，努力培养德智体美全面发展的社会主义建设者和接班人。

参考文献

[1] 中华人民共和国教育部.普通高中音乐课程标准[M].北京：人民教育出版社,2017.

小学音乐教育现状调查报告
——以大同镇何铺小学为例

湖北省黄冈市蕲春县实验小学　冯小红

摘要：笔者在鄂东山区支教一年，支教期间通过调查农村小学音乐教育的现状，挖掘农村小学音乐教育缺失的根本原因。希望此报告能够让小学音乐学科教育在农村音乐教育中引起重视。

关键词：音乐教育　农村小学　现状调查

一、引言

少年强则国强，国家在教育层面越来越重视基础教育，随着课程改革的全面推进，作为基础教育一部分的音乐教育，它的普及也是深化改革的关键。[1]然而，在音乐教育发展取得巨大成效的过程中，农村小学的音乐教育依旧存在着许多亟待解决的问题。笔者2018年9月份在山区支教，原本是一名音乐老师，但是因为山区学校语文教师紧缺，不得不担任语文课程的教学工作，音乐课程只能作为附带教学。在支教期间，笔者发现所支教山区的何铺小学音乐教育观念陈旧、音乐施教乐器缺失、专业音乐教师匮乏、缺乏系统的音乐教学体系等一系列问题。农村小学音乐教育存在的诸多问题，导致农村学生的音乐审美能力不足，显然与现代教育的要求相距甚远。[2]

二、何铺小学音乐教育现状

何铺小学是一所寄宿性完小，还包括王街村和唐山村两个教点。为了把握何铺小学音乐教育的现状，笔者进行了实地调查，调查内容与情况见以下各表。

(一)学校的规模与音乐设施调查

表1 学校规模与音乐设施

学校	教师总数	学生人数	专职音乐教师	音乐教室	音乐用琴
何铺小学	14	172	0	1	电子琴
王街村	1	8	0	0	无
唐山村	1	7	0	0	无

表1可以看出,有施教乐器的只有何铺小学。三所小学的音乐教学工作并不是由音乐专职教师完成,音乐方面的教学工作都是由本班的语文或者数学老师兼任。音乐课堂让学生跟着多媒体听听唱唱,这些老师自身缺乏乐理知识,无法通过教材开展音乐教学活动。学校即使开设音乐课程,也没有按照课程大纲教学,只能教学生哼唱流行歌曲,甚至让会唱歌的学生教其他同学演唱。学校的施教乐器仅有老旧电子琴,但由于老师都不会弹奏,在实际教学中并没有发挥乐器的作用。

(二)学校音乐教学改革情况调查

音乐教学质量的衡量标准之一是新课标的落实情况。从下表的调查情况来看,山区农村小学并没有使用课本进行音乐教学,因此不可能实行新课标。只有何铺小学开设了音乐课,但是何铺小学并没有按照规定的音乐课程标准进行教学。

表2 音乐新课标实施情况

学校	课本使用情况	新课标实施情况	音乐课时量	其他课外活动
何铺小学	无	无	2	很少
王街村	无	无	0	0
唐山村	无	无	0	0

(三)学生对音乐的态度及素养

通过对学生50份问卷的调查统计,本文得出表3。

表3 学生对音乐态度及素养

学校	调查人数	喜欢上音乐课人数	喜欢上音乐课占比	背唱两首歌曲人数	背唱占比	有旋律感人数	有旋律感占比	有节奏感人数	有节奏感占比
何铺小学	44	42	95%	40	91%	30	68.2%	32	72.7%

续表

学校	调查人数	喜欢上音乐课人数	喜欢上音乐课占比	背唱两首歌曲人数	背唱占比	有旋律感人数	有旋律感占比	有节奏感人数	有节奏感占比
王街村	3	3	100%	2	67%	1	33.3%	1	33.3%
唐山村	3	3	100%	2	67%	1	33.3%	1	33.3%

在这张统计表中，我们可以明显地看出，学生普遍喜欢上音乐课。开设音乐课的何铺小学会唱歌的学生占91%，其中68.2%的学生具有旋律感，72.7%的学生具有节奏感。王街村和唐山村两个教点没有开设音乐课，两教点被调查的学生全都喜欢上音乐课，但几乎没有学生可以完整背唱两首歌曲，个别学生会哼唱几句简单的流行歌曲，大多数学生什么也不会甚至不敢开口唱。这一现象与乡镇小学的情况对比鲜明，和城市小学差距更大。

三、调查背后的思考

通过问卷调查并对数据进行分析，笔者发现农村小学音乐教育存在的问题如下：

（1）何铺小学和另外两个农村教点缺少音乐相关专业的授课教师。现阶段，农村音乐教育基本处于瘫痪状态，目前农村的教学模式为两个老师共同负责一个班的全部教学任务，体音美课程都是由语数老师兼任。老师的音乐专业水平又达不到课程要求，所以农村音乐教育停滞不前。如果他们有专职的音乐教师，系统地传授他们音乐知识和技能，农村小学生的音乐素养会不断提高。

（2）何铺小学和另外两个农村教点缺少施教乐器。巧妇难为无米之炊，学校需要专业教师的同时，也需要施教乐器进行辅助。乐器融入音乐教学中可以增加学生的兴趣，拓展认知。

（3）学校领导虽然重视音乐课程改革，但由于大批的老师调动至县城，刚毕业的大学生又不愿意留守大山任教。学校面临教师紧缺的问题十分严重，即使有专职的音乐教师，也被迫改行任教语数。一系列原因导致农村小学音乐教学长期处于困境。

四、结语

农村小学音乐教育的发展离不开政府、学校和家庭的共同努力。只有引起社会各界的足够重视,农村音乐课程才能早日完成改革,同时,建立农村小学全新的音乐教育观念也是援教老师们需要面对的挑战。[3]在教育主管部门和学校领导的帮扶和指导下,笔者相信经过改革创新,一定能改变农村小学音乐教育落后的面貌,让广大的农村学生分享国家发展的成果,让祖国的花朵汲取更加丰富的养分。

参考文献

[1] 张静文.农村小学音乐教学的现状及对策分析[J].现代交际,2019(05):40.

[2] 于丹丹.小学音乐教育问题与应对措施分析[J].中国校外教育,2018(26):14.

[3] 商晓红.新课程背景下的小学音乐欣赏教学[J].北方音乐,2018(17):128.

针对农村中小学音乐教育现状的探讨
——横车中学的音乐教育现状及整改意见

湖北省黄冈市蕲春县实验小学　熊晨婷

摘要：走出大学校门，本人就一直从事农村中小学音乐教育，从几年的教学实践中深深体会到农村中小学音乐教育的"窘境"。要想改变现状，我们必须从改变社会，政府，教育机构以及民众的观念着手，一改过去对农村中小学音乐教育的惯性思维，真正从过去的思想中解放出来，重新审视和认识音乐教育在九年义务教育中的独特功能和其他学科无法替代的重要作用。下猛药方能治顽疾，只有上至政府部门、下至各中小学的老师以及学生家长真正地从观念上认知了音乐教育的不可或缺的重要作用，才能迎来农村中小学音乐教育的"又一春"。

关键词：音乐教育农村中小学　解放思想　明确目标

随着国家对教育的重视，课程改革的全面推进，音乐教育也到了需要重新审视和深化改革的关键时期。本人从事农村中学音乐教育9年，一直担任专职音乐教师，但是很多工作毕业生进入学校工作后，并没有那么幸运，他们身兼多职，学校把音乐作为附带教学，随意丢给任意一个老师。以横车中学为例，这是一所比较大的中学，学校的师资力量和重视素质教育的程度相比较其他农村学校而言，是走在了前面。但是就是这样具有影响力的学校，音乐教育仍然存在诸多问题，包括音乐教育观念陈旧、乐器缺失、没有完整的音乐教学体系和音乐实践活动等问题，与现代素质教育的要求相距甚远。

一、横车中学音乐教育现状

（一）音乐教育学期目标不明确，音乐学科被严重边缘化

学校虽然开设了音乐课，也有专职的音乐教师，但教师可以任意安排音乐课上的内容，每节课之间也没有必然的学科联系，缺乏规划，一个学

期下来,何来"教育成果"?

(二)音乐教师待遇差,在评职竞级等方面远不及主课老师,挫伤了音乐教师的积极性,很大程度上阻碍了音乐教育的发展

有这样的"指导思想",哪个音乐教师还愿意多花心思去创新,去改革,应付过去就行了。

(三)大家从根本上缺乏对音乐课的认识

很多农村中小学上至学校领导,下至老师学生普遍认为只要应试课的成绩好,音乐课好不好无所谓,音乐课就是吼吼嗓子,听听流行歌曲,是个人就可以上。更有甚者觉得音乐课可以随意调动,成了其他学科的"备胎"。每当到学校其他学科考试的前夕,音乐课往往是"被掠夺"的重点对象之一,使原本就少得可怜的音乐课时无法得到保障。

(四)因为得不到学科的重视,很多农村中小学音乐教学设备严重滞后

很多农村中小学几乎没有钢琴这种基本的音乐教学器材。横车中学是一所规模比较大的学校,有一台钢琴,但也是多年没有教师使用,未经调试,上面都覆盖着厚厚的一层灰。还有很多音乐器材,因为音乐课的不重视和专业化人才的缺乏,被压在仓库里没有拆封,都被迫成为检查的摆设。

(五)还有一些原因来自学生自身

全社会对农村中小学音乐教育的偏见,也在一定程度上影响着农村中小学生,大部分学生虽然也很喜欢上音乐课,但一般仅限于听听流行歌曲、选秀歌曲,由于社会的影响,有的学生甚至喜欢听一些低俗的网络歌曲,很少有学生喜欢和欣赏民族音乐或古典音乐,这些都是阻碍农村中小学音乐教育健康发展的因素。

二、基于现状提高农村中小学音乐教育的质量

(1)音乐教育是素质教育的重要方面,在培养学生全面发展的素质教育过程中,音乐教育又起着德育、智育、体育所不能替代的作用,[1]它是广大农村青少年学生最易于接受的教育形式,是开发农村青少年学生身心潜能的最好途径,音乐教育具有陶冶情操,修身养性,提高多方面协调性的作用;具有扩大学生视野,促进智力发展,培养团队精神,[2]增强意志力等作用。充分发挥音乐教育在素质教育中的作用,是社会的要求和时代的呼唤,是培养全面发展人才的需要。中小学音乐教育是美育的基础,那么面对当下的农村中小学音乐教学的现状,全社会特别是相关机构应该改变观念、提高认识、统一思想,从强化农村中小学音乐教育入手,为

培养新一代接班人、切实改变农村中小学音乐教育的现状出招施策,为农村中小学音乐教育提供强有力的政策保障,为农村中小学音乐教育保驾护航。

（2）针对农村中小学音乐教育的薄弱环节,诸如:音乐教师短缺、教学设备简陋甚至缺失等诸多问题,从长远着眼,学校必须培养建设一支稳定的音乐教师队伍,当下权宜之计只能是合理利用现有师资,加大师资培训力度,不断提高音乐教师队伍的综合素质,为这部分师资力量的发挥创造良好的环境,适度使用现有师资,既不能滥用,也不能放任。在专业师资队伍不够的情况下,学校对有音乐爱好和特长、能胜任音乐课教学的教师进行引导培训,采取多渠道培养方式,壮大音乐教师队伍,加强音乐教师的基本理论知识、基本技能和学历培养,从而提高音乐教师整体音乐素养,推动农村中小学音乐教育工作的有序发展。

（3）音乐教学设施是完成课程标准的重要保证,相关单位加大对音乐教育的投入,保证农村中小学音乐教育教学的正常进行,要加大音乐教学器材配备的投入力度,为农村中小学校配备必要乐器教具,以满足音乐教学的正常需要。学校要重视音乐专用教室的建设和设备配备。学校图书室也应配备一定数量的音乐书籍、杂志、音响资料等供教师备课、进修和教研使用;学校阅览室也应配备相关资料以满足教学和学习的需要。

（4）随着素质教育的发展,课堂教学政策的推进,音乐教育的观念、内容、手段和评价体系等方面已不能适应素质教育发展的要求,影响着音乐教育审美功能的有效发挥,制约着中小学音乐教育的全面发展。因此,我们必须用全新的理念、全新的教学方法,来转变教学观念,充分发挥学生的主动性,增强学生动口、动手能力,积极开展教学实验,不断探索新的教学模式和方法,促进农村中小学音乐教育的发展。老师要积极组织学生参与音乐实践活动,把课堂教学与课外艺术实践紧密结合起来,开阔音乐视野,发展音乐才能,提高音乐素质,促进全面均衡发展。

（5）对于农村中小学生学生而言,老师不仅要让他们学会唱歌,更要让他们学会去欣赏音乐,感受音乐之美,享受音乐带来的快乐,在这些方面,他们完全是一张白纸,更需要音乐老师花更多心思去绘制好这这张美丽的蓝图。孩子的天性是好玩,我们的音乐老师不妨利用孩子们的这一天性,用"玩"来提高学生们上音乐课的兴趣和积极性,让学生玩音乐,在玩中学。例如以"音乐会"的形式上课,老师让学生们自己创编节目、唱歌、舞蹈或综合素质表演等,让学生们"为所欲为",想怎么表现就怎么表现,激发学生的创作潜能。音乐老师要用创新的理念去引导学生上好每一节音乐课,让学生从音乐课中感受音乐带给他们的快乐和愉悦。

音乐教师是辛苦的,农村中小学条件差,待遇低,但想到自己是一名音乐教师,每天带领学生徜徉在美丽的音乐旋律中,或歌或舞,又是幸福的。这是一份神圣的事业,只要不忘初心,牢记使命,坚守信念,不懈努力,农村中小学音乐教育的困局一定能破解,农村中小学音乐教育之花一定越开越美丽!

参考文献

[1] 杨显英.让课外活动成为音乐教学的重要组成部分[J].大众文艺,2014.

[2] 芦宏亮.翻转课堂在高校棒垒球教学中的实证研究[D].福建师范大学硕士论文,2015.

第一部分：农村中小学音乐教育现状的调查与思考

关于提高农村中小学音乐教学质量的策略

湖北省黄冈市黄冈中学　贺　晨

摘要：农村中小学教育一直是我国教育面临的一个重大问题，作为一名教师，不仅需要教书育人，同样重要的是如何在教书育人的同时有自己的思考与贡献。音乐教育作为素质教育的重要组成部分，也是农村教育不可缺少的一部分。而在实际的教学工作中，农村音乐教育存在着诸多问题，课堂教学作为学校教育的重点环节，对于提升教学质量有着至关重要的作用。虽然国家重视农村中小学音乐教育，也出台了一些的鼓励的政策，但农村中小学音乐教育整体还是处于比较薄弱的状态。

关键词：重视　音乐素养

农村中小学存在缺乏对音乐教育的高度理解、音乐教师匮乏、音乐课程设置不科学等多方面的困难和问题。对此，通过深入了解和探究，我提出以下三点建议：

一、农村中小学对音乐教学的重视度需要提高

音乐教育也是素质教育中的重要内容，既丰富了青少年的精神世界，提高审美修养，创新意识的培养和促进其他教育学科的全面发展，也对学生创造性思维的能力、学生的潜能、个体人格的发展和完善做出了重要的贡献。但由于教育管理部门长期极度关心升学率，轻视美育，又加上城乡经济、社会文化发展不平衡，国家的音乐教育方针不能很好地实施在农村中小学。农村各级教育管理部门领导有着轻视美育的观念。因此，我认为要进一步提高中小学音乐教学质量，首先要做的是农村各级教育部门领导应提高对音乐教育的重视并给予一定的帮助。

二、改变高素质音乐师资队伍匮乏的现状

师资为教育之根本，教师水平的高低将直接影响学校在音乐学科领域的教学水平。加强音乐教师队伍建设是提高教学质量的唯一保证。专

业的农村中小学音乐教师十分稀缺。目前很大一批农村学校是没有配备专业音乐教师的,大部分是一名教师身兼多职,既教语数外,又教音乐课。他们也很少有接受专业的音乐教育与音乐培训的机会,缺乏音乐素养。在教育理念、教学方法、教学技巧等方面都存在着一些的问题。高素质音乐师资队伍的匮乏,是目前农村音乐教育落后的重要原因。因此,首先,各教育部门管理人员应不定期组织农村中小学音乐教师参加各类音乐教学的优秀教研活动,鼓励其参加讲课比赛,从师资教学活动上给予一定的支持,帮助其提高自身教学水平。其次,也可以由省里统一牵头,有规模地组织省、市区优秀音乐教师下乡讲学,给农村中小学音乐教师提供一定的学习观摩机会。

三、解决教学设备与教材解读方式落后的问题

农村乡镇中小学几乎没有专业的音乐教室供学生和教师使用,可能连比较基础的音响设备都没有。个别学校可能只有一些简单的乐器,但也只能在节日使用,平时都是锁在库房。另外我们目前所用的教材大部分都是鉴赏内容,包含了人文精神、曲艺、家国情怀、古韵古风、民族特色、国外曲目赏析等。其中每单元有要求学生学唱歌曲的欣赏、演奏和探究的板块,但由于流行曲目对于学生的影响较大,再加上教材曲目比较难,离农村中小学生生活环境较远,所以学生难以提起学习的兴趣,演奏任务更是难以完成。所以,我认为解决农村乡镇中小学教学设备等问题也是提高其音乐教育水平的一个必要条件和有效手段。

我们的学校教育如果忽视了美育,培养学生只片面地注重智育,即使培养出了一个高智商的才子,但缺少美德,身心也不能健康成长,这样又怎能成为一个真正的、合格的"人才"呢? 因此说,德、智、体、美、劳各科教育,都是同等重要,缺一不可的。伟大的哲学家柏拉图曾经说过:"音乐教育除了非常注重道德和社会目的以外,必须把美的东西作为自己的目的来研究,把人教育成美和善的。"我们由此可以看出音乐教育在教育中的重要地位。

提高农村中小学音乐教学质量的道路上,还存在着很多的问题,等待着我们去发现、去解决、去提高。但是,想要解决这些困难离不开教育工作者们的努力,离不开学校领导的帮助和重视。总之,农村中小学音乐教育的发展还有着非常大的进步空间,我们教师任重而道远。但是,我相信,只要我们一直与时俱进,从实际出发,找到真正适合自己的教学模式,以育人为本,找到每个孩子不同的特点和优势,找到教学新方向,在各方面的努力下,农村中小学音乐教育一定会得到一个质的飞跃!我们音乐教

师必须拥有核心素养的教育观念,熟悉音乐素养的内涵,掌握音乐素养培养的手段,才能使学生真正得到艺术素养和艺术能力的提升[1]。

参考文献

[1]董华.聚焦音乐素养　提升音乐鉴赏能力[R].中小学音乐教育网,2019.7.5

中小学音乐教育现状的分析

湖北省黄冈市团风县实验中学　魏　芳

摘要：目前,中小学生音乐教育普遍存在这种现象:学生喜欢音乐而不喜欢音乐课,长此以往只会削弱甚至磨灭学生对音乐的兴趣,造成学生综合素质较低的现象。中小学生天生活泼好动,想象力丰富,他们对音乐的感受一般是通过各种动作来表现的。中小学音乐课堂音乐创作需以学生兴趣为指导,以教师技巧为支撑,因此开展中小学音乐课堂音乐创作练习方法探索是非常必要的。做好中小学音乐教育,对于提高学生的综合素质具有至关重要的作用,有助于提升学生音乐欣赏和创作能力,从某种程度上来说关乎国家的发展。中小学音乐教育情况优劣直接影响到民族的发展,也对学生个人发展有重要影响;本文主要概述了中小学音乐课堂的学习、中小学课堂音乐创作思路以及中小学音乐课堂需注意的问题。

关键词：中小学音乐　音乐课堂　当今现状

一、深入了解学生的心理需求

我曾经听过这样一句话:"蹲下来,同孩子一起看世界。"我个人认为,音乐教育工作应该以学生为本,站在学生的角度,了解学生的心理需求,改革传统的音乐课,创造性地、灵活性地使用教材,引导学生主动探究,合作学习,建立新型的学习关。[1]

21世纪的音乐课,孩子们要学些什么？新的课程中贯穿始终并特别强调的是要经常给学生表演和表现的机会。因此,作为教师,在教学中要注重儿童的心理活动,合理地安排符合学生实际学习的内容,使他们在智力上、体力上和精神上都不会感到负担过重。

二、建立现代的教育理论,钻研现代教学方法

联合国教科文组织给"教育"下的定义是,教育是为了提高每个人的生活质量。

学会认知、学会做事、学会共存、学会生存,是21世纪教育的四大支柱。知识重要,能力更重要。以人为本的教育思想作为素质教育的核心,对于音乐学科教育来说,尤其有着优势和重要地位。

我们音乐教师在致力于运用现代教学方法的过程中必须做到,在教学过程中与学生积极互动,共同发展,处理好知识传授与能力培养之间的关系,注重培养学生的独立自主的学习习惯,引导学生探究、创新,促进学生在教师指导下主动地、富有个性地学习。教师要尊重学生的人格,关注个体差异,满足不同学生的学习需求,为学生对音乐的学习和发展提供丰富多彩的情境。[2]

三、注重音乐课的气氛,理解真正的民主开放式教学

小学音乐教学有别于其他学科,它具有轻松愉悦、生动活泼、寓教于乐等特点。

音乐教学是一个使学生身心主动参与的过程。在这个过程中,我们不能只限于一种教学方式,更不能拘泥于某种教学模式,应以灵活、有趣的教学手段引导学生人人参与,主动发展自己的个性,最大限度地激发其学习音乐的兴趣和热情,发挥他们的主体作用,培养高尚的审美情趣和审美意识,提高其音乐的综合素质,成为学习音乐、驾驭音乐的主人。

四、教学观念、方法的创新

普通学校音乐教育的目的是培养学生热爱音乐、享受音乐的能力;培养具有审美能力和艺术修养的公民。让学生在音乐学习中体验快乐,享受美好,是我们音乐教育者应关注的焦点和努力的方向。

音乐知识与技能的学习是重要的,小学艺术教育本质上是审美教育,它既能培养德行,也能增进智力,但最主要的功能还是提高学生的艺术修养,这也就是中小学艺术教育的目的所在。音乐教学应引导学生提高音乐文化素质及审美能力,接受并创造音乐文明,使其情操得以陶冶,人格得以完善,成为全面发展和身心和谐的人。

五、当前中小学音乐教育教学的现状

(一)音乐教学难以得到有效贯彻

目前,由于受到应试教育的影响,不少中小学对于音乐教学认识不足,因而均把其设置为与正式考试科目无关的课程,有些学校的音乐课程只是摆设,在实施过程中经常被其他主课占用,音乐教育处于不受重视的地位，教学实践难以得到有效贯彻，教学效果大打折扣。虽说近年来素质教育理念不断推进，但学校并未花费太多的精力和财力用于音乐教学的投入，日常音乐教学依旧处于突击应付状态，教学成效得不到有效的保障。

（二）音乐教学师资不够雄厚

中小学音乐教学没有受到足够的重视，致使音乐教学师资力量不够雄厚，尤其是在中小学教师队伍中高层次的学科带头人和教研性人才比较匮乏。[3]虽说不少学校已经采取相应措施来组织教师参加各类职业培训，在一定程度上也提高了音乐教师的整体素质，但与其他文化课教师相比差距较大，在知识面以及教学能力方面仍需进一步拓宽和加强。

（三）音乐教学方法过于单一

在新课改背景下，国家对音乐教学提出了更高的要求，教师既要引导学生积极参加音乐活动，又要不断激发学生音乐学习的兴趣，为此音乐教师对课堂教学方法的把握极其重要。[4]合理且有效的音乐学习方法能够大大激发学生学习的积极性，避免学生产生厌倦情绪。然而，在实际音乐教学过程中，教师教学方法过于枯燥和单一，对于音乐的教学主要停留在教唱层面，难以陶冶学生的情操，不利于培养学生的审美能力和创造力。

六、提高中小学音乐教育教学的策略

（一）加强社会对音乐教育的重视

要想有效提高中小学音乐教育的质量，首先应该从加强社会对音乐教育的重视开始着手，不断提高全社会对中小学音乐教育和课程的认知。中小学音乐教学处于音乐教育的基础阶段，其主要目的在于不断提高学生的音乐文化素养，培养学生的音乐兴趣，对于有效开发学生的音乐潜能、培养学生的创造力等方面具有极其重要的作用。[5]

（二）提高中小学音乐教育的投入

教育的发展离不开经费的支持和投入，尤其是对于经济比较落后的地区，国家和政府应该加大投入，不断改善音乐教育所面临的资金不足和设备短缺等问题，在保证学校基本教学正常运营的情况下采购相应的教学设备。[6]与此同时，要确保音乐教师的待遇与其他学科教学教师的待遇处于同等地位，不断完善其养老保险和社会保障制度，促使教师全身心投入教学过程中。

（三）提升中小学音乐教师的整体素质

要全面提升中小学音乐教师的整体素质，首先，要充分挖掘学校的师资潜力，这就要求教育机构要善于合理布局，对中小学音乐教学资源进行合理配置。其次，要促进教师进行合理流动，例如可以返聘退休老教师进行跨校兼课，同时在教育集团和校际实施音乐教师的双向流动。最后，学校应对中小学音乐教师开展定期的职业培训。一来中小学要尽量为教师多提供学习和深造的平台，不断提高学生的综合素养；二来学校可以多组织一些教学交流活动，充分调动教师的积极性和参与热情，促使教师主动提高自身的业务素质和技能。

七、结论

中小学音乐创作教学是一门艺术。在中小学音乐创作过程中，学生兴趣是开展创作的关键，因此教师应当激发学生的学习兴趣和创作热情，鼓励学生大胆进行创作，培养发散思维习惯。教师教学技巧对于培养中小学生音乐创作是非常重要的，在中小学音乐创作过程中，需要遵从三个原因，其一要循序渐进，其二要设定场景，其三培养发散思维，这三种方式都有助于推动中小学音乐创作教学更好地发展。[7]

参考文献

[1] 石建宇，林能杰."双基"与"审美"共存的中小学音乐课程目标观——析朱稣典《新中华中小学音乐课本》[J].人民音乐，2011（03）.

[2] 周晓东.中小学音乐活动课程的未来愿景[J].中小学时代（教师），2011（02）.

[3] 焦爱华.读《布谷鸟的歌唱——村小音乐教研叙事》有感[J].中国音乐教育，2011（10）.

[4] 秦德祥.随感二则[J].中国音乐教育，2011（08）.

[5] 曾诚."三维一体"的音乐剧专业课程体系[J].中国音乐教育，2011（03）.

[6] 彭子华."国培计划"集中培训项目中的音乐课程建构[J].中国音乐教育，2011（03）.

[7] 路保华."轻声唱法"在中小学音乐教学中的意义[J].中国音乐教育，2011（03）.

黄州区小学音乐教育现状与对策

湖北省黄冈市黄州区赤壁中学　陈　星

摘要：本文对黄州区的部分小学音乐教育进行了问卷调查和走访，从中发现了一些问题。针对这一现状，通过仔细研究本文制定了相应的对策。如：加大对文化学科老师的招聘、适当开设校内兴趣班、实行双谱教学等，力图通过这些对策来改变音乐教育在当地的现状，从而更好地培养学生对音乐的审美力、表现力及创造力，使学生在音乐中陶冶情操，达到新时期提高黄州区小学音乐教育水平的目的。

关键词：黄州区　小学　音乐教育　现状　对策

一、黄州区小学音乐教育现状

小学音乐教育在整个素质教育中发挥着重要作用，本文通过对黄州区部分小学进行了问卷调查和走访，从中发现了一些问题和不足。如：黄州区所有小学都开设了音乐课，但并不是所有的音乐课都是由专职老师来教授。学校的教学设备缺乏和师资力量薄弱等问题导致了学生们对音乐课渐渐失去了兴趣，这种情况制约了小学音乐教育的发展。

二、黄州区小学音乐教育调研情况

（一）调研方法

针对黄州区小学音乐教育这一现状，本人对黄州区部分学校进行了问卷调查和相应的走访。共发问卷100份，实收问卷100份，问卷有效率100%。

（二）调研结果

在对部分学校进行问卷调查和走访的过程中，本文发现目前黄州区小学音乐的教学条件非常简陋。黄州区所有学校都开设了音乐课，但是部分学校的音乐教学质量还有待提高。由于部分学校缺乏文化老师，好

第一部分：农村中小学音乐教育现状的调查与思考

多音乐老师除了要教授自己的音乐课，还要兼职其他的学科，势必在某种程度上对音乐教学质量有一定的影响。

在走访的过程中，部分学校的音乐老师还兼任了语文老师、数学老师、科学老师等。音乐老师的办公桌上面堆满了其他学科的作业。在与她们交流的过程中，我了解到个别音乐老师因为常年教授语文课，用嗓过多，原本一副好嗓子也因此搞坏了，印象特别深刻的是一个年轻的音乐老师对我说她原本很热爱音乐，但因为每天要批改很多文化作业，一批作业就是一两个小时，没有多余的时间去专心研究音乐教学这一块。当听到这些音乐老师的倾诉时，我的内心久久不能平静下来。

学生情况：（表1和表2）

表1 学生情况一览表

1.对音乐感兴趣情况	感兴趣	不感兴趣	6.你最喜欢的乐器是什么	钢琴		古筝		二胡
	97人（97%）	3人（3%）		58人		20人		22人
2.喜欢上音乐课的原因	老师的声音好听	上课很放松没压力	7.艺术特长或爱好	唱歌	舞蹈	器乐	书法	美术
	38人（38%）	62人（62%）		37人	13人	9人	23人	18人
3.你认为音乐课是否为必修课	是	否	无所谓	8.你对音乐教学中什么领域感兴趣	歌唱课		欣赏课	
	83人	7人	10人		65人		35人	
4.从小是否学过乐器	学过	没学过	没继续坚持	9.你喜欢什么类型的歌曲	流行歌		民族歌	
	21人	73人	6人		71人		29人	
5.通过音乐学习想获得何种能力	演唱	鉴赏	音乐素养	乐感	音乐知识	10.你认为教材存在的问题	大多数歌曲不适合	好听的歌曲不多	好多歌跟不上时代步伐	希望多一些流行歌曲
	30人	3人	5人	22人	40人		5人	32人	13人	50人

表2 学生情况一览表

你们学校的教学方式是什么样的?	黑板教学	多媒体教学	喜欢黑板教学	喜欢多媒体教学
	70%	30%	20%	80%
你喜欢的乐谱类型是什么?	五线谱	简谱	都喜欢	都不喜欢
	30%	10%	50%	10%
你们学校音乐教师的教学风格	严厉	60%	幽默风趣	40%
老师上课情况	从来只教我们唱歌 40%	既给我们讲乐理知识又教我们唱歌 25%	很少上音乐课,经常被其他学科占用了 35%	

通过学生情况一览表1和表2分析得出,大部分学生音乐学习兴趣很高,除了音乐课上没有作业压力外,他们认为音乐课是小学必修的一门课程,由此可见学生们对音乐课的热爱程度。本文在调查中发现,虽然学生们很喜欢音乐课,但是只有部分的学生从小学过乐器,其中大部分学生没有接触过乐器,所以他们对乐器的了解还不够。大部分学生想通过音乐的学习掌握更多的音乐知识。

三、黄州区小学音乐教育对策研究

（一）加大对文化学科老师的招聘,还原音乐老师的身份

针对部分学校因为文化老师的缺乏,导致音乐老师要身兼多职的情况,在当今文化多元化的环境下,虽然我们老师要一专多能,全方位提高自身能力,但是,音乐老师因为常年代文化课,再加上音乐老师长期要批改大量作业,没有更多的时间去提高自己的专业技能,这在某种程度上会对音乐教学质量的提高有一定影响。

另外,据调查反映部分学校因为文化老师的缺乏,比如:学前班、一年级、二年级等,这些低年级的音乐课就由班主任担任,高年级的音乐课由音乐老师担任。综合分析这两种情况:音乐老师带文化课、文化课老师带音乐课,都将不利于黄州区小学音乐教学质量的提高。

基于这种情况,用人单位应该扩招一批老师来弥补文化老师的短缺,强化师资力量,使岗位专业化。这样,音乐老师能更好地、更专心地完成教学任务,与时俱进,不断提高自己的专业技能,从而才能更好地提高音乐教学质量。

（二）根据学生的音乐爱好，适当开设校内兴趣班

根据学生情况一览表1来看，大部分学生的音乐学习兴趣很浓厚，认为音乐课在小学应该是一门必修课，这足以证明他们对音乐课的喜爱。从音乐课类型上看，相对欣赏课而言，学生对歌唱课的喜爱程度还是高些，那么作为音乐老师除了参照音乐课本上的歌唱歌曲外，课外还可以搜集一些适合小学生的积极向上的歌曲教给大家。此外，学校还可以开展各种音乐兴趣班，比如：钢琴兴趣班、古筝兴趣班、二胡兴趣班、舞蹈兴趣班等，来弥补学生对器乐和舞蹈这一块的不足。

（三）改革音乐教材，实行双谱教学

综合学生情况一览表1和表2，相对课本歌曲而言，学生更喜爱流行歌曲，那么我们在编排教材内容的时候，是否可以考虑将一些积极向上的、有正能量的歌曲或流行元素引进到我们的音乐课本当中来。本次问卷中，大部分学校用的简谱教学，部分学校用的五线谱教学。从调研情况来看，学生对五线谱和简谱教学都可以接受，那么我们在编排教材内容时可以考虑实行双谱教学。一方面，老师在教授歌曲的同时，会讲到乐谱及所涉及的乐理知识，另一方面也提高了学生们的音乐素养。

参考文献

[1] 尹红编.音乐教学论[M].重庆：西南师范大学出版社,2004.

[2] 金世余.皖西地区农村中小学音乐教育现状调查分析及对策思考[J].福建师范大学学报,2005（06）.

小学低年级音乐教学中课堂教学方法的初探

湖北省黄冈市黄冈思源实验学校 程 静

摘要：本文针对小学低年级音乐教学中如何增加学生兴趣,以及如何在小学一二年级的音乐课中贯穿美的教育进行了分析,希望音乐教学能够培养小学生的音乐审美能力。

关键词：小学低年级 音乐教学 方法

《音乐课程标准》明确提出音乐教学要以音乐审美为核心,伴随兴趣推动素质教育。近几年来,我国的音乐教育课程也不断得到提升和进步,小学阶段的音乐教育能够为孩子日后自身艺术发展打下坚实基础,陶冶情操,提升艺术修养。[1]

一、小学音乐课现状

音乐学科是小学教育工作的重要组成部分,对于均衡小学各科目课程设置和培养学生艺术能力有着重要的作用。但是,在实际的教育教学中,部分教师和学生更重视文化课的学习,忽略了音乐学科的学习,部分小学的音乐课形同虚设,不利于学生的全面、均衡发展。

音乐学科对于均衡小学各科目课程设置和培养学生艺术能力有着重要的作用。但是,传统的小学音乐教学只注重对学生歌曲的教学和乐理知识的传授,忽视小学生的身心发展特点和情感需要,不利于学生综合素质的提升。

近年来,教育教学在不断进行改革,新课程被广泛应用于实际教学中,新课程改革主张对学生实施素质教育,更加重视学生身心健康发展和综合能力的提高。小学音乐教材大多是选取与学生思想水平相符、与实际学习和生活相贴近的内容,教师可以把握好音乐学科的教学功能,合理灵活地运用教学策略,激发学生对音乐学科的喜爱之情,从而培养学生的音乐素养。

二、如何做到高质量课堂

小学阶段是学生塑造良好行为能力与养成学习习惯的关键时期,作为小学音乐教师,我们要充分发挥音乐学科的教育功能,培养学生良好的音乐鉴赏能力与审美意识,不断提高他们的音乐文化素养和音乐审美素养。在小学音乐课堂中,教师可以通过让学生们感知音乐中强烈的节奏对比和韵律美,从而做出相对应的肢体动作来表现歌曲中音高、音色、力度和节奏的种种变化,让走入音乐课堂的每个学生都能够仿佛身临其境,获得美的享受,从而以美悦情。

(一)情景式教学,将表演与音乐作品相结合,体会音乐情感

小学生活泼好动,对可以刺激他们视觉与听觉的行为活动都能产生浓厚的兴趣。小学音乐教师在音乐课上可以融入舞蹈元素,让学生随着节拍轻轻舞动,培养学生对音乐的感受能力,从而使学生在歌曲演唱中更好地把握情感。新课程背景下的音乐教学活动涵盖多个类别,教师要尊重学生的主体地位,结合新课程对小学音乐教学所提出的新要求,不断调整教学策略,创设良好的教学情境,使学生充分感受到音乐学科的魅力。

情景教学一直是音乐教学的一个很重要的方法,创设情景也有很多不同的方式。教师可以通过带领低年级阶段的学生们去学校附近的公园感受自然,如"风吹、鸟鸣、虫闹"等,帮助学生们感受大自然天籁的美好同时,教师可以把风吹、鸟鸣这些大自然的"音乐"录制为音频在课堂上进行播放,再现情景,能够更加直观、有效地加深学生们的记忆。

还有一种情景设置就是创设故事情景。小学低年级阶段的孩子很爱听故事,对于讲故事这个方式还是比较感兴趣的,根据教学内容,创设故事情景可以更快地将学生带入音乐课堂教学中来,能够勾起学生们对音乐的好奇心和兴趣。

(二)利用多媒体,激发学生的学习兴趣

随着科学技术的不断进步,多媒体教学被学校教育所广泛应用。教师通过多媒体制作课件,不仅可以借助网络上丰富的声音、图像资源,使音乐课堂教学变得有声有色,还可以节省备课时间,大大提高备课效率,多媒体课件在课堂上的使用,也使教师教学工作的开展富有时效性,节省了板书时间,提高了课堂教学效率。乐理教学是小学音乐教学工作中的一个难点,教师可以利用多媒体,将枯燥乏味的乐理知识转化为动态的教

学过程,使乐理知识变得形象生动,学生也更容易接受。在日常音乐教学过程中,教师可以结合教材需要,在多媒体上为学生播放与课程内容有关的音频和视频、设计有趣的乐理游戏,在吸引学生课堂注意力的同时使学生对音乐学习产生兴趣。当然,多媒体只是教学的辅助工具,并不能完全代替教师的教学活动,滥用多媒体教学来代替教师的范唱与弹奏,只会让教师专业能力削减和退化,不利于正常音乐教学工作的开展。[2]

(三)师生共同进行音乐创造

一节优质的音乐课除了要学会演唱音乐教材中的歌曲之外,对歌曲的编创也是很重要的,鼓励音乐创造是新课标明确提出的要求,创新也一直是这个社会最可贵的技能。除了老师要不断对教学方式进行创新以外,学生对学习的内容也要有创造性的想法,从最简单的模仿开始,进行歌词、旋律以及器乐伴奏的创编。特别是简单的器乐伴奏,从一种乐器到多种乐器进行伴奏,一次又一次进行突破,在创新的基础上再创造出不同的伴奏风格,从而展现乐曲不同的一面,发现音乐多变的美,从而加深学生对音乐的熟悉度,让孩子们感受音乐的魅力和课堂的趣味。[3]

(四)课堂中应合理使用电子琴等多种音乐器材

当今小学音乐教材中所涉及的乐器种类繁多,但是在传统音乐教学中,教师只是让学生看课本上的乐器图片,学生没有机会亲自去触摸、演奏乐器。教师要认识到乐器教学在音乐课堂教育中的作用,让学生积极参与到课堂活动中来,从而增加学生对乐器的了解。在实际的乐器演奏中,教师要给予及时的指导,使学生掌握乐器演奏的正确方法,促进肢体的协调配合。

教师在上课的时候可以根据教学内容摆放不同的音乐器材,比如奥尔夫打击乐器、电子琴、小提琴、手风琴和二胡等。并让学生们从使用奥尔夫打击乐器进行简单的节奏模仿到根据乐谱在电子琴等易上手的乐器上演奏歌曲的旋律来展现自己对音乐作品独特的理解。在作品的演奏中,学生们能进一步体会到音乐的无穷魅力。此外,学生们也可参与到学校开设的各类音乐兴趣课中进行深入学习。

此外,电子琴具有表达形式多样化和内容丰富化的优势,相对其他乐器而言学起来更易上手,可以作为常用的音乐器材。[4]电子琴具有音色、节奏丰富和电声效果多样的特点,相对于小提琴、小号、吉他等其他乐器而言能够更好地模仿管弦乐,同时也能够模仿生活中常用的音乐和多种音效。音乐教师应合理利用电子琴的这些特点,丰富音乐教学模式。[5]

此外,电子琴进入课堂,能够拉近教师与学生的距离,使师生变得更加亲密,互动也更加频繁,进而能够形成朋友式的教学模式。

三、结语

小学音乐教师应该充分重视对学生的音乐教学,培养学生对美的感受能力。随着新课程改革的不断推进,音乐教育越来越受到人们的重视。[6] 作为当代小学音乐教师,我们要顺应课程改革的要求,不断更新自己的教育理念,在实践中形成独具特色的音乐教学方法,使音乐课变得富有趣味,让学生在音乐课上真正感受到音符跳动的快乐,使学生在小学阶段健康快乐地成长。

参考文献

[1] 沈桂英. 论如何提高小学音乐教学的课堂效率 [J]. 才智,2019.

[2] 何丽娜. 浅谈如何提高农村小学音乐教学的有效性 [J]. 北方音乐,2019.

[3] 周雪芳. 如何有效设计小学音乐教学实践活动的策略研究 [J]. 流行色,2019.

[4] 赵薇薇. 开展小学音乐教学 培养学生创新人格 [J]. 东西南北,2019.

[5] 沈坪坪. 多元文化在小学音乐教学中的渗透与研究 [J]. 中华少年,2019.

[6] 邢然. 小学音乐教学中创设体态律动,让音乐课堂焕发生命活力 [J]. 北方音乐,2018.

"音"为有爱 "乐"中思忧
——浅谈小学音乐教育的现状及对策

蕲春县实验小学 吴金金

摘要：音乐教学是小学基础课堂的一个重要组成部分，可以培养学生对音乐的感受力、表现力和创造力，提高文化素养与审美能力，促进学生德、智、体、美、劳全面发展。新的教育理念提出：教师要将培养学生综合素养作为教学的目标，要有高远的目光，这要求所有学科的教师，都要为学生的成长奠定基础。

关键词：音乐 现状 对策

我是大别山区一名普通的教师。自毕业以来，我一直是专职音乐教师。置身农村音乐教学，我感受到学生对音乐的强烈需求：他们渴望美妙的旋律充实自己的大脑；他们渴望乐观向上的歌词感染自己的言行；他们更渴望在轻松的乐曲中倾泻所有的忧虑……然而，我们大多数学校音乐教学不能适应当前教育改革的要求，没有达到正在实行的音乐新课程标准，从而也没有办法在孩子与音乐中架设一座兴趣沟通的桥梁。学校音乐教育与现代化教育的要求的确存在很大的差距。

下面我结合自己的教学实践，针对小学音乐教学的情况进行相关分析。

一、观念偏差 质量难保证

新课程标准明确指出："音乐是面向全体学生，以审美教育为核心的基础教育。"可现实是，我们的音乐课程属于非统考学科，在学校被称为"豆芽科""副科"等，在大多数家长眼里只有考试的科目才是主课，音乐属于副课，只要孩子文化课成绩好就行，音乐课可上可不上，对音乐教学不在乎，故对自己的孩子要求不严。每到期中和期末考试时，有的语数老师讨要音乐课时间去组织学生复习，也有的音乐老师干脆出让音乐课。

再加上学生上音乐课,完全没有学习文化课的专心与认真,甚至有些孩子对音乐老师的要求当"耳边风",课堂纪律较差,因而学生的音乐素质很难得到全面提高。

二、资源不足　教学难满足

近些年,虽然上级教育主管部门招考了一批专业音乐教师,我们县城的小学也都配备了专职音乐教师,可由于学生人数过多,专任教师远远不够,有些班级仍然是靠语数老师兼职带音乐课,到学期末音乐课也都是上语数课,这就造成了同年级不同班级的学生存在着很大的差距。其次,由于学校没有专门的音乐活动室,我们的音乐老师都是走班教学,在教室里开展音乐教学活动,因为受到空间的约束,学生只能在狭小的桌子中间做简单的动作,其他活动都不能开展,导致教师无法进行多样化的音乐教学活动,直接影响了音乐教学效果。

三、形式单一　兴趣难提高

据我观察,有些音乐教师在常规音乐课的教学中形式单一,每一首歌曲在教授过程中都是先听歌曲范唱,再读读歌词,最后跟着多媒体把歌曲学会,连基本的乐理知识都不讲授,音乐课的目的就变成了一首歌会唱就可以了。面对现在在流行歌曲影响下成长起来的学生,教师课前没有进行充足的备课准备,课堂教学枯燥乏味,久而久之,学生就对音乐教学渐渐失去了兴趣。

我是一名专职音乐教师,我热爱自己的本职工作。音乐,虽然没有让我"衣带渐宽终不悔",但每每面对音乐教育的现状,心里还是"别有一番滋味在心头"。下面是我针对上述情况,思考的几种对策:

一、更新观念　让音乐富起来

想要提高对音乐教学的重视,首先,学校和教师必须要从思想上提高认识,不能再有"主课"和"副课"之分。小学生长期对音乐课堂不重视,教师要在思想上给学生普及音乐教学的重要性,在给学生教学的同时,要合理地利用多媒体教学,整合教学资源,积极调动学生对音乐的学习兴趣。其次,要让家长们认识到音乐教育对培养孩子全面发展的重要性,学校在开展各类文艺类活动的时候,可以邀请家长来观摩参与,让家长直观地感受到孩子的成长离不开音乐教育。

另外,主管部门和学校首先要从思想和政策上真正重视音乐教育,对专任音乐教师在评优晋级、教学环境等方面给予支持,对教学水平好、师德素养高的音乐教师要大力表彰。其次是配齐音乐教师队伍、配套硬件设施,这样才能从根本上改善教师的教学工作,提高音乐教师在工作上的积极性、创造性。等老师、家长和孩子都真正认识音乐、理解音乐、接受音乐了,那这个曾经是"副课"的音乐,也会从大家的心里"富"起来。

二、提高素养　让音乐强起来

一名音乐教师首先要端正自己的教学态度,其次要树立终身学习的观念,提高自己的专业技能,不断更新自己的教学理念,这样才能适应社会的需求。学校还要不断加强对音乐教师业务能力的培训,可以邀请音乐专家教师来校办讲座、授课,也可以组织音乐教师多参加音乐方面的交流活动,通过多看、多听、多交流,不断学习优秀音乐教师的教学理念,提高自己的综合专业技能,丰富自己的音乐课堂,也能让老师们体会到自己的重要性。

三、制定机制　让音乐赛起来

虽然目前小学音乐教学还没有纳入升学考试的课程内,但是老师为了提高学生学习的积极性,应该学会给学生提供一定的竞争压力。比如,在平时的课堂教学之后给学生布置的任务,老师也要给学生评出一定的优良等次,让学生之间有所比较,才能更好地促进学生努力学习。学校还可以结合节日活动组织一些歌唱比赛,开展丰富多彩的课外活动,鼓励学生积极参与,在活动中培养学生的兴趣爱好,激发学生的音乐潜能,从而更好地提高学生对音乐课堂的重视。

四、改善环境　让音乐"疯"起来

加强音乐教师队伍建设,配套音乐硬件设施也是改善音乐现状的一个必要措施。如果,一个学校配置几间专职的音乐教室。那里有钢琴,有大屏幕,还有足够舞动的空间。听着优美的旋律,孩子们可以摇头晃脑、踢腿蹦跳、甚至可以转圈欢笑,让灵动的音乐去陶冶孩子的情操、去协调孩子的能动性、去挖掘孩子的潜能,那该是一件多美好的事呀。

音乐,来源于生活,是对生活的美化和净化。小学音乐教学在学生的音乐学习生活中占有重要的地位。虽然我们一直在不懈地探求,朝着我们心中的理想境地不停地前进,但我们在实践中仍不可避免这样那样的缺憾,有着或多或少的困惑。只要用心,只要努力,行动在左,思索在右,那我们的音乐天地一定会越拓越宽。孩子们在音乐的世界里,一定会得到"大珠小珠落玉盘"的灵感和快乐!

参考文献

[1] 王晶晶. 农村中小学音乐教育的问题及研究对策 [D]. 河南师范大学硕士论文,2017.

[2] 范云静. 浅谈农村小学音乐教育发展 [C].2017 年 9 月全国教育科学学术交流会,2017.

浅谈农村小学音乐教师的现状与改变策略

湖北省黄冈市蕲春县实验小学　梅傲雪

摘要：农村小学音乐教师师资队伍专业化能力的提升,是音乐课程适应新课改过程中不可缺失的环节,有助于提升学生的文化素养、审美能力、身心健康,促进学生德、智、体、美、劳等全面发展,对农村小学音乐教育发展、农村小学学生的基础素养的提高起到非常重要的作用。农村小学音乐教育与城市小学音乐教育仍有不小的差距,未来还有相当长的路要走。

关键词：音乐教师　现状　策略

一、目前现状

（一）音乐课程重视不够

以我所在的县城小学为例,我们学校的教师数量和学生规模都是我们县最大的。但是在师资队伍中,教师配置更多的是语数外主科,而体音美这些课程非小升初必考课程,学校、家长重视程度不够,因此很多原本从事这些课程的老师,都改教语数外。而在农村小学,因教师人数少,很多音乐课都是语数老师兼职,重"主"科,轻"副"科的现象极度严重。学科被忽视,每周音乐课无法保证,"音乐课为语数外让课"的现象普遍存在。

（二）教师师资力量欠缺

"师者,传道授业解惑也""授人以鱼不如授人以渔"。教师不仅仅需要给学生讲授课本上的知识,还要有开阔的视野,丰富的经历。教师的一言一行对学生产生重要作用,农村小学大多位于基础设施落后、生活条件恶劣、地理环境较差的农村/山区。农村小学的学生,多为留守儿童,家庭经济条件差。农村小学的教育经费紧缺,教师队伍的薪资水平较低。农村小学对新招聘的年轻教师的吸引力小,很多优质的老师不愿意到偏远山区/农村去工作,而教育管理部门只能是通过行政手段强行进行支教,从而只能缓解农村小学师资力量薄弱的现实。

(三)基础设备完善程度不够

"工欲善其事,必先利其器。"音乐教学不能凭空想象,需要有真实的声音、音乐、乐器参与其中,才能达到教与学融为一体,让学生身临其境感受音乐的魅力带来的欢乐和乐趣。农村小学因为面临资金困难,无法采购贵重的设备资源,没办法为音乐课程提供合适的教学设备。我曾在农村小学支教一年,那里没有录音机、没有相关的教学磁带、没有钢琴、没有电子琴、没有多媒体,全靠教师自备的设施,这样很难促进音乐教学开展。因为没有音乐活动教室,学生都只能在自己狭小的位子上做简单的肢体活动,很多音乐活动课都不能开展。在教学的时候,更多的是靠教师示范,学生模仿,根本无法做到让学生积极参与。如此现状,何谈提高农村小学音乐教学质量和学生的全面发展呢?

二、改变策略

新课程强调,教师是学生学习的合作者、引导者、参与者。教师教学,也是和学生做朋友、当知己的过程,应该寓教于乐,让学生在学习中感受到快乐,并能快乐地成长学习。

(一)提高对音乐学科的认识

"三月不知肉味",因一音符让孔子痴迷,音乐的魅力,能达到如此。"五声",即宫(do)、商(re)、角(mi)、徵(sol)、羽(la)是我国音乐学科发展的鼻祖。随着我们国家经济的不断发展,教育事业也是蒸蒸日上。我们呼吁相关教育部门加大对农村小学素质教育的落后状态的关注,提高对农村小学音乐教育的资源投入程度,管、教、校三级部门共同认识到音乐教育的重要性。优化课程安排,不断提高音乐课程的比例。开展多频次音乐教育活动,使学生参与其中,激发学生的能动性。当《歌唱祖国》音乐响起,学生心中的自豪感、骄傲感油然而生,说很多遍"我爱祖国"都不如音乐带来的感受更加直接。中国女排拿到第十个世界冠军走上领奖台,她们在赛场奋力拼搏,流血流汗不流泪,但国歌响起时,姑娘们却是热泪盈眶,音乐触达心灵,直击心髓。音乐课不是放松心情娱乐的学科,不是不学无术,而是培养小学生品质、思维、能力的学科。音乐课程的发展,需要我们摒弃先前的旧观念,树立正确的教育观、价值观,扭转错误思想,认识到音乐教育重要性,倡导发展音乐教育。在工作中不能有"主科"和"副科"的想法,观念上不能对音乐学科进行轻视。同时要让教授音乐学科的教师得到应有的尊重,让其积极热情全身心地投入到教学工作。

(二)提高教师专业素质

新课程中指出教师是学生的引导者,音乐教师也是音乐教育的领路人,小学音乐教师的工作对象是充满生命力、朝气蓬勃、积极向上的少年儿童,传授的内容是不断发展变化着的人文、历史、乐理知识,这也要求音乐教师要不断学习、反思、创新。首先,"打铁还需自身硬",音乐教师师资力量的培养,是一个长期且不断进行的工作。我们应壮大师资力量,吸引大批年轻的大学生作为新生力量,提高他们的薪资待遇,鼓励更多专业教师积极投入到农村教育中,给予更好的个人发展通道和学习机会。其次,农村学校可以聘请社会上的音乐老师,在学校开展第二课堂,将舞蹈、器乐等引进到学校,激发学生学习的热情。再次,组织学校交流,积极向城市学校学习,走出去,请进来,加强和优秀学校的交流学习。最后,教育管理部门对学校音乐教学的效果要进行定期组织检查评价,还可通过市县乡镇汇演、歌唱比赛等方式进行评比。组织音乐教师专业能力的培训,邀请专家来校办讲座、示范课,充分利用周末、寒暑假的时间组织音乐教师进行专业学习培训。提高音乐教师的个人综合专业技能,提升音乐学科的发展的可塑性。

(三)提高教学基础设施

话筒、音响、电子琴、电视、电脑、乐器等是保障音乐学科日常教学的基础性条件。越是在偏远、贫困的农村地区,这些基础条件越不具备,这一问题如果长期得不到解决,则会造成农村小学与城市小学之间的差距越来越大,无法保障音乐学科教学的正常开展和教学质量,无法更好地促进音乐教育发展、素质教育的推进、使农村地区音乐学科发展更加困难。

总结

在新课改进程中,小学音乐教学工作面临改变。音乐学科占据了重要位置,为了学生全面、健康、良好的成长,教育主管部门、学校领导、农村小学教师应该认识到音乐学科的重要性。我们生活在一个最好的时代,这个时代的进步需要每个人都是全能型选手,而过往的"一招鲜吃遍天"的时代已经面临淘汰,素质教育在往更好的方向发展。我们相信,在未来,随着新课改的深入,音乐教育的道路会越走越宽广,越来越好。

第一部分：农村中小学音乐教育现状的调查与思考

如何改变农村中小学音乐教育现状

湖北省黄冈市蕲春县实验小学　刘　帅

摘要：农村中小学存在的主要问题有：旧观念根深蒂固,师资力量薄弱,各项音乐基础教育经费缺乏,有益于学生音乐美育的活动得不到倡导、主课教师的重视和执行。我们要让家长、学校、社会提高音乐、美育、育人的认知,加强专职音乐教师的配备和兼职教师专业技能的提升。我们应创新传统的教学方式,结合学生的生理心理,发展完善音乐课的教学内容。

关键词：音乐教育　现状　改进策略

一、农村中小学教育现状

（一）旧观念根深蒂固

虽然我们一直都在推行素质教育,但没有从根本上转变大多数农村家长、教师和领导的观念。不少学校仍把各种统考分数作为评价教师和学生的唯一标准。农村学校、学生家长似乎更关注主考科目的分数和升学率,只有在有文艺演出的时候才需要音乐,并且一般少儿表演的节目大家都只想到舞蹈,就算唱歌也是广场舞歌曲和流行音乐,具有民族特色的和适合儿童歌唱的歌曲并没有登上舞台让同学们演绎。

（二）师资队伍紧缺

虽然湖北现在鼓励大学生下到基层锻炼,补充了一些专职的教师,但是专职音乐老师还是相对较少。音乐课普遍都是热爱音乐的其他课程的教师兼任,在音乐素养、教学观念、教学方法和技能上都明显不足。这也是造成农村中小学音乐教育质量低下的原因之一。

（三）教学设备不配套,种类稀少

虽然现在国家教育部门给农村学校配备了一定量的教学设备,但是由于不是由音乐专业或有音乐常识的人员选择,所以有的音乐教室就只有一台电钢琴,没有投影、音箱。学生更没有见过大提琴、小提琴等西洋乐器,学生就只能坐在那里学唱几首歌曲,无法深入地通过现代化多媒体去了解不同音乐的内涵、核心知识,学生的艺术素养和人文知识无从培养。

(四)农村中小学校园活动开展不足

一方面领导担心组织这种校园文化活动的开支和教师学生的配合度问题。另一方面主课教师或者班主任总想着多一事不如少一事,所以音乐活动开展也不多。

(五)音乐教学的方式和方法没有很好地根据当前社会的发展而发展,还是用一些比较传统的教学手段去教授教学内容

我们要把传统的和现代的教育方式结合起来,吸引学生更加热爱不同时期具有代表性的音乐作品,提升他们的欣赏美、感受美的能力。

二、农村音乐教育的改进策略

(一)领导层要更新观念

观念更新了,就会有创新。特别是农村学校,一部分家长随着经济条件的好转,更愿意送学生去县城硬件更好的学校就读。农村中小学的领导应该以开阔的眼界开设好这些艺术相关的课程,作为特色吸引周边的学生就近入读,壮大自己的生源,提升自身的人气指数。让学生和家长都能意识到在家附近就能享受到县城学校的课程待遇,能更好地留住学生。

(二)提高音乐教师的荣誉感和成就感

音乐教师一般都不受领导的重视,要不就让音乐教师转行改教其他的科目,导致不能满足教师的自我成就感,所以造成一有机会,小科目教师就会调离去更好更重视自我发展的学校。一些活动的开展不仅增添了学校的活力、办学能力,更进一步提高教师的自我价值的体现。

(三)培养兼职教师

农村小学的教师一般都是居住在学校附近的,虽然兼职教师不能像专业的音乐教师那么专业,但他们有一颗爱音乐、爱艺术美的心。我们可以通过一些途径提升他们的专业技能和专业素养,大大降低教师的流失率。

(四)培养的方式和方法要有选择性和针对性

在一些音乐培训中,大都笼统且比较浅显。可能是要照顾普遍性,所有培训都是从最浅显课程开始的。培养的方式如果能更有选择性和针对性,比如音乐教师自身哪一方面不足就专攻哪个方面,或者可以选修自己比较感兴趣的方面,将更有利于音乐教师的专业化。

(五)培训的内容要更注重质量的提升,避免重复和单一性,应结合当地的农村学校的实际情况发展音乐教育

每一个地区的特点不一样,但培训的内容大都一样,这也使一些音乐

教师失去学习的兴趣。培训的内容可以少而精,针对不同的地域特点,做到和而不同。

(六)应遵循少儿的生理、心理的生长特点,开设奥尔夫音乐教学法课程

针对中小学儿童成长特点,教师应用合适的方式教授学生感知音乐、体验音乐。让学生能从生活中就能感受音乐的存在、在音乐中理解美、创造美,使学生得到个性的发展,丰富和发展形象思维能力。

三、结语

从现状来看,目前农村中小学的音乐教育还需要加大力度和深度,农村音乐教育水平还有很大的提升空间。我们要从社会、学校、教师及学生各个方面去做好音乐教育的普及工作,这样才能改变农村中小学音乐教育发展的现状。

提高农村小学音乐教育质量之我见

湖北省黄冈市麻城市中馆驿镇中心小学　侯定勇

摘要：音乐教育是实施素质教育的重要组成部分,也是贯彻美育的主要途径。多年以来,农村小学音乐教育的发展速度迟缓,与城市小学音乐教育发展差距越来越大,因此农村小学音乐教育的质量远远落后于城市小学。笔者通过调查、了解和分析当前农村小学音乐教育现状,浅谈应该如何去提高农村小学音乐教育质量。

关键词：音乐教育质量　现状　对策

一、当前农村小学音乐教育现状

笔者20多年来一直在农村乡镇小学担任音乐教育教学工作,通过同行之间的交流以及对农村小学的走访和调查,了解到目前的农村小学音乐教育现状。

（一）重视程度不够,意识观念淡薄

长期以来,在许多人心里,音乐学科总是被当作一门"副课"。学校领导不重视,不愿为此付出过多的财力、精力和人力,家长更是不当一回事,学生也把音乐课当作一节好玩的、自由的课来消遣,这也导致了教师的积极性不高。在农村小学中即便是开了音乐课,学校也就是要求老师教孩子们唱唱歌,让校园里有歌声就行。绝大部分人还是注重学生的文化课,认为学好文化课才是最重要的。学校在制订教学计划时并没有注重音乐教育这一板块,只是象征性地开设一门音乐课程。而且音乐教师多由语数外等大课老师兼任。但由于这类教师本身能力不全面和不重视,音乐课没有按质按量完成教学任务,甚至被持续压缩几近于无。像这样连课程的开设都不能保证,何谈音乐教育质量？

（二）音乐师资不足,专业队伍匮乏

我所了解的农村小学没有哪一所小学配备有充足的音乐教师,有的学校能有一两名专职音乐老师就很不错了。尽管近些年来国家提倡教育的均衡发展,国家为农村学校招聘了大量体音美教师,但是当这些专职音乐教师被分配到农村小学后,有很多学校竟然安排他们主要担任语数外等文化课程,音乐课只是兼职,更有甚者根本就没有担任音乐课的教学。即便是专职担任音乐教师的,由于师资缺乏,每周的音乐课时都不能保证开足,基本上每个班每周只能开设一节音乐课,有的甚至还是只能部分年级开设一节音乐课。[1]正是由于重视程度不够才导致农村小学音乐教育师资少、质量差、分配不均,这也成为农村中小学发展音乐教育的瓶颈。

(三)硬件设施落后,经费投入不足

音乐教学设施是音乐课程资源的一部分,更是实现课程目标的保证。如若缺乏音乐教学资源将直接影响学生的接受程度。绝大部分学校都没有单独的音乐教室和场地,也没有配备钢琴,条件稍微好一点的学校可能配有电子琴或电钢琴以及常用的打击乐器。但是还缺乏专业音响设备和音像资料等。由于农村小学资金不足,硬件设施的不达标严重影响到了农村小学音乐课程的教学质量。

(四)教师待遇低

在调查中我发现:近几年来被分配到农村任教的专业音乐教师都呆不长,他们要么是辞职不干了,要么就是想办法调走或考进县城。原因是不仅他们工资收入低,而且学校、家长对音乐学科不重视,在评职晋级等方面不及主科教师,这些都打击了音乐教师的积极性。因此微薄的薪资水平和艰苦的生活条件无法吸引专业的音乐教师长期留在农村地区工作,农村岗位成为新手教师和实习教师的练兵场。由于这些音乐教师有时刻准备着离开农村小学的打算,他们也就不可能全身心投入到教学,抱着一种完成任务式的心态就不会去想如何提高农村小学的音乐教育质量。

二、提高农村小学音乐教育质量的对策

(一)高度重视,提高认识

音乐教育对陶冶学生情操和培养审美情趣等方面具有特别重要的作用。因为音乐可以通过鲜明的节奏、优美的旋律和独特的音色,向学生展现独特的听觉盛宴,让学生的情感中枢直接得到触动,让学生的情感得到潜移默化的感染,通过优秀的音乐作品逐步提高学生的思想境界,从而达到美化心灵的目的。因此,希望各级政府和教育主管部门要统一思想,提高认识,制定农村小学音乐教育的教学目标,建立合理化的评价体系,严格按照音乐教学大纲要求开设开足音乐课,积极开展音乐教育活动,为学校音乐教育提供有利条件。对于家长,教育部门应推荐家长们观看教育题材类的电影、电视剧和纪录片并进行培训学习,以此来促进他们对农村小学音乐教育的认识和转变。

(二)加强师音乐教育师资队伍建设,提高音乐教师专业水平

专业的师资队伍是一个学校办学的中流砥柱。音乐教育尤其需要专业对口的师资力量。因此教育管理部门首先应加强音乐师范生的培训数量,聘请音乐专业院校以及师范类院校毕业生,为农村音乐教学补充新生力量,解决农村音乐教师缺乏的问题。其次教育管理部门和学校要让具有音乐专业素质和能力的教师专职任教,不能由于注重升学率等原因让原本就是音乐专业的教师去教语数外等文化学科。教育管理部门和学校在确保这些教师专职任教的基础上,一方面加强其专业基本功培训,另一方面利用好现代教育技术手段,加强网络研修,提高教师的教学技能和专业水平。另外对有音乐爱好的、能基本胜任音乐课的教师,可聘请教学经验丰富、专业素养较强的音乐教师对其进行较规范的培训,不断提高农村小学音乐教师的综合素质和专业水平。

(三)逐步增加投入,改善办学条件

配备音乐教学设施是实现课程标准的基本保证。各级政府和学校要加大对音乐教育资金和设备的投入,确保学校能够正常地开展音乐教育教学。[2]经济条件相对较好的农村小学可配备较高档的乐器和教具(如钢琴或电钢琴、各种民族乐器及西洋乐器、教学挂图、音像资料等),经济条件较差的学校也要配备必要的乐器和教具(如风琴或电子琴,常用的打击乐器等音乐器材)。[3]如果条件允许,学校还可订购有关音乐杂志、书籍、音像资料等供教师备课、研究和进修使用;也可以配置供学生收集、查阅的相关的音像资料、杂志和音乐读物。

(四)提高教师待遇

因收入低、生活条件艰苦而导致的农村地区师资欠缺问题是农村教育的主要问题。要想真正稳定音乐师资队伍,各级政府和教育主管部门要切实维护音乐教师的合法权益,努力改善教师的生活条件和工作环境。此外,就是要让音乐教师在考核、评职晋级方面与其他学科一样有平等待遇,不能让他们总觉得是一个弱势群体被忽略。

（五）充分利用互联网教育资源和班班通等电教设备

近年来随着国家对义务教育均衡发展工作的深入推进，绝大部分农村小学都搭建了互联网平台，提供了丰富的互联网教育资源。但是农村小学没有充分利用和发挥互联网教育的作用。教育管理部门应该聘请教学经验丰富的专家或教师，加强对农村小学音乐教师进行互联网教育教育资源应用和"班班通"等电教设备运用的培训。促进教育信息化不断深入发展，让信息技术丰富农村小学的音乐课堂教学。因此教师既要具备专业知识，又要学习计算机知识，掌握多媒体课件设计制作技巧和运用多媒体辅助教学的方式，这样才能形成自己的教学特点和教学风格，真正提高课堂教学质量。

音乐教学质量的提高，是国家实施素质教育高水平的体现，我们期望各教育部门和社会都来重视农村小学音乐教育事业，只有把音乐教育这一环节抓好，学生们才有可能真正达到良好素质教育的标准。

参考文献

[1] 杨燕. 浅谈农村中小学音乐教育的现状与改善对策 [J]. 大众文艺，2011（12）.

[2] 吴晓红. 浅议农村中小学的音乐教育 [J]. 艺术教育，2011（4）.

[3] 中华人民共和国教育部. 义务教育音乐课程标准 [M]. 北京：北京师范大学出版社，2012.

论当今教育形势对音乐教师的素质要求

湖北省黄冈市蕲春县实验中学 董赛群

摘要：基础音乐教育在素质教育中具有重要的作用,并在当今学校教育中越来越受重视,新的形势和音乐教育现状对我们提出了更高的要求,我们应具备怎样的素质才能适应社会发展的需要呢？基于自己在中小学基础音乐教育岗位工作的教学体会,并结合当前形势,就音乐教师的职业素质谈谈自己的看法。

关键词：职业素质 形势 艺术修养 表达

"国运兴衰,系于教育。"在以高科技为核心的知识经济占主导地位的当今时代,国家的综合国力和国际竞争能力越来越取决于教育发展、科学技术和知识创新水平,教育始终处于优先发展的战略地位。党中央在1996年6月召开的全国教育工作会议上强调指出："中央全面分析国际国内发展的大势,认为必须坚定不移地实施科教兴国的战略,大力提高全民族的思想道德和科学文化素质,提高知识创新和技术创新能力,密切教育与经济、科学的结合,加快实现经济增长方式和经济体制的根本转变。"这是全面推进我国现代化的必然选择,也是中华民族自立于世界民族之林的根本保证,同时还指出："实施素质教育,就是全面贯彻党的教育方针,以提高国民素质为根本宗旨,以培养学生的创新精神和实践能力为重点,造就有理想、有道德、有文化、有纪律的,德智体美全面发展的社会主义建设者和接班人。"中央提出了实施素质教育的战略举措,为我们培养新世纪高素质的人才绘制了宏伟的蓝图,指出了前进的方向。

素质教育强调教育的本体功能,即人类自身的不断完善,注重受教育者的个性发展,在传授知识的同时,注重对学生独立思考和分析问题解决问题能力的培养,注重学生的思想道德素质、文化素质、科学素质和身心健康的全面发展。学校教育的根本是全面推行素质教育,培养年轻人具备做人的基本素质,使其符合时代发展的需要。

在素质教育中,音乐教育是一个有效手段和一个不可或缺的方面。

它具有其他学科共同的认识功能,除此之外,"艺术教育作为学校教育的重要组成部分,具有其他学科教育所不能代替的特殊作用"已成为许多国家的共识。当然,"音乐教育不是音乐家的教育,而首先应是人的教育"。俄国科学家霍姆斯基的这句名言告诉我们:音乐教育的目的是提高人的艺德、文化素质、音乐素质,从而整体上提高人的素质。

新的形势和音乐教育现状对我国音乐教育工作者提出了更高的更全面的要求,作为新时期的音乐教师,我们应该具备怎样的素质呢?我想就自己在中小学基础音乐教育岗位的教育体会,并结合当前形势,谈谈自己的看法。

作为音乐美育的传播者,学校美育的实施者,音乐教师应具备一定的职业素质,才能适应社会发展的需要,它包括以下五个方面。

一、良好的思想素质

教师是人类灵魂的工程师,要教育人、塑造人,必须具备良好的思想素质。音乐教师具备的思想素质表现在:正确的世界观、人生观、价值观,为人师表,诲人不倦,虚怀若谷,忠心于教育事业,热爱本职工作,爱护学生,能满腔热情地传授专业知识和技能,是学生的良师益友,特别是要有不断进取的精神。当前的科学文化在飞跃向前,教师不求进取,就会被社会淘汰。古今中外的音乐理论与专著,给人们留下了丰富的知识和宝贵的经验。音乐教师要在事业上有所建树,有所创造,就要靠自己的勤奋学习,不断积累知识,更新知识。

二、较高的专业素质和文化艺术修养

音乐教师的专业素质包括音乐的感受力、鉴赏力、表现力和创造力。首先,音乐教师应具有系统的音乐理论知识,如:基本乐理知识、和声知识、曲式知识、声乐理论知识、器乐知识、民族民间音乐知识等。其次,还应该具有精湛的声乐演唱、器乐演奏、合唱指挥等方面的技艺。最后,因为音乐艺术和人文科学、自然科学之间存在着内在的必然联系,音乐教师要对音乐做完美的解释和施教,还应具有一定的文化艺术修养,比如:文学、历史、戏剧、电影、摄影、美术、体育、舞蹈等。音乐教师只有对这些知识具有一定的理解力和鉴赏力,才能更好地吸收和运用姊妹技术的精华,才能在音乐教学中把音乐变为知识的海洋、色彩斑斓的画卷,才能在音乐教学中把音乐的美演绎得淋漓尽致,才能使学生产生丰富的联想,从而提高学生的审美情趣、音乐鉴赏力和音乐创造力。

三、对音乐教材的选择力

音乐教材是进行音乐教育的根据,是审美的客观条件。因此,音乐教师应具备对音乐教材的选择能力,音乐教材的审美因素有很多,包括立意美、形象美、配乐美、演唱演奏美。音乐教师选择立意美、形象美的音乐作品,让学生感受音乐作品的健康向上、优美质朴、明朗大方,给学生一个美好的寓意,一个美好的遐想;音乐教师选择优美的旋律,让学生百听不厌,百唱不衰,给学生一个美好的享受。音乐教师在音像的选择上,突出音乐的清晰、悦耳,和声层次清楚,配乐简洁、有特色,能让学生感受到和谐的美、变化的美、织体丰富的美。在各种课型教材选择上教师能以音乐美为主题,如:声乐练习曲,尽可能选用优秀音乐作品的精彩片段、生动的艺术形象可以强调学生以情代声;试唱练习曲可以选用旋律美、节奏变化丰富的短小民歌;节奏训练可以选民间戏曲中的鼓锣经,这样既可以增强学生的民族自豪感,积累更多的民族知识,又可以生动而形象地培养学生的试唱能力;音乐教师对欣赏教材的选择着眼于学生的可接受性和作品的代表性、经典性、文献性,让学生能体会到音乐文化之美。教师还可以充分利用现在的科技成果,丰富音乐教材形式,在纸质教材的基础上,还可以选择声像教材、多媒体教材及各种多媒体结合的教材。

四、艺术的审美实施能力

学校音乐课程教学过程,是以心理学、教育学等学科为基础的一个科学的过程。一名优秀的音乐教师,应能从学生身心发展的规律中探索发现学生接受音乐教育的普遍规律,研究音乐教育的特殊原理和规律,从而形成艺术的审美实施能力,例如:音乐用丰富的和声给人以和谐、均衡、多层次的立体美。音乐教师就可以抓住这一点,运用教育学、心理学进行艺术的施教;在音乐课程结构设计上,教师可采取主副相宜,难易相配,长短交替,动静结合。在音乐教学方式上可采用心灵感受式、直观感知式、自然渗透式、启发讨论式,反复比较式等。实践证明,这样的音乐教学等方式使学生始终处于一个多方面接受新信息的环境中,能保持学生兴趣,提高学习效益,符合学生的心理特点。

五、生动的语言表达能力

语言表达能力是教师"传道""授业""解惑"的基本功。学生在接受音乐教育时,是理性与感性的相结合,音乐教师以形象、生动、精练的语言向学生讲解,并诱导学生产生形象性思维和创造性思维。这样才能达到音乐的教育目的。音乐教师的语言表达能力还表现在一口流利的普通话、正确的发声方法、恰当的速度、力度和音量。如：朗读歌词时准确、生动、清晰、悦耳，轻重缓急恰到好处，表现出语言天然的节奏感和律动美。

总之，一名合格的音乐教师应该集知识、能力于一身，融技能、修养于一体，达到"师"与"范"的贯通，"教书"与"育人"的统一。只有具备这些基本的职业素质，教师才能培养学生的音乐兴趣，激发美感，丰富思维，得心应手地进行教学，把真正的美传授给学生，才能适应当今教育发展的需要。作为一名音乐教育工作者，我们也应不断学习和完善自己，在素质教育的探索中，更好地发挥音乐教育的作用，为祖国培养全面发展的人才，为提高全民族的素质做出应有的贡献。

参考文献

[1] 郁文武,谢嘉辛. 音乐教育与教育法 [M]. 北京：高等教育出版社，1991.

[2] 李元授. 审美训练 [M] 武汉：华中理工大学出版社，2003.

提高中学音乐教学质量的策略初探

湖北省黄冈市黄州西湖中学　林　宏

摘要：音乐是艺术的一种表达方式，音乐可以改变人的思想，提高社会的文明水平。音乐教育教学早在百年前就走进了课堂，而在我国，音乐课的受重视程度还没有达到一定高度。在新一轮课程改革的背景下，艺术教育被人们越来越重视，作为一线音乐教师，应抓住机遇，彻底摆脱传统枯燥的教学模式，采用全新的教学理念，运用更新的教学方法和手段，提高音乐教学质量。

关键词：音乐　教学质量　策略

音乐学科是素质教育的重要组成部分，在音乐课堂教学中，音乐教师要对音乐教学手段和教学方式进行不断创新与改革，如何提升音乐教学质量是我们每一位音乐教师都需要思考的问题。

一、关注教学流程，规范教学行为

优质高效的课堂评价可以提高学生的学习兴趣。而以往的考察评价方式单一，不利于学生的发展。教师要在教学活动中不断了解学生学习的效果，从而提高音乐课堂教学质量。比如，在唱歌课教学环节，我们需要学生进行识谱模唱，而有的同学双基不到位，对五线谱不熟悉，不愿意多练习。当让这些同学示范演唱时，他们对五线谱中音位掌握不熟练，影响唱谱速度。还有的同学对各种节奏型把握不准确，特别是稍微有点复杂的如附点、切分、三连音等节奏型。而在平时的教学中，教师都是以齐唱的形式检验学生的演唱，这些同学滥竽充数、蒙混过关，问题都被掩盖了。针对这些问题，我们在以后的课堂教学中可以采取对症下药的方法。

（1）引导法。鼓励学生大胆进行演唱，让他们知道唱谱是基础，只有通过刻苦的练习，才能准确唱出美妙的歌曲。

（2）分解法。在音乐中，许多较复杂的节奏实际上是各基本节奏组合而成的，首先让他们熟练掌握基本节奏型，通过这些基本节奏的转换练习,学生能够在较短的时间内熟练掌握更为复杂的节奏。经过这一系列针对性的练习,我们发现,学生在识谱、节奏和音准方面都有很大的进步,课堂教学质量得到明显提高。

(3)检查法。在课堂教学中,教师应融入各种检测方法。比如分组检测,将学生分成各个学习小组,由组长检查过关。还可以单独展示,随机抽查部分同学唱谱情况,及时对教学内容进行检查,并给出评价,既能促进学生能力的提升,也为后续教学打下基础。

二、提高自身素质,优化教学能力

现代音乐课堂非常丰富的内容,对教师就提出了更高的要求。教师必须要有过硬的专业素养和博学的知识,才能对丰富多元的音乐作品有较强的驾驭能力。在日常的教学工作里,教师要不断地研究学习,提高自身各方面的能力,提升知识储备。不论是在个人的专业能力领域,还是新型的教学教法知识的学习,都需要教师虚心求教。在教学设计中,教师必须充分地了解学生的学情,根据学情设计出符合学生需要,促进学生发展的音乐教学内容。在教学方法中,教师可以运用柯达伊手势来训练学生的音高概念,运用奥尔夫音乐游戏律动来培养学生的节奏感、韵律感。各种现代的音乐教学方法都需要教师不断学习、充实自己的知识才能实现。音乐教师的教学能力很大程度上影响了音乐课堂的实际教学效果。

三、注重课堂艺术,讲求课堂实效

音乐教育的深化改革,已经使现代的音乐课堂逐渐从单一的教唱歌、听音乐的模式中解脱出来向审美型发展。在课堂内容的选择上,教师可以将传统音乐和当下流行音乐结合起来。学生都喜欢流行歌曲、街舞等现代艺术表现形式,教师需要在大量的作品中挑选出适合学生欣赏、学习的音乐作品和艺术形式,运用到音乐课堂之中,摆脱课本的束缚,最大限度地激发学生的学习兴趣。学生对音乐有了兴趣,才能更好地学习音乐知识。在科技高度发展的今天,我们的音乐课堂早已不是当年拎着录音机播放音乐的时代。我们的黑板已经变成了集合各种播放功能的多媒体电子白板,教师可以利用这些多媒体教学工具做出精美的课件,播放高清的视频资料,在电子黑板上进行音乐游戏……现代信息技术的发展为我们的音乐课堂增添了无穷魅力,让很多以前不能实现的教学方式方法充分地运用到现在的音乐课堂教学中。

总之,教师要想方设法地提高、改进音乐课堂的教学质量,才能充分调动学生学习音乐的积极性和主动性。在教学中我们既要注意学生创造力的培养,又要发挥教师的指导作用,使学生们不断提高对音乐的感受能力和鉴赏能力,逐步加深对音乐的认识和理解,从而达到更为理想的教学效果。

浅谈农村小学音乐教学中的学科融合
——以音乐与舞蹈的融合为例

湖北省黄冈市黄州思源实验学校 吕阳

摘要：音乐是听觉的艺术，同时又是人类文化的一种重要形态和载体，与各种文化艺术有着紧密的联系。我市许多农村小学音乐教学中，教学方法单一、课型单调的问题还较为普遍，导致一些学生喜欢音乐，但不喜欢上音乐课。我根据学生的身心发展规律，以丰富多彩的教学内容和生动活泼的教学形式激发学生对音乐的兴趣。经过三年来的探索，我获得了一些在教学中进行学科融合的方法途径。下面将以音乐与舞蹈艺术进行融合为例，谈谈就如何引导学生参与多样化的音乐实践活动中来，获得更丰富的音乐体验途径。

关键词：农村小学 音乐教学 学科融合

一、小学音乐教学中学科融合的必要性

随着新课程教学改革不断深入，小学音乐课程的教学需要让学生通过参与丰富多彩的艺术实践活动，来扩展学生的音乐文化视野，从而发挥音乐的社会功能。而目前很大一部分农村学校的音乐课还只是形式单一的唱歌课，甚至连欣赏课也不多见。这样单一的课型，并不能很好地激发学生对音乐的兴趣，更难以满足孩子们对音乐艺术美的体验。[1]他们需要一个更广阔的空间、更多样的形式，来感受和表达蕴藏于音乐中的美与快乐。

新课标中有关基本理念，阐述了音乐课程要突出音乐特点，关注学科综合。学科综合不仅包括音乐与艺术之外的其他学科的综合，也包括音乐与诗歌、舞蹈等不同艺术门类之间的综合。

小学生们都喜爱音乐，对音乐充满了好奇。同时，他们好动、模仿力强，拥有灵巧的身体。如果将舞蹈这种直观性的艺术与音乐相结合，通过具体的音乐材料构建起与舞蹈的联系，以生动活泼的教学形式和舞蹈的

艺术魅力吸引学生,一定更有助于促进学生对音乐的体验与感受。

二、现阶段农村小学音乐教学的现状分析

目前在农村小学中,有很大一部分音乐课是由其他学科教师兼任。教师的音乐专业素养不足以完成音乐教学的相关任务。这样的音乐课就是放放歌曲范唱,让学生跟着模仿学习。能够完成课本中的演唱任务就已经是难能可贵的了,关于音乐的感受、欣赏、表现、创造以及与相关文化等其他领域的综合学习更是难以触及。还有一些学校,虽然配备有专职的音乐老师,但因为其在大学学习期间较早地进行了专业划分,导致从教后在自己擅长的领域可能会比较出色,而普及型的小学音乐教学缺难以适应,导致他们在音乐与诗歌、舞蹈、戏剧等不同艺术门类综合的教学上就显得有些力不从心。

现阶段的小学音乐教学中,还有很多老师处于十分保守传统的教学状态,拘泥于陈腐老旧的教学模式,导致音乐课堂形式单一。课堂上学生重在模仿,谈不上探究合作,别不说与其他艺术之间的综合体验。导致学生无法真正理解音乐中所表达的情感、内容。加之老师内心对音乐学科不够重视,导致音乐教学流于形式,不能激发的学生内在的创造力和表现力,以致于对音乐、舞蹈等实践活动的亲身体验不足,很大程度上削弱了学生参与音乐实践活动的兴趣。

基于此现状,我认为在音乐教学中,可以尝试运用音乐与舞蹈艺术相结合的方式,来弥补音乐课堂教学创造性不足、内容不够丰富的状况。

三、在实践中将音乐与舞蹈有机地结合

音乐是听觉的艺术,舞蹈是视觉的艺术。当音乐与舞蹈在一起,就同时调动了人的多种感知通道参与到体验与感受中来。舞蹈是与音乐共生的,它表现着音乐的节奏、韵律和情感,把音乐从内心的感受具化为视觉上的冲击,同时音乐又是舞蹈表演的基础。作为密不可分的姊妹艺术,在小学的音乐课堂上,二者是否可以合二为一,在教学中我进行了如下尝试:

(一)用节奏链接音乐与舞蹈

舞蹈与音乐之所以关系这么密切,是因为它们都是以节奏作为基础。音乐中节奏的长短变化、旋律的高低起伏与舞蹈的动作、提沉呼吸有规律的结合构成律动。在教学中,为了激发学生学习音乐的热情,让学生能够全身心地投入到学习音乐的氛围中,我在偏重于技能训练的节奏教学环节,尝试让学生运用肢体最自然的律动来表达音乐的节奏。比如:在低

年级认识四分音符和八分音符时,先让学生表演从容不迫的上学的情境,然后让学生表演时间来不及时上学的情境,让学生从身体的律动上感知节奏的变化。当学生认识以后,加入身体其他部位不同力度的拍击,以及手脚配合的直线、曲线的步伐行进,让学生的身体成为最好的乐器,吸引他们的注意,调动他们的兴趣,把律动作为载体,拓展学生感知节奏的能力。有时候,让学生在课堂中采用各种不同的形式作出他们听到的信息指令,利用动作、拍击身体、敲打乐器来表现信息指令中的节奏或其他音乐知识。这些信息指令与学生的生活又是息息相关的。比如:妈妈把菜倒进锅里,然后炒菜,最后盛到盘子里。要求学生用学到的节奏、动作和声音配合来完成自己的作品。学生们对此充满了兴趣,参与度也得到了极大的提升,对于音乐节奏的体验与感知也有了更为具体的记忆。

(二)在欣赏与歌曲教学中渗透舞蹈创编

在小学的音乐课堂上,针对特定风格的音乐或舞剧音乐的鉴赏,可以借助欣赏或表演与之有关联的舞蹈,以加深学生对音乐的感受和理解。因为,"音乐是舞蹈的灵魂"。欣赏同一段音乐,不同的教学方式会产生不同的教学效果。乏味单一的欣赏课,并不能满足学生的需求,我有深切的体会。

在接受一次音乐公开课的教学时,我选择了欣赏《狮王进行曲》(花城出版社小学音乐教材第三册)。在开始试教时,按照"整体聆听—分段聆听—整体聆听"这样的步骤进行。整个课堂气氛沉闷,学生明显兴趣不高。不管我怎样激励,学生也没有听出个所以然来。课后,我进行反思,对教案做出调整。根据学生特点,在教学设计中融进了舞蹈创编,设计成一堂以欣赏与创编相结合的综合课。在欣赏 A 段音乐时,启发学生用身体参与到活动中来,创编狮子威风凛凛走路的样子;B 段音乐中,引导学生感受音乐特点,有学生模仿狮子吼叫,有学生相应地做出了小动物害怕的样子……在完整欣赏乐曲时,借助图谱让学生根据音乐进行舞蹈创编,学生们用自创的舞蹈动作来表现音乐中不同的形象。这堂课气氛活跃,学生参与程度高,对音乐的理解有了很大的提升。

在学习《我们的学校亚克西》(花城出版社小学音乐教材第五册)时,我准备了一面小鼓,敲击出不同节奏和力度的音响,让学生用走、跑、跳来展示音乐节奏的变化,同时加入甩手晃肩、翻花、动脖子等富有民族特色的舞蹈语言,很成功地引发了学生的兴趣。课堂上启发学生,设计具有自己独特感受、自认为更有意思的动作,让他们在边唱边跳的过程中感受音乐的节奏特点。从而让学生更深入地体会音乐中丰富的情感表现,收获知识和欢乐。这样的音乐教学课,就开展得比较成功。

四、结语

音乐与舞蹈的融合,不仅让学生获得了身心的愉悦,更让学生关注到音乐中节奏、节拍、音乐情绪、呼吸、速度等特点,还可以帮助学生记忆音乐,丰富了表演的形式[2]。将舞蹈融入到音乐中,既符合学生身心发展的规律,突出了音乐的特点,也拓宽了学生的音乐视野,使我们的音乐课变得更丰富有趣、生动活泼。

参考文献

[1] 郑莉 金亚文《基础音乐教育新视野》[M]. 高等教育出版社,2004-05-01.

[2] 赵娟 "综合性"钢琴课程理念的文化内涵[J]. 黄河之声,2015年11期.

提高农村小学音乐教育质量的策略初探

湖北省黄冈市黄州区县考棚小学　余　瑶

摘要：音乐教育对提高学生的综合素养具有重要意义,然而在农村的中小学音乐教育中却存在着诸多问题。比如说有的地方没有音乐教材,有的地方有教材教师却没有发挥其作用等。因此我们需要找出存在的问题及解决方案。

关键词：音乐教育　农村中小学　现状　改善措施

随着教育的进步和发展,音乐教育也成为当下教育事业的重要组成部分,但是普及度却不够,这一点在一些农村中小学中表现得尤为突出。老师的不重视对音乐教育造成了一定程度的影响,学生得不到应有的音乐教育,就不能实现全面发展。

一、农村中小学音乐教育的现状

（一）相关部门不够重视

据调查,大部分学校都只关注学生的学习成绩,把考试成绩作为衡量学生是否优秀的唯一标准,忽略了艺术类课程。例如,有的语数外任课老师会占用音乐课上其他课,而学校对这种情况要么视而不见,要么支持这些老师的行为。因此,艺术类课程渐渐从学生的视野中淡去,这种情况导致了目前农村音乐教育缺乏的严重问题。

（二）缺失音乐师资

首先,在很多农村学校里,音乐教师是少之又少的,甚至学校根本没有配备专业的音乐教师,但是又迫于有音乐课不得不敷衍了事地随便找位老师应付检查。比如说,有的音乐老师实际上的专业是语文,但是却因为学校没有音乐老师,面对学校派给他这样的任课任务,便只有硬着头皮接受,然而在课堂上,所讲内容与音乐几乎无关,而是选择上其他的课,让学生放弃了对音乐的向往。其次,就算有了专业的音乐老师,但是一个学校差不多也就一两个,所以他的任课负担重,几乎所有的音乐课都由他担任。因此很多教师都不愿意到农村任教,不仅条件艰苦,教学任务也繁重,所以有的老师只要有更好的选择都会果断放弃在农村任教。音乐师资的严重缺失,便成为农村学校音乐教育发展道路上的绊脚石。

(三)缺乏教学设施

农村的经济相对来说比较困难,而且学校本身对音乐课就不重视,认为可有可无,所以学校对于一些除正常学习以外的教学设施并没有配备,但是良好的音乐课教学效果又怎能离开必要的设施呢。然而很多农村学校由于对音乐教育的认识不够,根本就没有把音乐设施纳入投资计划之中,有的学校是完全没有任何音乐设施的,更别提音乐教室、音响、多媒体这样的环境和设备了,所以就算教师再怎么努力也只是心有余而力不足。

二、改善农村中小学音乐教育的措施

(一)加强对教师的管理和培训

要想学生赢在起跑线上,有一个好的启蒙老师是十分重要的。因此,学校除了定期向外招聘合格的音乐教师之外,还要按时让已经担任音乐课的教师多参加校外培训,学校应组织专业教师对热爱音乐、音乐教育有意向的老师进行指导和培训,不要让他们的音乐思想落后。一旦有任何培训机会教师都应积极参与,因为那些培训机会也是来之不易,这里体现的不仅仅是学校重视培训,更重要的是教师本人积极学习的态度。学校在培训期间应该重点培养教师的责任心和使命感,只有他们真正意识到音乐对学生综合素质的影响,明白自己的引导和教育对学生的学习态度有直接作用时,才能将音乐教育事业开展得更好。

(二)改善教学理念和管理

无论是个人还是集体,其中的核心理念是尤为重要的。所以,在音乐教育方面,首先就是要从根源入手,学校的教学理念需要纠正,从音乐课程的可有可无转变为不可缺少,从教师的随便分配转变为指定专业的音乐教师,从不愿意投资音乐设施到必须投资,充分展现出音乐教育的重要性。课程安排也是重中之重,音乐课本来就属于教育部门规定的学科之一,不应该被忽略,所以学校对于音乐课的安排和教学条件的改善,从以往教师的随随便便教学生唱一下歌变成融入音乐文化的讲解,让学生在学习音乐的时候富有感情,还要杜绝其他课老师占用音乐课的情况。

（三）加强对教材的使用

有的学校对音乐教材完全不在乎，认为有没有都无所谓，所以几乎不会订购音乐教材；还有一部分学校按照教育部门要求订购了应有的教材，但是也只限于订购，这些书发到学生手上也没有发挥任何作用。因此，对于那些还没有订购音乐教材的学校务必按照规定进行订购，已经订购了却没有使用的学校，就一定让教师按照教材内容安排课程，因为教材里包含了很多音乐文化。

（四）加强对音乐设施的投资

就算有好的师资、好的教材、好的教学理念和执行方案，如果没有应有的设施设备，就如巧妇难为无米之炊，那么一切都将变得不切实际。所以，学校对于音乐的设施这方面应该引起重视，在什么地方需要补贴就务必补贴，尽量设置音乐教学设施的专用资金，为农村中小学添置一些基础的音乐设施，比如钢琴、多媒体设备、音响等。

结语

学生要全方面发展，就必须具备相应的条件，而在农村学校有些困难需要解决和克服。农村中小学音乐教学所面临的各种各样的问题：教师的不专业、学校的不重视、设施的不完善等，只有这些问题得到解决，才能提高农村音乐教学的整体质量，奏响农村音乐教育的美好篇章。

参考文献

[1] 李萍.农村中小学音乐教育的现状与措施[J].淮南师范学院学报，2008（04）.

[2] 张晓琳.农村音乐教育发展现状和对策[J].科教文报，2007（08）.

浅谈如何加强农村中小学音乐教育

湖北省黄冈市英山县理工中专　姜友玲

摘要：音乐教育是实施美育的主要内容和重要途径，对促进学生全面发展具有不可替代的作用。然而，由于多种原因农村中小学校，做音乐教育与现代教育要求不能相适应。农村中小学音乐教育要从重视基础建设、培养师资队伍和开展课外活动等多个方面做起，转变观念，努力提高农村中小学音乐教育质量。

关键词：音乐教育　问题　建议

习近平总书记在全国教育大会上指出，要全面加强和改进学校美育，坚持以美育人、以文化人，提高学生审美和人文素养。这一重要论述，指明了新时代音乐教育的重要性。作为新时代背景下的农村中小学音乐教育，又该如何落实这些要求呢？下面，作为一名农村音乐教师，谈谈我对加强农村中小学音乐教育的一些认识。

一、当前农村中小学音乐教育存在的主要问题

（一）对音乐课程不重视

新时代的素质教育要求培养德、智、体、美、劳全面发展的时代新人，音乐教育作为实施美育的重要途径也被赋予了重要作用，但在农村地区，中小学却没有对音乐教育做到必要的重视。绝大部分学校把音乐课作为学生或者学校的"调味剂"，简单认为音乐课就是活跃学习气氛、学校搞一两次演出活动。音乐课程开设不足，即便是开设的课程也不一定能够保证，音乐课可以为学校的其他课程让路。绝大部分农村学校音乐课没有具体的教学任务，也不参加考试，学校隔三岔五上一次音乐课就成为一种常态。

（二）对音乐的教育作用不重视

音乐是情感的艺术,优秀的音乐作品具有很强的感染力,它既有利于学习者的身心健康发展,又能使学习者的学习生活丰富多彩。但在农村中小学音乐教学过程中,音乐老师主要是教唱或让学生自学一些喜闻乐见的流行歌曲,让学生自娱自乐。至于乐理、器乐类等理论性知识,或是老师自己都不懂,或是教起来太枯燥,更多的原因还是教师上课随意性比较强,没有按音乐课程标准的要求安排合适的教学内容,忽视了音乐教学对提升学生艺术素养的重要作用。

（三）对音乐教师不重视

首先,农村中小学,本来就少有艺术类的专任老师,就算有这样的老师,语文、数学等课程是必上的"主课",音乐只是兼任的"副课"。原因之一是教师的数量不足,之二是学校对音乐老师绩效考核方式使然。其次,学校对音乐教师的专业发展没有引起高度重视。农村中小学音乐教师数量先天不足,也就导致缺乏必要的音乐教学研究和岗位练兵,因此多年来的音乐教学仍是老一套,失去了音乐教学的初衷。最后,就是对音乐老师的常规设备设施配备不到位,老师上课基本就靠一张嘴,农村中小学音乐老师就是这样尴尬的存在。

二、加强农村中小学音乐教育的几点建议

（一）开齐、开足、开好音乐课程

农村中小学必须积极响应各级教育主管部分的号召,充分认识到音乐教育在学生成长中不可或缺的重要作用,按照音乐课程标准开齐、开足音乐课,不把音乐课当成是"副课"和"调味剂",要把音乐教育上升到"立德树人"的根本任务上来。

教育不仅是智育,还有情感的教育,而这情感的教育就是音乐教育。目前我们农村中小学教师理解的音乐教育,主要还是一些音乐技能与技巧方面的教育,而非情感教育。例如：教师把一首名曲《高山流水》给你,你如何欣赏它？我们只是把曲子弹得动听吗？并不是！它之所以是名曲,名在哪里？我们还要了解作曲者当时的背景,从中去体会作者的情感。《高山流水》如若没有樵夫钟子期领会到曲中高山流水之意,何来的伯牙惊道："善哉,子之心与吾心同。"这就是说,音乐教育的目的不仅是要知其然,更要知其所以然。这样就要求音乐老师,必须把音乐教材"吃透",做好精心的教学设计,制订科学的教学流程,除了教会学生音乐基本

知识,更要注重学生的情感教育。

(二)加强音乐教师专项培训

农村中小学校要合理利用现有教师资源,保持音乐教师队伍的相对稳定性,这是农村中小学音乐教学目标落实的一个重要保障。教师培训机构要在充分调研的基础上,科学制订培训计划,既有基础性的音乐理论学习、音乐教师的双基训练以及现代化的教学手段,还可以结合当地具体情况,充分利用当地课程资源,因地制宜地开发一些具有区域文化和民族特色的音乐课教学内容,全方位提高音乐教师的艺术素养和课堂实践能力。学校还要采用"引进来、走出去"等多种手段,加强音乐教师间交流与学习,全面促进农村中小学音乐教师队伍的成长。

(三)抓好音乐课外活动

音乐课外活动是学校教学活动中不可缺少的组成部分,也是对学生进行美育教育的重要途径之一。学校开展丰富多彩的音乐课外活动,不仅能充实学生的学习生活,陶冶学生情操,也能让学生兴趣、爱好和特长得到充分发展,使学生情感在音乐实践教育活动中得到升华。音乐课外活动要开展好,首先,要提高认识,从领导到老师到学生,只有充分认识到音乐课外活动的重要意义,才会引起对音乐课外活动的高度重视。其次,是要加强学生指导,要制订合理的活动计划和详细的活动方案,实现音乐课堂教学与音乐课外活动相结合,确保活动开展的质量和效果,使学生在音乐课外活动中提高音乐实践能力。最后,各学校要定期组织开展艺术节、联欢会和歌唱比赛等大众参与的综合性艺术实践活动,为学生展示特长、提升艺术素养搭建舞台。

总之,在构建习近平新时代中国特色社会主义的伟大进程中,我们农村中小学音乐教师要义不容辞地担当起历史的重任,为培养德、智、体、美、劳全面发展的新时代建设者和接班人而不懈努力。

小学音乐识谱教学的现状及教学策略探究

湖北省黄冈市实验小学　张翠萍

摘要：识谱是小学音乐课堂教学中的重要内容之一，培养识谱能力可以为学生更好地学习音乐打好基础。而在音乐课的实际教学中，识谱被视为教学难点。本文从小学音乐识谱教学的现状入手，呈现当前识谱教学中存在的问题，分析原因，并提出一些教学策略供广大音乐教师研讨交流。

关键词：识谱教学　现状　教学策略

乐谱是记载音乐的符号，是学习音乐的基本工具。《音乐课程标准》中明确指出：学生要具有一定的识谱能力。因此，识谱成为音乐课堂教学中的重要内容之一，它是培养学生掌握音高、音准，把握音乐节奏、节拍的基础性音乐教学内容，为学生更好地学习音乐打好基础，对于提高学生的音乐素养起到了至关重要的作用。然而，在小学音乐实际教学中，教师对学生识谱能力的培养却不是一件容易的事。

小学音乐课原本是学生非常喜欢的课，孩子们能够在优美的音乐情境中愉快地欣赏、动情地歌唱，尽情地展示自己，可往往一到识谱环节，学生便开始兴趣索然，课堂氛围也不再热烈，这给老师也带来了一定的教学压力，识谱教学效果不佳，导致教师在音乐课上也逐渐回避识谱这一环节。

识谱教学开展困难的原因主要表现在以下三个方面。

一、学生对音乐课重视程度不高，识谱学习难以开展

多年以来，在应试教育的大环境下，音乐学科一直不受重视，被广大的学生家长及中小学校视为辅助学科，学生对音乐课的重视程度较低，尤其在中学，有的连音乐课都没有开设。素质教育实施以来，曾不断地倡导重视音乐课，而实际上各级各类学校并未真正落到实处，音乐课仍旧处于边缘化，学生在课堂上多数是听听唱唱热闹一番，一旦接触深入一点的音乐知识，例如识谱，他们便不再用心继续学习，给教师的教学带来一定困难。

二、教师的教学理念缺乏创新，识谱教学方法不够灵活

识谱教学被视为教师的教学难点，学生多数不太感兴趣，这也是因为教师的教学理念陈旧，讲解过于理论化，教学方法不够灵活多变等，不太符合学生身心发展规律和特点。

任何教育教学方法都应以遵循规律为前提。识谱教学既要遵循学生的认知规律和心理特点，又要符合音乐学习的规律。教师要提高对识谱教学的认识，充分利用现代先进的教育技术手段，多采用形象、生动、直观的教学方法进行教学，有效调动学生的积极性和主动性，引导学生积极参与识谱学习，努力创造良好的学习氛围，将识谱教学落到实处。

三、音乐教材内容的编排缺乏科学性，一定程度上影响学生识谱

现代中小学音乐教材中常用的记谱方式为简谱和五线谱两种。简谱是中国人常用的记谱方法，也是目前我国中小学教材中使用率较高的版本。

五线谱是国际通用的记谱方法，中国学生学习了解五线谱也是很有必要的。然而五线谱是一种非常复杂的读谱方式，在西方也是一门较难的读谱方法，学生在学习五线谱过程中会遇到困难，例如：五线谱教材中相邻的曲目往往是不同的调，学生前面刚刚认识了一个调的调号以及调内音的位置等，还没得到及时巩固的情况下，下一课的曲目又换了另一个调，使学生在感官认识上产生混乱，难以辨识，久而久之，就会成为负担，学生便对识谱失去了兴趣。从这一点来看，五线谱教材中曲目的编排也给学生学习识谱带来了一定障碍。在此，本文也给线谱教材编写者提一点建议：相邻的教学曲目最好统一调号记谱，（也可以单元式统一在同一个调）同时将作品原调的调号在教材上单独标记出来，老师在课堂上把握原调即可。

另外，很多教师在识谱教学的认识上也存在误区。比如：有的教师在识谱教学中只关注识谱而不关注音乐，使识谱教学与音乐审美脱节，也是造成识谱变枯燥的原因。

如何让学生对识谱少点负担，多点兴趣？这是值得我们音乐教师思考的问题。识谱教学不应只是单一的读谱、唱谱，而应该是通过聆听感受、模仿体验、表现创造等多种方式进行旋律的熟识和记忆，例如：演绎童话情景中学；设计游戏互动中学；借助乐器吹奏中学；引入新歌练唱中学。

这些宝贵的经验我们都可以学习借鉴。

我们在平时的音乐教学中也学习和总结了一些关于识谱教学的方法和策略,在实践中运用起来有效性得以提高。大体总结如下。

1. 关于识谱教学的分段培养策略

将小学六个年级分为三个阶段:一、二年级为低段;三、四年级为中段;五、六年级为高段。每个阶段以学生的身心发展规律和特点为出发点,教师制定不同的目标要求和教学方法,充分引导和激发学生的学习兴趣。

低段以激发学生识谱兴趣为主要目标,采用创设情境、游戏激趣、身体的各种声势或律动等较为生动活泼的手段让学生接触识谱。

中段以打基础为目标,充分运用先进的教育技术手段,有效地开展聆听、模仿、练习、表现等过程,逐步开展正式的音高、音准和节奏练习,背唱一些简单适合的视唱或曲谱等方式,培养"节奏感""音程感",在中段打好识谱的基础。

高段则以熟练和创新为主要目标,重点熟识几个简单调式的读谱、唱谱练习,让学生识谱能力得到巩固和提高。也可以借助乐器演奏进一步加强对曲谱的感受和记忆。另外,高段的学生能够进行简单的节奏和旋律创编,老师们可以加以引导,让学生多尝试创编活动,增强学生的音乐创编和识谱能力。

2. 对学生识谱兴趣的培养方法

(1)声势律动法,让学生在简单直观的声势律动体验中识谱,这不仅能够提高学生学习兴趣,还能提高学习效率。例如:教师学唱音阶时通过柯尔文手势让学生听觉与视觉相结合,学生内心就能够较轻松地建立初步的音高概念。教师也可以根据音乐的内容创编一些简单的动作,带学生边学边做也是很有效的方法。

(2)巧设图形谱,让乐谱化繁为简,变抽象为生动,让学生更方便认识曲谱的旋律发展变化。我们所见的图形谱种类繁多,各具特色,都是教师根据作品的内容精心探究创作而成的,音乐教师可以充分发挥想象力,用更加生动形象的图形谱启发学生。

(3)节奏游戏,让学生在游戏当中感受和练习节奏。例如:制作节奏卡片,以玩牌的游戏让学生认识节奏型;以开火车的形式练习节奏接龙等。

(4)先歌唱后识谱,对于小学低年级的学生,教师可以先让学生熟悉歌曲的旋律,唱会歌曲,理解了歌曲内容和情感之后再读谱、唱谱,会让识谱更容易一些,也能提高学生的音准。

（5）背唱一些适合的视唱曲,教师可以根据学生的阶段特点选择一些简单的视唱,让学生在视唱练习和记忆中建立音阶、音高、音程概念,对识谱能起到较强的推动作用。例如:《音阶歌》《do re mi》《小步舞曲》等。

（6）旋律编创,教师可以在五、六年级适当开展旋律或节奏创编活动,开发学生创作的潜能,同时也能够巩固识谱能力。主要方法有模唱仿写、填补旋律、旋律创编接龙等。

本文列出了几种常用的识谱教学方法,尚不全面,我们广大的音乐教师都可以自行创新,探究发现更多的新方法。

在识谱教学中,音乐教师要根据小学生的身心发展特点,遵循新课标的要求,由浅入深,化繁为简,循序渐进地制订教学计划,选定教学内容,有的放矢地进行识谱教学;在顺应规律的基础上通过生动形象的教学方法引导学生积极参与,以探求最好的识谱教学效果。也希望在未来的音乐课堂上,教师和学生都能够轻松快乐地识谱歌唱。

参考文献

[1]《小学音乐课识谱课程教学反思》http://www.ruiwen.com/jiaoxuefansi/1795277.html

[2]《小学音乐识谱教学》https://wenku.baidu.com/view/546ad9d226fff705cc170a4e.html

[3]《小学音乐识谱教学的现状及措施》http://www.doc88.com/p-9478637653783.html

让低年级学生在音乐活动中轻松识谱歌唱的初探

湖北省黄冈市实验小学　田　梦

摘要： 在音乐教学中，教师应创造轻松、愉悦的学习情景，激发学生的学习兴趣，培养学生的想象力和创造力，这是学生积极学习的条件。教师应运用在音乐活动中轻松识谱的教育方法，进一步激发学生的学习兴趣，让孩子们在愉悦的气氛中自然而主动地学习知识，从而提高学生的识谱的能力。再结合柯达伊手势，引领学生根据手势唱谱，循序渐进，使学生的识谱能力获得有效提高。

关键词： 轻松识谱　音乐活动　柯达伊手势

音乐的语言有极大的感染力，对人的愉悦功能是其他任何艺术形式都不能与之相比的。作为一名小学音乐教师，不仅仅需要教授音乐的技能、专业的技术，更要把音乐的内涵、音乐的情感、音乐能够带来的快乐传达给每一个人，使他们享受音乐带来的快乐。

五线谱记录了所有的音乐信息，认读五线谱比读书更难，中文是象形文字，非常适合孩子形象思维的特点，便于理解，而五线谱所表达的信息要靠孩子们丰富的想象力将其转化为旋律，从音乐旋律再来理解所表达的含义，该如何让孩子们尽快认读、喜欢五线谱呢？

在教学中，我体会到了兴趣是学生积极学习的动力，愉快的教学模式是学生积极学习的条件。在教学过程中，我注意引导学生，运用在音乐活动中快乐识谱的教育方法，激发学生的学习兴趣，培养学生的想象力和创造力，收到了较好的效果。

一、故事导入——激发识谱兴趣

一、二年级的学生都喜欢童话故事，我们用熟悉的童话故事《白雪公主》中的七个小矮人当游戏的主人公，从而引出唱名 do、re、mi、fa、sol、la、si 的学习。如我在教学中先用提问的方式导入情景：

师：小朋友们，你们听过《白雪公主》的故事吗？你们喜欢故事中的谁啊？

生：白雪公主、七个小矮人……

师：七个小矮人非常的善良可爱，你们想不想看看他们长得什么样啊？

生：想……

（出示七个小矮人图片。）

师：这些可爱的小矮人呀，也有名字，瞧！他们的名字写在他们的身上呢！有谁能认出吗？

生：do re mi fa sol la si。

当学生认识了七个音符但是还不熟的情况下，可以把所学的七个音符编成音乐游戏。这样学生在游戏的过程中不知不觉记住各音符的位置，这样学生们不仅学得轻松，并且也会感到很有兴趣。

二、音乐游戏——培养识谱能力

我所任教的一、二年级的学生活泼好动，课堂上学生常常会不由自主地加入手势、动作，甚至部分学生舞蹈起来，设计有趣的游戏环节，这有利于学生的注意力集中，容易激发学生识谱的兴趣。

游戏（一）：师生合作"送小矮人回家"游戏

准备各式各样的头饰，请一部分学生表演，组织学生们把有唱名的"小矮人们（如老三 mi、老六 la）"送回家；

游戏（二）：小组活动"小蜜蜂飞"游戏

把学生分为几个小组，让每个小组长拿着有唱名的"小蜜蜂"卡片，组长说"小蜜蜂"落到了谁的家，组员就唱一声唱名，如：问："小蜜蜂飞呀飞，飞到了谁的家？"答："飞到了 re 的家。"

游戏（三）：生生合作"小动物找伙伴"游戏

"集合地"上写上唱名，让相同唱名的同学相互找到自己的小伙伴们，然后根据不同的动物回到相同动物的集合地，组成"小动物音阶"。

教学中利用这些小游戏，学生常常会自发地爆发出开心的笑声和热烈的掌声。台上的"演员"乐于表现，台下的"观众"纷纷举手，整个课堂情绪高涨，连平时最小胆的学生都跃跃欲试，使课堂气氛达到高潮。这样一来，既培养了学生的表演能力，又加深了学生对五线谱的认识，而且也增强了学生的学习兴趣、使学生感受到自己是课堂的主人，让整个教室洋溢着轻松、愉悦的气氛。

三、柯达伊手势学习——巩固音高位置

在课堂中,我觉得需要再结合柯达伊手势,引导学生根据手势唱谱,循环渐进,以提高唱谱的音准。

如:以一年级歌曲《小雨沙沙》为例

其次,我认为在教学中如果单纯地出示柯达伊手势,未必能让学生直接找准音,因此需要借助钢琴的辅助,让学生跟着钢琴边听边做手势——跟琴边唱边做手势——脱离钢琴边做手势边记忆音高。一步步下来,学生的音准能力明显有了提高。这一点,我经常用于在合唱团的训练中。

如:钢琴出示"do、mi"两个音,首先让大家进行识谱找音,能够听出一个音的,能够听出两个音的,分别让学生唱一唱,然后再邀请音准比较好的两位学生进行示范,当和声完美地重合在一起时,其他同学必定感受到了这种音响的和谐美。[1]

以上是我的教学方法及体会,在小学音乐教学中,如何让学生轻松学会识谱歌唱,我认为还应注意以下五点:

(1)选择适合学生年龄与音域的短小的歌曲进行教学;

(2)选择在合适的音高上歌唱;

(3)注意歌唱力度及速度的表现处理;

(4)单独唱时,有些学生会跑调,教师要给机会让他们单独歌唱,给学生独立歌唱的机会;

(5)集体歌唱时,教师可以通过依次走到学生跟前听他们歌唱来观察学生的歌唱,以便判断哪个学生需要帮助。[2]

在音乐教学中,教师应创造轻松、愉悦的学习情景,使教学具有趣味性、创造性,进一步激发学生的学习兴趣,让孩子们在愉悦的气氛中自然而主动地学习知识,从而提高学生的识谱的能力。

对于音乐老师来说,我们的目的不是把孩子们都培养成歌唱家,而是要将课堂教学变成师生互动、学习的过程,促使学生能主动去感受音乐,

体验到乐趣,并且通过歌唱的形式参与音乐活动中,使识谱能力获得有效提高,从而增强其音乐素养、提升综合音乐素质,最终达成新课程标准的音乐教育目标![3]让每个孩子的音乐生活更美好!

参考文献

[1] 徐娃.歌唱教学中学生视唱和听力能力的培养[J].中小学音乐教育,2019(3).

[2] 李映辉.学习·研究·实践·收获——柯达伊教学法在小学音乐课堂的应用[J].中小学音乐教育,2019(1).

[3] 白瑞华.浅谈小学音乐识谱教学的有效方法[J].亚太教育,2016(8).

浅谈如何利用想象力趣识五线谱

湖北省黄冈市实验小学 徐 雯

摘要：每一个儿童都是天生的音乐家,我们经常可以看到学生小小的身体随着音乐的律动而不自觉地打着节拍。为了更好地使儿童感受音乐之美,小学音乐课堂是必不可少的一环。而识谱作为音乐的基础环节,其重要程度对于每一个有音乐梦的学生都不言而喻。通过发展个人幻想和想象,学生能体会到音乐所描述的幻境,并且通过教师的引导,还原音乐作品想要表达的情感,通过感情的理解,让识谱教学变得更加简单。具体模式是通过教师设定固定的游戏规则、动画模拟和实物联想等方式让孩子去想象教师指定的"道具",将"道具"与五线谱相互关联,最终学会认识五线谱。这种方法能更好地完成识谱的教学任务,激发孩子的学习欲望。

关键词：识谱 奥尔夫音乐教学法 激发

在小学音乐课堂中,目前运用得最多和最受欢迎的识谱教学方法是"奥尔夫音乐教学法",这种教学方式是识谱教学中运用最为广泛的,它是由德国著名音乐家卡尔·奥尔夫所创建的一个独创的音乐教育体系,让孩子把音乐当成一种想象力的训练,通过想象让孩子体会到亲临其境的感觉,从而达到趣味轻松识谱的目的。通过对内心世界的培养,学生更容易接受老师的指导,而不会像普通的识谱教学方式那样,让孩子把音乐教育当成简单的学习指标和学习任务。

一、轻松、趣味识谱教学的重要性

为什么要使用"奥尔夫音乐教学法"去教导学生学习五线谱呢?

在小学音乐课堂中,识谱是孩子音乐学习中的重要基础和手段。识谱能力直接关系到音乐能力的培养,关系到音乐教育的持续发展。因为曲谱中的音高、节奏、节拍和速度只能通过识谱才能准确地掌握。学生通过把握音乐作品创造出的环境，准确地还原音乐作品的感情。识谱的重要性不言而喻。

如何能让学生记住五线谱呢？传统的模式显得很抽象，单纯地让学生通过图像和声音的关联来记忆。有没有一种教学方法能让孩子将音乐符号、音乐声和自身的表达方式结合起来呢？这就是老师运用"奥尔夫教学法"想要解决的问题，比如通过使用类比的方式，将音阶的变化转变成自身的运动或者自身的变化，举例如下：通过走路来描绘音阶的变化，孩子每跨一大步就说明音阶由1（do）变换到2（re），每走一小步就说明音阶由3（mi）变动到4（fa）。再例如：学生把自己的五个手指横放，想象成五线谱：五根拇指对应五条线，另一只手简单地比划出音阶在五线谱中的各种变动。又或者双手击掌是一个四分音符；用单手拍腿是八分音符。这样通过想象力使学生主动参与到学习的过程中，掌握学习音乐技能的主动权。

用这样有趣的教学方式，学生既能获得学习的主动权，又能感受到学习音乐技能也可以如此简单。

二、用语言引导观察，丰富表象

表象是想象力的基础，学生因为自身的原因，本身能够接触到的事物有限，即使接触到了事物有时候也没有留心观察，造成学生表象认识积累不够，在五线谱的教学中表现出的结果就是跟不上老师的节奏。这就对老师教学提出了要求，教师要代替学生的眼睛，替学生留意身边可供教学的表象，同时辅以图片、动画的模式，将枯燥、单调的五线谱通过想象的发展关联自身的世界，使学生在无形中学会识谱，以此来丰富自身的表象，最终达到发展学生的想象力目的。

例如：在学习歌曲《动物说话》时，教师除了简单地引导学生使用动物的语言去学习模仿以外，第一，在语境、语态中也需要相应的调整，力求模仿的同时做到清晰、生动、准确；第二，尽量去收集动物相关视频，丰富演讲；第三，除了课本上的小动物以外，更重要的是将学习的过程抛回给学生，让学生用自己的声音去学习独特的动物。把学生的想象力尽可能地从音乐之中过渡到生活之中，这样的回忆和模仿，更能使表象得以充分的发展，使之产生无尽的联想和想象，最终产生身临其境的感觉，达到教学目的。

三、引导学生积极思考，通过联想学习

上文中提到教师需要通过提问将课堂的主动权交给学生，同时通过

点评将学生的想象归集到课堂知识的范畴。根据学生年龄的区别使用不同的课堂方法，除了听讲、提问以外，学生们还可以通过自学、对讲、讨论等方式自发地思考，同时发展个人想象力。可以通过猜谜的方式让学生联想五线谱知识，使之记忆犹新。通过老师的提问，让学生的想象力得到了充分的展示。例如：

（1）五线谱上一把号，使劲吹它它不叫，二线是它好朋友，四次握手咪咪笑。

（2）姐妹两个一样长，一个瘦来一个胖，排在队伍最后边，歌曲唱完它出场。

谜底是：（1）高音谱号，（2）终止线。

听者只有自己发挥自己的想象力，在想象的天地里根据音乐作品的描述"画出"具体的形状，最终将音乐与描述的情景相结合才能得出谜底。

四、通过音乐形象，培养幻想与想象的能力

在小学音乐课堂中，音乐形象伴随着音乐出现，随着幻想发展。

培养学生幻想和想象的能力需要在音乐形象中添加以下几个方法：

首先，音乐的模仿手法，是引起幻想和想象的基础。例如用串铃、响板、三角铁模仿出雨声、钟声、鼓声等。

其次，每节课进行循序渐进的训练，再针对性选择能使学生产生幻想的音乐教材，如：《龟兔赛跑》中用不同器乐和不同速度来表现出两只不同形象的动物——乌龟和兔子，再通过音乐不同扁平线里的章节，教师的语言引导，使一幅幅动画的画面在学生的童心中折射出"海市蜃楼"。

最后，我们不能讽刺讥笑任何孩子的想象力，即使是临时的瞎想，反而应该通过语言的点评，帮他们把幻想归集到课堂上，将其同想象力、创造力结合起来。例如：《引子与狮王进行曲》是一首管弦乐的器乐曲，学生很难理解，教师可以利用故事的形式帮助孩子们理解：在森林里有许多小动物，而森林之王是什么动物呢？对，是狮子，你听，狮王要出场了，它怎么出场的呢？它的身后还有一群小动物，你们来模仿一下吧。学生即兴表演出很多动作，都是他们自己创编出来的，可以看出他们已经掌握了乐曲表现的内容，并展开了丰富的音乐想象。

总之，培养学生的想象力的方法有很多，而在小学音乐课堂上，我们更应该注重寻找适合自己和学生实际情况的教学方法，通过这种有趣的学习方法教师在培养学生的想象力的同时完善音乐的整体形象，体会音乐带来的快乐，而不是简单地"黑白教学""填鸭式"地灌输知识。从而让孩子在快乐简单的课程中学会识谱，实现轻松学习，提高整个音乐学习的主动性。

如何在小学音乐教学中让学生轻松识谱快乐歌唱

湖北省黄冈市实验小学　胡钦之

摘要：歌唱教学是当前我国中小学音乐培养的主要内容之一，对于小学生而言，歌唱教育是相对比较容易掌握且有较高参与度的教学模式。开展教学的第一步就是教会学生辨识乐谱即识谱教学。《音乐课程标准》中明确指出：培养小学生基础的音乐素养，提供便利的平台让学生接触各种音乐实践项目。比如基础的识谱能力，学校可以结合组织歌唱比赛、欣赏优质音乐等教学方式，以通俗音乐作为基础教学平台，在不断培养学生音乐认知和欣赏水平的前提下，让学生能轻松识谱快乐歌唱。因此在实际音乐教学中，我总结了几种方法，希望能帮助学生轻松识谱快乐歌唱。

关键词：轻松识谱　快乐歌唱

音乐教学理应是充满青春活力、构建心灵快乐的一方天地。教师通过合理的激励手段让学生真正对音乐教学抱有期待，发自心底地喜欢参与音乐课的教学活动，让学生掌握基础的歌唱能力这是每一个从事基础音乐教学的老师不断追求的梦想。歌唱活动是当前背景下中小学音乐教学必不可少的主体环节，也是现阶段学生相对易于接受并且乐于配合的教学方式。歌唱教学的有序开展离不开乐谱和识谱教学。乐谱是记载音乐的符号，是学习音乐的基本工具。识谱是打开音乐大门的钥匙。《音乐课程标准》中明确指出：现阶段的教学任务要求学生掌握基本的识谱技能，这对于他们未来的人生发展有很大的帮助。识谱技能的培养通常需要结合演唱、欣赏等通识音乐教学方式，以通俗的优质音乐为载体，帮助学生积累音乐感性认知，提高基础音乐素养，让学生能轻松识谱快乐歌唱。因此在实际音乐教学中，如何让学生轻松识谱快乐歌唱，我总结了以下四种方法：

第二部分：提高农村中小学音乐教育教学质量的主要策略探究

一、采用恰当手段培养学生学习乐理知识的兴趣

兴趣是培养学生学习动力的最佳途径，教师通过正确的引导使学生建立起对识谱教学课程的兴趣，学生便会自然而然地产生强烈的学习需要，积极、主动地投入相关音乐课程的学习当中，不会仅仅将学习音乐识谱作为一项必须要完成的任务或课业。依据低段学生对于乐谱知识的掌握程度和学生各自特点，在进行乐理知识学习的过程中，我利用故事的形式完成了教学：先把五线谱比作一栋漂亮的彩色森林小屋，黄色的为线楼层，红色的为间楼层。并分别让孩子们数一数各有几层（五线四间）。然后请出孩子们的动物朋友们，把每个唱名比作一只小动物，并根据动物们的特点告诉孩子们他们分别住在哪层楼（小老鼠小老鼠 do do do，小兔子小兔子 re re re，小青蛙小青蛙 mi mi mi，小小鸭小鸭子 fa fa fa，小猫咪小猫咪 sol sol sol，小猴子小猴子 la la la，小鸟儿小鸟儿 si si si。）如：在学习"la"时，我就编一个小故事：大森林里住着许多小动物，一天，猴妈妈要小猴去摘桃，小猴子摘完桃子回家时迷了路，哭了起来。这时，正在吃竹叶的大熊猫听见了急忙走过来问："小猴弟弟，你怎么啦？"小猴子说："我找不到家了，呜呜呜呜……""别急别急问问小朋友吧，你们愿意帮忙吗？"孩子们都积极地举手愿意帮助小猴找到在五线谱房子的第二间上，送它回家。我们用故事的方式，精心的设计，生动的语言，丰富的表情，直观的教具引导，激发学生的求知欲望和学习兴趣，让孩子们轻松掌握了识谱知识，获得意想不到的效果。

二、结合节奏控制，为准确唱谱做准备

掌控音乐节奏是学好乐理的三个主要内容之一，良好的节奏掌控能力是音乐学习的骨架，是掌握歌唱和写谱能力的必要基础之一。在安排歌曲学习课程之前，最好能够组织学生进行一系列的节奏掌控类游戏，这样可以很好地帮助低年级学生融入音乐教学过程当中。例如，节奏接龙是非常好用的常见手段，也可以在培养学生们节奏感的同时打造出良好的团队协作精神。如：学生们在唱歌课《谁唱歌》的教学中学习节奏："谁唱歌儿|叽叽叽0？"时就采取了师生接龙的问答方式并配有相关动物图片，休止符处用手放于耳旁提醒学生回答。学生乐于接受、喜于参加，并在回答后在休止符处用小手捂住小嘴巴表示休止，很快就掌握了节奏的特点。在学习节奏时用"叫醒小黄鸭"的方法（叫了一声又怕吵到鸭宝宝赶紧捂了下嘴巴再叫）学生们在游戏中就完成难点节奏的学习，效果极佳。在教学中我还会经常安排"节奏模仿"类的游戏环节，通过简单的节

奏练习逐渐过渡到音乐节拍当中,为学生建立良好的朗读歌词和唱谱能力,这对于后续的歌曲教学有十分积极的帮助。

三、借助柯尔文手势降低识谱难度,提高学生识谱速度

柯尔文手势是一种常用的音乐音高表现方式,以七种不同的手势反映七个不同的唱名,同时表达出音阶高低,是一种直观、形象的识谱辅助手段。对于学习阶段较为初级的小学生来说,音高这一抽象概念相对不容易掌握。为了帮助现阶段的初级学者掌握音高,教师可以基于柯尔文手势安排某种类型的手势活动,结合了低年级学生的好奇心,通过手势游戏,让学生们可以在游戏过程中掌握音高。这种方式可以帮助记忆音高同时调动学生们的学习自主性,可以有效地帮助老师完成指定好的课堂教学任务。如:在《打花巴掌》一课教学中,学生很容易把(采朵)"22 26 5 5"和"665 61 2 13 2 —"的前面唱名弄混淆,因此,我巧妙引导学生一起用柯尔文手势进行提示、练习并在语言上用"先采枝头的花,再采下面的花"提示。让学生在学习音乐的同时掌握了音准,这种一举多得的方式带来巨大的成就感。

四、通过多媒体教学提升乐理学习质量

将多媒体技术代入音乐教学环节是很有意义的,一来这种综合艺术形式可以很好地提高课堂教学乐趣,激发学生们的自主学习观念;二来多媒体教学在很大程度上弥补了现阶段课堂教学的诸多不足之处。如果能合理、高效地将多媒体课件融入识谱教学环节,对于突破音乐学习过程中常见的难点、重点,分散教学压力都有十分重要的应用意义,可以很好地提升教学质量。

简而言之,小学音乐教育环节对识谱有一定的基础门槛,需要做到合理:"立足课堂,面向全体。"最大限度地掌握小学生的认知水平,通过合理的转化手段将识谱变成一个简单、快乐、有兴趣、有代入感的实践教学活动。教师应利用好基础识谱教学工具,在打基础的过程中尽快建立学生的音乐感知、表现、创造等基本素质。让每个孩子轻松识谱、自信快乐歌唱,真正地走入音乐,去寻找,去探索,去创造。

浅析识谱在音乐教学中的重要性

湖北省黄冈市实验小学　谢　荟

摘要：识谱是音乐教学的基础，在小学识谱教学中，针对不同年级的学生，教师应该选择不同的教学方式，来激发学生学习音谱的兴趣，从而调动学生学习的主动性和积极性，让学生在轻松愉快的氛围中识谱，从而让学生能够感受到音乐的魅力。

关键词：轻松识谱　情景教学　首调唱名法

在小学的音乐教学中，存在一种很普遍的现象，有不少的学生在课下模唱歌曲的能力非常的强。但是，回到课堂教学中，让学生唱一段非常简单的旋律，都非常的困难。这是为什么呢？究其原因，学生不会唱谱，只会随着音乐旋律哼唱，所以在面对自己从未听到过的歌曲，哪怕是非常的简单，自己也不会。由此可见，在中小学的基础音乐教育中，识谱教学是非常有必要的。

识谱是一种工具，也是一种能力，识谱教学是学习音乐的基础，也是必要环节。识读曲谱能使学生独立地学唱歌曲，同时也能开阔学生的音乐视野，为他们今后音乐之路打下坚实的基础。那么，在小学音乐教学中，应该如何进行识谱教学呢？对于不同年级、不同年龄段的学生，我们应该选择不同的教学方法。

一、创造环境，在愉悦的氛围中激发低年级学生识谱的兴趣

对于一至二年级的学生来说，乐谱对于他们来说还是很陌生、很新鲜的东西。看乐谱就像看"天书"一样，如果按照常规的教学方式来教他们认谱、识谱，不仅不能够达到识谱的目的，反而会适得其反，让学生感到厌倦。因此，我们应该结合低年级学生自身的特点，通过引导的方式来教他们识谱。比如低年级的学生普遍具有对新鲜的事物充满好奇的特点。那么我们就应该想方设法提高学生的兴趣。再比如低年级的学生普遍具有爱玩好动的特性，那么我们就可以通过做游戏等方式释放孩子的天性，从

而引导学生在愉快的氛围中主动学习,慢慢了解乐谱,学习乐谱,从而达到识谱的目的。教师主要可以通过以下两种方式帮助低年级学生识谱。

(一)让抽象的音符情景化、生活化

低年级学生刚开始接触音符,对其接受和理解都很有限。教师在音乐教学中可以根据教学内容,模拟出一个让学生更容易理解的情景。比如一年级教唱名 3(mi)、1(do)时,我设计了这样一个情景:

师:同学们,你们家的门铃声,是什么样的声音?

生:齐声回答"叮咚"

师:不错,这就是我们最熟悉的两个音高 mi、do。

(二)把学习音符融入游戏中

教师通过设置具体的游戏,提高学生的兴趣,让学生在"玩中学""乐中学"。比如游戏"给小动物找家"根据不同的动物提示来确定相应的音符。我们可将学生分为两组,一组学生拿着有五线谱音高的小房子站成一排,另外一组学生戴上有唱名的小动物的头饰,其他的学生跟着老师一起念:"小猫小猫在哪里?"有小猫头饰的同学立刻站起来,老师又跟着说:"小猫小猫唱什么?"学生看到头饰的音符回答"mi mi mi",这时,要求戴头饰学生赶紧找到自己对应的小房子中,找对了,唱对了就算找到了家。

二、循序渐进,进一步加深中年级学生对音谱的理解

对于三至四年级的学生来说,我们已经可以对基本音符进行识别,可以通过歌曲来巩固对音符的学习。比如我们可以通过《do re mi》这首歌曲,把学生分成 7 列,每一列的学生代表着一个音符,当我们每一次唱到那个音符时,这一列的同学站起来,并且我们还可以加入柯达伊教学法中的手势,把音的高低表现出来,从而帮助学生形成正确的音高概念。

三、引入标准化教学方法帮助高年级学生识谱

对于五至六年级学生来说,前期已经掌握了一些音谱的基本知识,此时可以开始给学生讲述正规的识谱方法。我们常用识谱方法是首调唱名法。线谱上的各线、间都可能因调号的不同成为 do。运用首调唱名法,学生更容易接受,针对变声期的儿童,降低了困难度,有助于稳定 do 主音的调性感。目前,学生在小学高年级段主要是掌握一个升和一个降号调的学习。

本文就拿《木鼓歌》一歌来讲解如何在高年级传授首调唱名法。

(一)轻松识谱,举一反三

例如下面演练:

师提问:同学们,在 C 大调的学习中,do 在五线谱的什么地方呢?

生:下加一线。

师:一个降记号的 do 在第一间,那么第一根线是什么音呢?

生:(学生齐声回答)la。

师:大家真不错(由于五年级的孩子具备了一定的识谱能力,所以在转换音符位置的时候就会很快速地反应出来)。下面我们大家一起来看看这一段曲谱,如图 1 所示,大家一起来读一读。

师:同学们反应真快,唱得真不错,音准和节奏都把握得挺好。

教师应培养学生自主识谱读唱的能力,学会举一反三。

图 1

(二)化繁为简,易化识谱

教师应将复杂的节奏分解成为几个简单的节奏,把已经掌握的简单的节奏练习好,然后再通过加快节奏,拼接成复杂的节奏。

(三)先攻难点,难易结合

教师将整首歌曲中较难的旋律挑出来进行重点的练习和讲解,待完全掌握后再将其融入整首歌曲中进行整体的学习。例如:在进行《木鼓歌》教学中,教师先解决节奏的问题。首先指导学生会唱下面这一句,如图 2 所示,这一句是整个《木鼓歌》最难的一句。这一句突破后,再将整首歌连在一起唱就容易得多。

图 2

(四)多媒体辅助识谱

多媒体集声音、图像、文字等多种信息于一体,能够给学生带来强烈的视听体验,激发学生的兴趣,从而使学生能够积极主动地参与课程学习,学习的效果和质量也随之提高。同时在识谱教学中,多媒体对于突破重点、分散难点也能够起到很好的作用。例如：出现附点节奏，学生很难掌握，为了突破这难点。我借助多媒体将难点乐句的学唱设计成一个瘸子在走路，一瘸一拐的，体会这种前长后短的感觉，这样学生就会轻松地掌握。可见在教学中，教师适时、适度、有针对性地借助多媒体，能达到很好的效果。

　　在音乐教学中，掌握音乐知识和技能是非常有必要的，因为只有具备了一定的技能，才能更好地感受理解音乐的魅力。所以音乐教育者要认识到识谱与音乐之间的关系，识谱是钥匙，它为学习音乐、欣赏音乐、理解音乐打开了一扇门！

巧用柯达伊教学法,让学生快乐识谱

湖北省黄冈市实验小学　骆军英

摘要：随着我国教育体制的不断深化改革,小学音乐教学也迎来新的挑战。音乐审美是一个人与生俱来的能力,在小学阶段提升学生的音乐综合素养和能力是小学音乐教育的主要任务,因此,提高学生的识谱能力就显得至关重要。本文提出在小学音乐识谱教学中的问题,着重对柯达伊教学法在小学音乐识谱教学中的应用策略进行探讨,旨在切实提升小学音乐识谱教学的教学质量。

关键词：识谱　柯达伊教学法

音乐对人有着至关重要的影响作用,认知音乐、感知音乐之美是一个人的能力。乐谱作为音乐的语言,不仅是一种符号,更体现了音乐作品的灵魂。要想提高小学生的音乐审美能力,开展音乐鉴赏、乐器、歌唱教学等都离不开识谱教学这个重要的基础。学生不认识乐谱,提高音乐综合审美能力就很难开展,促进学生身心健康、全面发展也就无从谈起。经过不断教学实践,将柯达伊教学法在小学音乐识谱教学中进行应用是一种提升识谱教学效率的有效方法,值得老师在小学音乐教学工作中推广。

一、小学音乐识谱教学中普遍存在的问题

(一)教学目标定位模糊不清

长久以来,由于我国传统教育观念的影响,我国小学教育往往更重视学生的文化学科,强调以学生的文化成绩来判断学生的能力,对艺术教育缺乏相应的重视,音乐教育同样如此。在小学音乐识谱教学中,很多教师没有树立正确的教学观念,缺乏清晰的教学目标定位。具体说来,在小学音乐识谱教学中,学生由于年龄阶段的不同,应当制定不同的教学目标和教学计划。[1]例如,在一至三年级,识谱教学重点要求学生掌握简单的音乐符号,掌握作品的节奏变化;四到六年级则需要学生能够根据已有的

知识体系自己进行简单的歌曲视唱。而在我国小学音乐识谱教学中,大多数教师从一年级到六年级教学手段并没有太大的变化,缺乏教学的针对性和多样性,对中低段的学生要求太高,对高段的学生要求又偏低,这种固化的教学方法正是教师对教学目标定位模糊不清所导致的,十分不利于激发小学生对音乐学习的积极性。

(二)教学模式过于单一

在我国小学音乐教学活动中,教师在识谱教学中还存在一个明显的问题就是教学模式过于单一。主要依靠教师带着学生唱,学生在后面跟唱、模仿这种方式由于机械,难以激发学生对识谱的兴趣和产生情感共鸣,久而久之,音乐识谱教学的效率明显下降,对培养小学生的识谱能力十分不利。

二、柯达伊教学法在小学音乐识谱教学中的应用

(一)让学生在乐趣中获得良好的识谱学习体验

小学生对一切未知的新鲜事物都充满了好奇,活泼、爱玩、好动是他们的天性,因此在小学音乐识谱教学中,教师充分尊重儿童成长和认知发展的客观规律,善于激发学生对识谱学习的兴趣,以乐趣为指引,确保学生获得良好的识谱学习体验。柯达伊教学法提倡将审美教学引入音乐教学行为中,因此在识谱教学前教师对学生进行适当的音乐聆听教学和音乐表现教学环节意义重大。例如:组织学生一同欣赏《蓝色多瑙河》,在欣赏完毕后,教师可以趁热打铁,让学生将自己在欣赏音乐的所想所感相互交流,有的学生说自己仿佛站在波光粼粼的蓝色多瑙河旁边,河岸边景色秀丽,建筑物充满了异域风情;还有的学生说自己仿佛站在多瑙河旁边跳了一支舞等。大家热烈的讨论不仅活跃了课堂教学氛围,同时也为教师进行下一步的识谱教学奠定了基础。

(二)借助游戏化教学突破教学重难点

柯达伊教学法中提到:参与是学生学习音乐最好的方法。学生积极参与音乐活动是音乐教育的最大特点,在"玩中学""玩中悟"。在新课程标准中,识谱教学可以借助音乐游戏来引起学生音乐学习兴趣,而这种兴趣可以转化成一种力量。例如在引导学生欣赏歌剧《卡门》序曲部分内容时,教师应考虑到学生识谱能力不足,设置一些可以充分发挥学生主动性的实践活动,譬如即兴编词、演唱、打节奏及肢体动作等来表达音乐思想感情,从而极大限度地增强学生音乐学习兴趣和对歌剧艺术的喜爱。[2]柯

达伊教学法强调：注重音乐教学过程，主张利用游戏来学习和感知音乐。在识谱教学中，教师还可以通过柯达伊手势视觉方式，引导学生感知和辨别高低音，将抽象的音乐概念转变为具备一定的形象特征。

（三）发挥乐器在识谱教学中的辅助作用

单一的识谱教学手段为我国小学音乐教育工作者敲响了警钟，教师只有丰富教学手段，才能促进提升小学生的识谱学习能力，发展学生的音乐综合素养。乐器教学同样可以作为小学音乐教学的重要切入点，在识谱教学中引入乐器教学不仅能够提升学生对识谱教学的直观理解，同时能够让二者教学在相互融合、相互巩固中相互促进教学效率。例如，口琴、竖笛等都是小学生应当掌握的基础乐器，即使学生在识谱学习不太顺利的情况下，也能够通过吹奏乐器慢慢熟悉乐谱，经过长久的练习以提升学生的识谱能力。

三、结语

综上所述，随着我国小学教育事业改革的不断深化，提高小学音乐识谱教学势在必行。识谱对小学生来说具有一定的难度，但是只要教师转变观念，采取积极的措施，善于将柯达伊教学法等先进教学理念融入识谱教学中，加强因材施教，让小学生快乐识谱，从而切实培养小学生的音乐综合素养。

参考文献

[1] 浦馨元. 柯达伊教学法在小学音乐教育中的运用[J]. 黄河之声，2018（17）：119.

[2] 徐宇. 小学音乐课堂中提升识谱能力的实践研究[J]. 内蒙古教育，2018（20）：86-87.

小学生识谱教学之我见

湖北省黄冈市东坡小学　苑琳琳

湖北省黄冈市思源实验学校　张胜强

摘要：小学生识谱能力的培养，是小学音乐课堂教学的重要环节。新课标明确要求：教师要将知识融入音乐实践，从感性入手，逐步完善。作为小学音乐教师，我们必须遵循音乐课程标准，不断创新教学方法，使学生的识谱能力得到提高。下面我将从以下三个方面谈谈自己的想法。

关键字：现状　重要性　培养　提高

一、小学生识谱教学的现状

识谱是音乐课课堂教学的重要内容之一。然而，在小学音乐教学中，我们将培养学生表现力、创造力和审美能力作为小学音乐教学的主要目标，忽视了学生对音乐技能的掌握，让孩子们在课堂上快乐的往往是游戏、唱歌，一旦让他们识谱，课堂氛围马上变得冷清起来。因此，小学生的识谱现状普遍比较困难，许多学生有很强的直接唱歌词的能力，但唱曲谱却感到困难。那么识谱教学到底重不重要呢？

二、小学生识谱教学的重要性

（一）识谱教学是小学生在音乐学习过程中的理论基础支撑，儿童年龄相对较小，如果失去了理论知识的支持，就很难理解音乐的高低、节奏以及其他必要的因素，唱歌很容易跑调。

（二）识谱教学是小学音乐教学中的基础部分，学生能否准确地读懂谱，将直接影响到他们是否会唱歌。而乐谱是对音乐最直观的表现形式。一旦没有乐谱作为支撑，一切音乐都是杂乱无章的，音乐的美也将无从谈起，因此识谱教学是一种技能的传授、一种能力培养，也是学生音乐学习长远发展的基石。

因此，识谱是小学音乐学习的基石，贯穿于整个音乐教育的始终。

第二部分：提高农村中小学音乐教育教学质量的主要策略探究

三、小学生识谱教学的培养

（一）利用感知特点，培养识谱兴趣

爱因斯坦说"热爱，是最好的老师。"教师可以针对学生的模仿能力强，理解能力差的特点，从有趣的、创造的教学形式入手，培养学生识谱的兴趣。

游戏激趣。对于小学低段学生来说，识谱教学有一定的难度。我们可以采取游戏教学方法，将游戏和识谱紧密结合组织教学，让学生边玩边学，从而获得更好的教学效果。比如，在四分音符和八分音符的研究中，我用"走"和"跑"的动作模仿代替四分音符和八分音符的时值，学生首先在我"走"和"跑"的动作带领下有节奏地念读"走 跑跑"。当他们觉得走的时间长而跑的时间短时，他们会觉得跑的时间是走的时间的一半。最后，我再次呈现四分音符和八分音符，学生理解就很容易了。这样，学生在走、读的游戏中轻松掌握了两种音符的时值和读法。

（二）利用学科特点，提高识谱能力

1. 节奏训练

节奏训练是学生掌握识谱的有效途径之一。教学中，教师可以先找出乐谱中出现的不同节奏型，然后运用行之有效的方法一一解决。许多节奏都来源于生活，比如十六分音符可以模仿机关枪的声音，附点音符可以模仿知了的叫声，母鸡的叫声可以形象的表示三连音等，我们还可以将学过的节奏型制做成节奏卡片，相互学习，巩固成果。

2. 肢体语言

在小学音乐教学识谱环节中，肢体语言是突破音乐教学难点的有效途径之一。课堂上，我会使用柯达伊手势和表情等肢体语言来进行直观教学。我和同学一起为每个音符创编了一个形象的手势，1（do）像手指来敲门，2（re）像小鸭水上漂，3（mi）像耳朵听声音，4（fa）像红旗迎风飘，5（sol）像秤钩墙上挂，6（la）像豆芽开心笑，7（si）像镰刀割庄稼。在识谱教学中加入这个手势，学生在愉悦的气氛中轻松地掌握了小音符。

3. 利用乐器

新课标强调"识谱教学"必须融入于音乐实践活动中。乐器进入课堂是一种有效的练习，学习乐器的过程也是巩固识谱的过程。学生可以不知不觉地建立一个准确的音高概念，有效地提高了乐谱识别的能力和兴趣。在课堂中，我让学生们用打击乐器敲出各种节奏，然后识谱，在这个学习过程中,学生不仅能正确地演奏出各种音符的时值,还可以通过反复的演奏对音准有更深地概念。

　　总而言之,识谱是小学音乐教学的重要组成部分,学生只有具备独立的识谱能力和一定的音乐基础知识,才能更好地理解所学音乐的内涵。因此,教师应不断创新教学方法,采用多种教学方法,提高学生识谱的兴趣,让学生愉快地感受音乐,轻松地识谱。

柯达伊手势在常规音乐课中的运用

湖北省黄冈市黄州区实验小学　胡　琴

摘要：本人通过参加柯达伊教学法的学习活动引发的思考,老师将如何在常规的中小学音乐课堂中运用好柯达伊手势、加强学生歌唱能力的训练、培养学生内心的听觉能力进行了一些探索与思考。

关键词：柯达伊　唱歌　运用

柯达伊认为：音乐是人类文化不可少的部分,对于一个缺少了音乐的人来讲,他的文化是不完善的。没有音乐的人是不完全的人。[1]

从这段话我们可以看出,音乐教育是学校教育课程中不可或缺的一部分。音乐是不能被其他东西所代替的精神食粮,没有音乐,就没有丰富的精神生活,只有音乐才能使心灵更美好。

2018年9月27—30日,在黄冈市教育科学院骆丽丽老师的带领下,本人赴湖南江华参加了柯达伊合唱教学法公益培训。这次培训虽然只有短短三天,但是都是满满的干货,满满的收获。

一、在柯达伊教学法学习中的收获

为我们授课的是柯达伊教学法资深教师诺拉老师。她为我们讲解了柯达伊教学法的主要原则和目标,如：歌唱教学应该是快乐的,教学要从孩子小的时候开始；歌唱和动作都很重要；音乐教育应基于歌唱；"循序渐进"教学(从熟悉到不熟悉的,从简单的到复杂的)；声音比符号更重要等。

唱歌教学是一项综合性的活动,在儿童的早期教育中通过唱歌来培养青少年对于艺术的鉴赏力,使他们对于美就有了鉴别力,对坏的东西就会具备抵抗力。由此可见,培养学生好的艺术情感以及对音乐的鉴赏能力是学校音乐教育非常重要的一项任务。

柯达伊教育体系中有一个重要特征,那就是以歌唱作为音乐教育的主要手段。确切地说,是在合唱中的歌唱,因为合唱是一种团队的艺术,可以影响更多的人去接触真正有价值的音乐,也是一种让人喜闻乐见的方式,同时,还可以提高孩子们的听觉能力和音乐欣赏的能力。

合唱产生的社会作用是音乐教育目的的一个重要方面。在合唱活动中孩子们需要学会相互倾听,相互配合,对于艺术和谐完美的共同追求和自觉形成的相同意志愿取代了行政命令的约束,它所形成的纪律性,来自参与者的内在需求,而不是外在的压力。

二、柯达伊手势在教学中的运用

回到学校后,我不断思考,怎样将柯达伊教学法中的理念以及具体做法贯穿到常规音乐教学中来呢?再多的想法如果不能落到实处,都是空想,只有在教学中进行尝试,及时反馈调整,才有可能使学生受益。在教学中我就柯达伊手势的运用进行了如下一些尝试:

(一)帮助学生唱准音高

三年级的孩子们对简谱的 do/re/mi/fa/sol/la/xi 都能认识,但是基本没有音高的概念,柯达伊手势是一种视觉辅助手段,利用手势在空间表示的位置和运动方向,帮助学生感觉和辨别音程的空间距离,使抽象的音高概念具有了一定的形象意义。[2] 每次课上我就都花上一点时间做个小游戏——"我做你猜"。先是老师做手势,学生说唱名,并判断第二个音比前一个音是高还是低,然后唱一唱。最开始的时候,学生总是将所有的音都唱得一样高,我就换学生来做手势,我来唱,让学生听听有什么不一样的地方?经过几次课的练习后,学生基本能够通过老师手势的引导知道音的走向,虽然音准还需要更进一步的练习,但是对于学生说,很大程度上激发了他们的信心。

(二)进行二声部训练

一、二年级大多数歌曲都是单声部的,到三年级以后逐步出现了二声部的歌曲。如学唱二声部歌曲《快乐的哆嗦》,首先,进行分声部练习时,我就让学生边唱边做手势,同时提醒学生注意倾听记忆。二声部练习时,我将学生分组,提示开始的音高,注意看老师指挥给的速度,边做手势边演唱自己的声部。其次,教师运用双手打出不同的手势,分别表示不同声部的音高,集中指挥两部分学生进行二声部练习,调整学生音高的走向,逐步趋于准确,同时还能训练听觉。在练习中,学生之间学会了互相倾听,学会了用心观察,二声部的演唱也能较好地完成。

在学唱《翠鸟咕咕唱》这首歌曲时,我也采用了这样的方法。《翠鸟咕咕唱》是一首二部轮唱的歌曲,但是最后一句不是完全重复的,两个声部形成一个三度音程关系,学生以前就把二个声部唱成完全相同的。在我尝试用柯达伊手势进行引导后,学生能够感知到二个声部的不同,初步感受和声的魅力。

(三)进行内心听觉的训练

在教学中,培养学生的内心听觉感非常重要。我是这样做的:教师不出声歌唱,采用柯达伊手势表示出一个短小的乐汇片段,要求学生按照教师的手势轻声唱出这个短小的乐汇片段,做内心听觉的训练。乐句片段一般都采用学过歌曲中的。开始的时候,乐汇片段中出现的音只有2～3个音,比如说:1、3、5三个音,音程关系和节奏也相对简单。先使用学生熟悉的内容,然后逐步过渡到不太熟悉的内容。这也遵循了"循序渐进"的原则,让学生在学习中感受到稍努力就能达到"甜蜜点",不再有畏难情绪。

三、结语

柯达伊教育体系中精彩纷呈的教学方式和丰富多彩的内容、多样化的表演以及游戏式的活动形式都给我留下了深刻的印象。比如说首调唱名法的应用、字母谱的使用、节奏读法以及身势律动等,都是柯达伊音乐教育思想中很重要的部分。在今后的教学中,我将不断尝试将柯达伊教学法贯穿于音乐教学的各项内容和活动中去,努力采用使学生感到愉快而不是枯燥的方法教授音乐和歌唱,引发孩子们内心渴望快乐音乐的情感。

参考文献

[1] 鲍颖,杜亚雄.母语音乐教育思想研究——以《音乐的认读唱写—走进柯达伊教学法》为例[M].桂林:广西师范大学,2018.

[2] 葛瑞蓉.基于听觉体验的视觉化音乐教学方式初探[J].音乐天地,2015.

如何培养小学歌唱教学的音乐素养

湖北省黄冈市黄州区实验小学　徐彩萍

摘要：在小学阶段的音乐教学中，学唱歌曲是最基本的、也是最重要的教学内容之一。歌唱教学在小学音乐教学中起着主导作用，如何在教学中做到让学生学会唱歌、唱好歌曲，需要音乐教师一步步地引导，让学生真正在歌声中享受成长的快乐和幸福。

关键词：音乐理念　培养兴趣　节奏训练　学唱谱曲

在小学阶段的音乐教学中，学唱歌曲是最基本的、也是最重要的教学内容之一。唱歌是最基本的音乐活动，如果我们的歌唱教学落到实处，切实抓好音乐课堂中的每一次唱歌教学，让每位学生都能唱歌，会唱歌，歌声将伴随着学生终身，学生在歌声中享受成长的快乐和幸福。[1]

一、培养学生对演唱歌曲的兴趣

兴趣是学习最好的老师，学生只有喜欢音乐课堂，在学唱歌曲的过程中感受音乐的乐趣，才会让学唱歌曲的教学达到事半功倍的效果。

创设良好的音乐氛围。教师通过多媒体课件、音乐小游戏等多种形式进行导入，让学生对学唱的歌曲产生神秘感，进而有兴趣地期待下一步的歌唱学习。如：在教学广东花城版教材五年级上册第9课内容——学唱歌曲《雪绒花》时，教师首先和学生一起表演歌舞《宁夏》进行热身活动，再通过PPT，将学生带入美丽而神奇的澳洲。介绍奥地利的国花——雪绒花，让学生对雪绒花有一个了解，知道雪绒花在奥地利被称为"英雄之花"，进而又创设一个导入环节：在欧洲之行的旅途中，我们遇到了特拉普上校一家人，他们家发生了什么有趣的故事呢？接着，通过PPT让学生欣赏电影《音乐之声》中的特拉普上校在家中为孩子们深情演唱《雪绒花》的片段。由于前面的导入铺设，学生在欣赏歌曲时很感兴趣，也很投入，为学生创设了良好的课堂气氛。在整个学歌过程中，学生兴致很高，课堂氛围很活跃。

创设比赛问答的音乐游戏,增加歌曲学习的趣味性。如:在教学广东花城版教材三年级上册第3课内容——学唱歌曲《金孔雀轻轻跳》时,教师以主持人身份出现,将音乐课堂设计成开心辞典剧场,将学生分成红、蓝两队,师生共同喊口号:"我开心!我快乐!开心大比拼! Ye!"通过第一关:开心抢答。学生在有趣的抢答活动中,了解傣族风光、风土人情;顺利晋级第二关:走进傣族。通过PPT、音画同步,学生可以欣赏孔雀开屏等各种形态,并由教师带领学生模拟小孔雀的各种形态,激发学生学唱傣族歌曲的欲望。在第三关:我型我秀的环节中,教师又设计了:聆听歌曲、学唱歌曲、比跳孔雀舞等环节,学生兴趣很浓,歌曲的学唱效果很好。最后,在第四关:梦想大舞台的环节中,学生自由创编,大胆展示,师生共同完美演绎歌曲《金孔雀轻轻跳》。轻松、幽默、愉悦的课堂孩子们大大提高了歌曲学习的趣味性,并提升了歌曲学习的效率。

二、节奏的训练是学唱歌曲的重要基础

节奏的练习必须落到实处,在歌唱教学环节中必不可少。节奏练习包括节拍、难点节奏、按节奏读准歌词等多方面。

了解歌曲的节拍,并练习按节奏读准歌词是学歌曲的重要环节。如:在教学广东花城版教材五年级第2课内容——学唱歌曲《土拨鼠》时,教师先通过感知音乐节拍的1课时学习,让学生分别了解四二拍、四三拍、四四拍、八三拍和八六拍的节奏、强弱规律、指挥图示,重点学习八六拍,并在八六拍的音乐旋律中进行八六拍指挥图示的训练。教师在学生熟悉八六拍的基础上,再进行学唱歌曲《土拨鼠》的教学。这首歌曲是弱起拍的歌曲,在歌曲学习过程中,教师重点让学生了解弱起小节、练习八六拍,并按八六拍的节奏,在歌曲伴奏音乐的旋律声中念读歌词,再进行歌曲的学唱,效果不错,学生的音准、节奏把握得很好。

突破难点节奏能让学生轻松学习歌曲。如:在第7课内容——学唱歌曲《妈妈之歌》,这首歌曲中一音多字和一字多音是难点节奏。因此在学唱歌曲的环节中,教师重点进行一音多字和一字多音的节奏练习,再按四四拍节奏念读歌词。特别是:(1)一音多字的有:黄酱(两字一拍)、倦地(两字半拍)、对我(两字一拍)、思乡的(三字一拍)(2)一字多音的有:手(三个音)、来、回(两个音)等。学生先进行四四拍的节奏练习,再对准节奏念读歌词,一一解决难点节奏和歌词的念读,让学生进入轻松学歌环节。在教学歌曲《雪绒花》的学念歌词环节,教师通过不同颜色的字体表示不同的节拍,让学生一目了然,很轻松地学会按节拍读准歌词。如:蓝色字体代表三拍、红色字体代表两拍、黑色字体代表一拍、绿色字体代表半拍。

三、学唱曲谱是学生学习歌曲的法宝，在歌曲学习的过程中，曲谱的学唱很重要

我们使用的广东花城版教材是简谱教材。所以，我们必须提高学生的识谱能力。

教会学生认识简谱，会认唱名、会写唱名、会唱唱名。这是一个循序渐进的过程，要求教师在音乐课堂中持之以恒，多加练习，不断对学生进行识谱能力的提升。

学唱曲谱。让学生养成课前预习的好习惯：在音乐教材上，标注出曲谱的唱名。如：每次课后作业，让学生预习新课，在书上标注曲谱。刚开始由老师范唱曲谱，学生跟唱，逐渐让学生试着听琴唱曲谱。在学习歌曲《青年友谊圆舞曲》《我们多么幸福》《采莲谣》时，我都是通过学生先学唱曲谱，而后再进行歌曲的学唱，效果很好，学生很快学会了歌唱。

四、歌曲演唱形式的变换在歌唱教学中起着重要作用

歌曲的演唱形式有齐唱、合唱、独唱、重唱等多种形式。在歌曲学习巩固的过程中，学生自由讨论演唱形式或教师指定演唱形式，不仅增加歌曲学唱的趣味性，还可以让学生在不同演唱形式中享受音乐、感受音乐。如：在教学歌曲《雪绒花》时，教师在学歌环节中采用齐唱、男女接龙唱、师生对唱、领唱等不同形式演绎歌曲，让学生真正体会到学唱歌曲的乐趣。

唱歌是最基本的音乐活动。如果我们的歌唱教学落到实处，切实抓好音乐课堂中的每一次唱歌教学，让每位学生都能唱歌、会唱歌，歌声将伴随着学生一生，学生在歌声中享受成长的快乐和幸福。从另一个层面来说，扎实抓好歌唱教学，大力推动了学校合唱的发展，极大地丰富了校园文化，提升了学校艺术素养发展的内涵。因此，抓好唱歌教学是音乐教育中的一项重要内容。相信通过我们大家的共同努力，唱歌教学一定会成为音乐新课程中一道绚丽的风景。[2]

参考文献

[1] 施红莲. 中小学唱歌教学有效的实践与研究 [J]. 中国音乐教育，2010.

小学识谱教学方法的初探

黄冈市黄州区实验小学　王文娟

摘要：识谱教学是小学音乐教学的重要内容,学生识谱能力的高低直接影响着学生音乐综合能力的提高。切实提高识谱教学的教学质量,提高学生的识谱学习兴趣是教师组织教学的关键,教师要根据学生能力的高低选择合适的教学方法与教学难度。

关键词：肢体动作　游戏教学　直观形象化　难度控制

《义务教育音乐课程标准》指出：识谱教学是学习音乐的必要环节。要求学生具有一定的识谱能力,识谱唱谱是音乐课堂教学的重要内容之一,学生识谱能力的高低直接影响着学生音乐能力能否提高。[1]识谱教学的重要性就如同语文中的识字教学,是音乐学习的基础。然而,在目前的音乐教学过程中,学生普遍对识谱教学不感兴趣,学生普遍识谱能力弱,识谱学习效果差。[2]在以往常见的音乐教学过程中,老师的识谱教学过于呆板和理论化,学生普遍觉得死板和枯燥,于是针对识谱教学的一些问题,我从教学现状及学生心理出发,做了一定的调查收集,并进行了整理与反思。

一、要切实提高识谱教学的教学质量,改变目前识谱教学的现状,提高学生的识谱学习兴趣。教师应通过各种手段激发、提高学生乐于识谱、学谱、唱谱的能力,达到识谱教学的教学目标。

（一）肢体动作的充分运用提高学生识谱学习的兴趣。

针对学生爱动、乐于模仿动作的特性,教师应该在日常教学中充分利用孩子这一特性,让音乐动起来。让学生养成眼睛看谱、耳朵听曲、手上打拍、口里跟唱的音乐学习习惯。充分运用小学生好动的特点,将不同的肢体语言融入音乐中,比如：将音阶识谱教学与肢体动作切实结合起来,将枯燥的音阶练习变成便于记忆与体现的身体动作,伴随着身体高低的律动,学生逐步记住音名,感受音高位置。比如音乐符号中的附点节奏,教师可以尝试让学生通过肢体动作的保持与夸张延长体现时值的延长。

柯达伊手势在低年级音乐识谱中也是帮助学生进行音阶练习、音高训练的有效手段。让识谱教学过程动起来，通过肢体的感受带动大脑的感受，帮助大脑识别理解记忆是帮助学生识谱、唱谱的有效方法。

（二）教学游戏的运用提高学生识谱学习的兴趣。

爱玩、爱闹、爱比是小学生心理的特征之一。针对这一心理特点，教师将游戏贯穿音乐教学是十分必要的。积极捕捉学生最感兴趣的游戏，融入音乐识谱教学过程中，有助于帮助学生更快地接受枯燥的识谱记谱教学内容。比如常见的音符节奏练习，让学生三个一群，五个一组，互相以拍手、接龙等方式进行，学生边玩边学，记忆起来事半功倍；比如音乐儿歌的运用，如：换气记号"小尖头，头朝地，见了它要换气"朗朗上口，便于理解。特别在低年级的初步识谱教学中，掌握唱名、音名、音高等学生要采取各种游戏方法进行听辨记忆。如游戏"音符找家"听辨单个音符，模仿唱出唱名音高，音符图片进入相应位置。"你唱我猜"学生变主导，一边唱出唱名，一边出示音名；还有"音符找邻居""找朋友""音乐知识闯关"等游戏都能让学生学习识谱的兴趣倍增。

（三）直观形象化的识谱教学提高学生识谱学习的兴趣。

由于乐谱是音乐的语言符号，是一种工具，各种音乐要素学生直接掌握比较难，对音乐要素的掌握是易记易忘，改用直观的一些道具有助于学生强化记忆音乐要素，我们可以运用多种教学教具将音乐符号等进行更直观的展示。比如：音乐要素强和弱在音乐课堂中的掌握，可以运用形象道具大喇叭和小喇叭；比如让休止符成为便利贴卡片，这样音乐要素变得突出明了，让学生既能理解又方便练习运用，对学生具有直接的视觉冲击；再比如多媒体的运用，多媒体中音乐形象的各种动态表现，让学生能够对音乐知识更感兴趣，更乐于接受乐理知识。多种教学工具的运用有利于学生更直观的感受音乐要素，大大地提高学生识谱的兴趣，促进识谱能力的巩固运用。

二、识谱教学要根据学生学习能力的高低选择合适的教学方法与手段，其中要特别注意学生识谱学习时难度的把握控制。

（一）低年级学生在识谱教学中难度的控制。

低年级儿童年龄小，注意力难以集中，会出现畏难情绪，教学难度设置应符合学生当前能力现状，比如游戏规则要求尽量简单，以尽量满足以绝大部分儿童的能力完成作为游戏设置标准。如低年级找单音游戏，可以在遇到学生难以听准的情况下，老师给出游戏暗示，以提高学生识谱学习的成就感，从多次提示到不提示，难度的控制需要教师对学生的学情有充分的关注与了解。

(二)高年级学生在识谱教学中难度的控制。

高年级学生有了一定的自主学习能力,对学习难度具有一定挑战意识,在安排教学方法中,老师要充分考虑到高年级孩子的心理特点,比如,老师引导先攻难点,然后学生自主探讨学习,充分发挥个别优秀学生的能动带头作用。在有一定难度的歌曲中可以先听唱学习全曲的旋律,然后再唱谱,从而培养巩固自主识谱的能力。

提高学生识谱学习的兴趣,了解学生识谱学习的心理特点,在识谱教学的过程中就能事半功倍。由繁化简让识谱教学直观化、形象化、趣味化,引导学生积极参与,识谱教学一定会成为音乐教学的助推剂。

参考文献

[1] 张玉洁. 小学音乐识谱教学探析 [J]. 神州,2018(28).

[2] 黄巧凤. 农村中小学音乐课识谱教学方法初探 [J]. 文理导航·教育研究与实践,2015(3).

在音乐教学中如何运用听赏环节

湖北省黄冈市黄州区实验小学　龙杨眉

摘要：随着素质教育的普及，音乐教育开始为更多人所关注。音乐课堂教学方法也需要进一步优化。各类音乐教学法在小学音乐课堂的应用，在丰富课堂教学内容与形式的同时，还能够创建更加活跃、生动的课堂氛围，进而有效激发学生学习兴趣，有利于学生音乐综合素质发展。[1]

关键词：听赏　音乐　运用

声乐艺术是一门看不见、摸不着，只能用心、用脑、用嗓、用耳去感觉的艺术。儿童声乐教学是发展学生的声乐技能，使学习者主动把握歌唱的操作方法，而不只是让学生学会几首歌曲，单纯地解决一些声音技巧问题，因此，教师在教学上要用科学的方法不断创新，让学生掌握学习的主动权，成为懂科学、有技巧、有乐感的歌唱者。

自从实施小学毕业生综合素质测试以后，我就在思索一个问题：如何能让小学生在无伴奏的情况下掌握音准和节奏？或许单人无伴奏清唱抽测模式对于音乐科目有些严苛，但也确实为教育者指明了方向，树立了目标。节奏、音准及表演能力的培养应越早越好。

下面，就我执教的三、四年级的学生来谈谈在音乐教学中如何运用听赏环节。在广东花城版三年级下册有一首听唱的歌曲《渔光曲》，这是一首九十年代中专师范生《唱歌》教材的必唱曲目。"这么优美而抒情的歌曲，运用听唱方法，三年级的孩子，会吗？就让他们先欣赏欣赏吧。"带着这个疑问及想法一走进课堂，我就抛出一句话："今天，老师想请同学们尝试一种新的学习方法，听唱法。看谁听得仔细、学得认真，在最少的遍数里学会歌曲，谁就是最具潜质的小音乐家。因为音乐家都有灵敏的耳朵。"

师："第一遍，请你听出它的节拍。"音乐响起，学生都在安静聆听，同学们个个都瞪大眼睛，仿佛在思考什么。

音乐结束，师："谁来？"

生："两拍！"显然，学生对于两拍子接触最多，也最为熟悉。

第二部分：提高农村中小学音乐教育教学质量的主要策略探究

师："好，请你用两拍子的强弱规律来配音乐试试！"师点击屏幕《渔光曲》任一乐句（花城版教材PPT有这个配套功能），请学生用声势律动表现。此时，有学生发现不对。

生："不对！老师，重拍没压着。"

师："你有不同意见？请你来！"

生："是三拍子的！"

师："那好，请你也来用声势律动配一配，其他同学仔细看一看，他做得对不对。"师同样方法点击《渔光曲》任一乐句。这位同学用三拍子的强弱规律拍手正好和着这音乐的节拍，大家都仔细看，认真听，用心辨。显然，通过比较，大家都明白了三拍子的强弱规律及节奏特点。

师：（点击播放《渔光曲》乐曲）"请全体同学安静听，用心记，记住三拍子乐曲的特点。"全班集体聆听，巩固一遍。

（此时，学生已完整听乐曲两遍，不完整听乐句两遍，近乎四遍，半数以上同学对三拍子的强弱规律及伴奏特点已掌握。为了面向全体，调动大家积极性，接下来，我采用分小组生生互动的模式，来达到全体同学都掌握的目的。只有教师有意识、有方向地引领学生聆听音乐，他们就不会迷失"方向"，便"听之有物"，并且"耳听脑想"。[2]）

师："现在，老师循环播放乐曲（伴奏），你们以小组为单位，用声势律动，或拍手、或拍腿、或腿手结合，看哪些小组率先全组通过！"（音乐循环播放，学生四人一组，互相对望，一起练习。老师把时间还给学生，既调动他们的积极性，又避免了教师一味教授的单调，体现了高效课堂的实效性。）

这个时候，老师一定要做到眼观六路、耳听八方。哪一个小组声音洪亮、节奏正确，及时找出，提出表扬。哪一个小组能力稍弱，除了请本组能力强的做示范外，可请其他小组成员一对一帮忙。这样，既让优秀同学有助人为乐感，又让弱的同学在反复练习中掌握了节奏练习，事半功倍。当发现几乎是全班同学都能用声势律动来表现时，师："我们全班同学一起分别用拍手、拍腿、跺脚、腿手结合四种方式来表现。"由于乐曲较短，所以采取练习四遍。若较长曲目，可采用一段变换一个声势。此时，教师要做个有心人，记住那些经过这几轮练习节奏感还稍弱的同学的名字（预备一个音乐笔记本，带在课堂上，随时记载。他可能需要利用其他空余时间来补课，我不会放弃、抛弃任何一位乐感差的同学。）接着，教师请出小组中表现最棒的上台表演，一定是大胆、节奏感强而又有表演欲望的学生小组。榜样的力量可是无穷的哦！这对于自信心的培养和表演能力的锻炼是很有帮助的。虽然只是再平常不过的小组表演，可是因为是他们自学的乐曲，他们十分乐意这种展现方式。

在听节拍这一环节我用了较长时间,因为第一次听出了,那么二次、三次就容易得多了。接下来,用如此方法,学生听唱词。这里,我加用了一个形象的比喻。

师:同学们,如果把你的音量比喻为十成功力,今天,听唱歌词,老师要求你们先用一成力来演唱,几乎是听不见,能把握这个力度吗?

"能!"几乎是异口同声。

果然,学生都在极力控制着自己的音量来唱歌词,一成和十成大约隔多远,没有固定的概念。但对于"一"较之"十",这个数的概念,三年级的学生还是能区分的。若有若无的声音飘出来,合着原唱,既是对之前听赏的巩固,又能很好地让学生把握音准,非常动听。而学生们似乎也陶醉在这音乐中。

"保持这样的力度,再来一次!"

每次唱完一遍后,我就适时地加大一点难度。因为声音轻,学生能更好地感受呼吸,我便要求他们带着气息来演唱。如此进行几轮后,短短四句歌词,学生已能很好地演唱了。

"真棒啊!老师不教,你们都能听视频演唱了,真有歌唱家的潜质!"此时,我是发自内心地高度赞扬我的学生们。我佩服他们的听力及模仿力!没有了传统的教唱,学生也能在一种轻松愉悦的氛围中学会了歌曲。真正是应验了毛主席的那句话:"世上只怕用心二字。"对于那些师资欠缺的学校、兼任音乐学科的老师来说,这确实不失为一个好方法。

不同的乐曲有不同的音乐节奏、音色、风格等,我指导学生对音乐中不同的音色、织体、节奏、风格,有比较地听辨,使他们产生强烈的好奇心和求知欲望,唤起他们对音乐的感知,从而愉悦、轻松地进行音乐学习。

自古以来,听唱就是人们学习歌唱的一种有效方法。新课程理念下,我们不能把普通学科的教学方式和方法迁移到音乐教学中来。耳朵听到是第一感受,嘴上唱出来是内化的感受,真正入心是全面的感受与提升!

苏霍姆林斯基说:"能够欣赏懂得音乐,这是审美修养的基本标志之一,离开了这一点就谈不到完美的教育。"创新没有固定模式,为了让学生都拥有美妙的歌喉,培养学生良好的人文素养,我们应发挥自己的智慧,大胆改革课堂教学,让天籁之音永驻校园。

参考文献

[1] 李晶. 奥尔夫音乐教学法在小学音乐课堂的应用研究分析 [J]. 才智, 2017(11).

[2] 周志福. 音乐教学应加强"听觉"训练 [J]. 科学咨询, 2017(6).

柯尔文手势在小学低年级歌唱教学中的运用

湖北省黄冈市黄州区实验小学　张闻棠

摘要：歌唱教学是小学音乐教学的重要内容,小学低年级是以唱歌课为主,如何上好小学低年级的唱歌课,有效地提高课堂效率?我在低年级音乐课堂中尝试运用柯尔文手势辅助歌唱教学。柯尔文手势借助七种不同手势,引导学生观察手势表示的不同唱名音的高低位置,辅助学生唱准音准,辅助学生二声部轮唱演唱,教学过程形象直观、快乐有趣,同时也拉近了教师和学生之间的距离,使音乐课堂更加快乐和谐。

关键词：歌唱教学　柯尔文手势　快乐歌唱

小学音乐课的教学不外乎有三种课型：唱歌课、欣赏课、综合课,唱歌教学是小学音乐教学的重要内容,如何上好小学低年级的唱歌课,是值得每位音乐教育工作者深思的问题。低年级的孩子模仿力强,活泼好动,但注意力又不够稳定,也是培养良好歌唱习惯、塑造美好声音、发展歌唱能力的基础阶段,如何有效地提高课堂效率,我在低年级音乐课堂中尝试运用柯尔文手势辅助歌唱教学。柯尔文手势借助七种不同手势,引导学生观察手势表示的不同唱名音的高低位置,使抽象的音高关系变得形象直观。[1]

借助手势是对孩子们进行歌唱教学的极好方法。本学期我带的是二年级的音乐课,二年级的孩子喜欢模仿,可塑性强,我尝试运用柯尔文手势辅助音乐教学,孩子们十分感兴趣,柯尔文手势简单直观而且立竿见影的训练效果让我和学生们都兴奋不已。如我在音乐课上教唱印度尼西亚民歌《恰利利,恰利》时,这首歌旋律活泼,具有明显的地域风格,整节课教学设计以教师扮演导游带领全班同学游览印度尼西亚为主线贯穿始终,让学生一步步主动参与、主动学习。首先我让学生了解印尼的地理环境气候以及印尼的风土人情,放印度尼西亚民歌《恰利利,恰利》的旋律做背景音乐,从视觉和听觉两个感官上把学生带到了充满异域风情的印尼。欣赏完印尼美丽的自然风光后,我们来到了印尼的农庄去参观,看看

那里的庄稼人在干什么呢！你们能描述一下吗？同时播放歌曲《恰利利，恰利》，引导学生讲述，学生们仿佛置身其中。可是在唱的过程中，我发现音准对于二年级的孩子有一定的难度，尤其是这一句 555 35|43 2|444 24|32 1|和555 11|23 4|444 54|32 1|很难把握。于是我就采用了柯尔文手势教学。首先让学生仔细观察老师都做了哪些手势，再播放《恰利利，恰利》的旋律做手势，引导学生发现手的不同形态对音高倾向有一定的指示作用。如：do 用拳头来表示，re 用指尖微微翘起，意为比 do 稍稍高一点儿，mi 用手掌平放来表示，意为音高平稳，fa 的大拇指向下，意为音不要过高，要和 mi 靠近，sol 的掌心对身体。然后再让学生一边听旋律一边看老师的手势唱，最后让学生自己独立完成柯尔文手势和演唱。这样由浅入深，由易到难，层层推进，学生逐渐掌握了歌曲的旋律。这样教的过程使学生成为学习的主体，主动参与到学习中，教师不出声歌唱，使学习变得更加轻松简单，教师在音乐课堂上教唱歌曲的过程中，难免会遇到同学唱跑音的时候，有了柯尔文手势贯穿教唱之中，我会把唱不准的音用手势表示出来，这样不打断学生的演唱，学生继续歌唱，也提高了教学效果。同时学生也感受到了快乐，每个学生都做得那么认真，更出乎意料的是，学生在柯尔文手势的辅助下，音准也都掌握得很好了。从低年级开始循序渐进地加强练习，会对孩子们的音高概念和音准，产生了积极的影响。

新课标中指出："要更加重视并着力加强合唱教学，使学生感受多声部音乐的丰富表现力。"[2] 教师要避免一种误区，不要总认为到高年级再让学生学习多声部音乐，易于学生的理解和接受。其实教师要从低年级起就有意识地引导学生接触了解多声部音乐，感受多声部音乐的美，用柯尔文手势辅助教学是一种很好的多声部教学手段。在歌曲《恰利利，恰利》中 0 0|5555 6|0 0|6666 5|66 5||55 6|6 — |66 5|5 — |66 5|| 二声部演唱是难点，在解决这一难点时，我先是用一个小故事来引导学生，让学生有身临其境的感觉，模仿农民伯伯种地，边劳动边歌唱来消除疲劳，然后再来教唱，这时，学生就会带着回声的感觉把轮唱部分唱好，也表达出耕作的愉快心情。我用两只手的手势表示不同声部的音高唱名，学生和教师相差一小节后进入，边做手势边唱谱，在边歌唱边倾听其中的一个音、一个小节、一个乐句，慢慢练习，师生配合形成二部轮唱的效果，让学生感受到进步，增强了学生的自信心。练熟之后我们可以做三个甚至四个声部的轮唱。柯尔文手势让学生更专注地歌唱，孩子们兴趣盎然，乐此不疲，也提高了二声部的歌唱能力。

教师在歌唱教学中适当地运用柯尔文手势，会成为课堂教学很好的

"调味剂",它将会使你的课堂教学事半功倍,增色不少。无声的手势,有时比有声的语言更有魅力,让柯尔文手势更好地深入到音乐课堂教学中,用音乐旋律来和学生交流,使音乐课堂更加快乐和谐。

参考文献

[1] 贾功丽.音乐教学中奇妙的柯尔文手势教学法 [J].中国教育学刊,2014（6）.

[2] 中华人民共和国教育部.义务教育音乐课程标准 [M].北京:北京师范大学出版社,2012.

柯达伊教学法在小学合唱教学中的妙用

湖北省黄冈市黄州区思源实验学校　陈　燕

摘要：在中小学音乐教学工作中探索合适的方式方法培养学生对音乐的喜爱，在合唱教学中充分运用柯达伊教学法，提升学生的音乐能力。
关键词：合唱　柯达伊　教学法

我是一名中学音乐老师，有幸接触到小学合唱是源于2016年去区南湖学校支教，当时整个小学一到六年级都没有音乐老师上课，我去到学校后，孩子们特别高兴，上课兴致很高，表现非常活跃，当时是小学一到二年级每周三节音乐课，三年级到六年级每周两节音乐课，用的音乐教材是花城出版社出版的广东省音乐教本，学生很喜欢。农村孩子家庭经济条件不如城里孩子，但他们纯真、淳朴，唱歌声音很清脆、干净、甜美，那种如山泉水般清脆、干净的歌声深深打动了我，也被学校老师们赞美，特别是别的学科老师，说小学的孩子们唱歌声音真好听。我在支教一年的时间内，接触到小学一到六年级各个年龄段的小孩子唱歌的声音，然后也发现了小学生合唱的音乐魅力，我爱淳朴天真的孩子，喜欢孩子们纯真的笑脸，更喜欢孩子们上音乐课开心唱歌的样子，小学生唱歌的声音如同甘甜的美酒让我陶醉其中，妙不可言，我喜欢听小孩子唱歌，更喜欢听小学生合唱，他们的歌声让我快乐地想飞起来……

我在支教小学组建小学生合唱团，成立第二课堂兴趣班。2017年黄州区教育局派我去区宝塔小学支教，担任该小学二三年级的音乐教师，再一次接触城区小学生的音乐声音，当时该学校也是没有专职的音乐老师，平时的音乐课都是由别的老师临时顶代课，因此学生上音乐课受到一定制约，在音准、节奏上面存在一些问题，在这样的教学环境里，学校要求学生自愿报名，在家长同意的情况下，组建小学合唱团。兴趣是最好的老师，因为小学生热爱、喜欢唱歌，有30名学生报名，我们的宝塔小学合唱团成立了，学校领导很重视合唱活动，专门配备有音乐教室和一台电钢琴，我们的小学合唱团开始活动，每周两次的音乐合唱团兴趣班的培训学习，从最简单的音阶开始训练学生的听音,唱音名,然后同步开始由简单到复杂的节奏训练,然后唱音程,二度、三度、六度、七度、八度、纯一度、纯四度、纯五度、纯八度,再结合小学二、三年级的音乐教材歌曲,学习演唱歌曲和处理歌曲演唱中的气息情感和情绪等。一学期下来,在学习音乐音准和节奏方面,学生进步很大,到学期末,合唱班的学生人数增多了,喜欢合唱的孩子多了起来。

我运用柯达伊教学法,排练小学生合唱。2018年,因原来的工作单位区宝塔中学分流,我被分配到区思源实验学校做音乐老师,我担任初中八年级音乐课和小学一年级音乐课,同时在小学三年级担任小学合唱兴趣班的培训学习工作。2018年9月至2019年元月,三年级合唱团(含三年级每个班部分学生)在五楼音乐教室(每周二下午第三节课,每周四中午12:30—13:40)进行每周两次二课合唱训练学习。

九月份刚来思源学校,对一切都陌生,我之前一直带初中学生,一开始上小学生二课就感觉学生不好组织管理,个别学生一到合唱教室就像小鸟飞出笼子闹个不停,怎么办呢?我觉得这个现状必须解决,同时也认识到加强上课的纪律管理很重要,我找个别学生谈话,找班主任老师了解学生情况等,如此一来,小学生上合唱课的状况好转,学生上合唱团兴趣班的学习训练状态也逐步稳定下来。

在平常的合唱班训练学习时,我运用了柯达伊教学法进行手势教学,学唱音阶、音名,让学生看老师手位,听老师钢琴弹奏音阶中的每一个单音(含上行和下行音阶),逐步唱好音准,听对每个音准。

2018年9月27—30日,黄冈市教育局教师管理处安排,在黄冈市教科院音乐教研员骆丽丽老师带领下,我和几位老师前往湖南江华县参加"2018快乐合唱3+1乡村中小学合唱教育研讨会"的培训学习,培训中有北京德清公益赞助的合唱学习,有北京匈牙利文化中心柯达伊音乐教学点诺拉教师授课,学习了匈牙利柯达伊教学法的理论和实际课堂范例,回到思源学校后,我把所学的知识灵活运用到二课合唱班的教学中来,运用了柯达伊教学法进行手势唱音名,学唱歌曲《快乐的啰嗦》时,我要求学生边唱谱边用柯达伊手势来表现曲谱中的音符,学习用手位来表现二声部的第二个声部中出现的音符;这对于小学三年级的学生来说,是个新尝试,虽然教学过程艰难,但贵在坚持,学习演唱效果还算令人满意。三年级学生已经会唱两个声部。

小学合唱班刚开始,学生对听音很茫然,一个音也听不出来,我就想了个办法,我在钢琴上弹一个单音,弹三遍后,就用柯达伊手位做出来,提示一下学生,一学期下来,大部分学生能听出七个音,还会做出七个音的准确手位(用柯达伊手位)。

　　上学期学生们学会了情景表演歌曲《蜗牛与黄鹂鸟》,用柯达伊手位学习并表演二声部歌曲《快乐的啰嗦》,演唱歌曲《我们爱老师》,学习了二声部歌曲《歌声与微笑》的第二个声部。一学期结束了,学生进步很大,我对在合唱班中认真学习、守纪律的优秀学员颁发奖状给予鼓励,五个优秀学员有:张可诗、张景皓(男)、莫怡婷、夏润、熊倩。

　　2019年5月28日,三年级合唱班学生在思源学校报告厅演出了三首合唱歌曲,由于舞台没有钢琴,合唱班学生来了个无伴奏合唱表演,我做指挥,当天还有家长录了视频,演出后学生很高兴。

　　在小学生合唱训练教学中,我深深体会到,运用柯达伊教学法中的手位进行音准、音高的学习的确很有效果,在演唱中,小学生可以边唱边表演柯达伊手位,提高了学生的合唱兴趣和积极性。我在教学实践中,用柯达伊手位教学生认识五线谱,演唱五线谱,提高学生学习音乐知识和文化素养的能力,让孩子在合唱学习中感受音乐魅力和得到快乐体验,让孩子们有快乐的童年、有快乐的音乐学习经历,做一名能给小学生带来快乐和幸福感觉的音乐老师,我很自豪。

　　在黄冈市教科院骆丽丽老师的带领下,我在多年的音乐教学生涯中有幸接触和学习了柯达伊教学法,开始了合唱教学的尝试起步,虽然合唱教学路途遥远,困难重重,毕竟我们已经有了良好的开端,合唱给孩子带来童年的快乐,我教孩子合唱,给孩子幼小的心灵打开了一道天窗,遨游在音乐世界里跟孩子一起感受音乐带来的快乐和幸福,从合唱学生的歌声中感受到学生的快乐,这也让我觉得有成就感。

小学音乐识谱教学策略探究

湖北省团风中学　李志梅

摘要：音乐是小学的必修科目，也是小学艺术教育和审美教育的重要平台，是提高学生综合能力的有效平台。在课程改革的背景之下，小学音乐教学也需要做出调整，需要更加重视识谱歌唱教学，教会学生识谱，教会学生歌唱，让学生充分体会到音乐的魅力与艺术，为学生今后人生的发展打下一个良好的铺垫。本文笔者结合自身教学实践，分析和探讨了让学生轻松学会识谱歌唱的策略。

关键词：核心素养　识谱教学

著名哲学家尼采曾说："没有音乐，世界将会变得一片灰暗。"音乐是抚慰一切伤痛最好的良药，音乐也是沙漠当中久逢的甘霖，音乐还是山崖上一朵灿烂的梅花，是音乐让世界变得更加美好。将音乐纳入素质教育体系中，是符合教育规律和学生情感特点的，音乐教育还能够提升学生的审美修养，加强学生的人格建设。识谱学习是小学音乐教育当中的一个难点，但是教师做好这一工作，能够引领学生真正地打开音乐的大门，看见音乐的更多色彩，欣赏音乐的更多美好。

一、合理创设情境，激发学生音乐学习兴趣

建构主义认为知识是主动生成的，是学生建立在已有认知经验的基础上重构新知识的一个过程，马克思主义哲学也认为内因起到主导性的作用，学生的自主学习才是最重要的。音乐也是如此，只有激发学生对音乐的学习兴趣，学生才会主动地学习音乐知识，学习识谱歌唱。传统的手把手教唱歌的方式虽然有一定的效果，但是学生体会不到那么多乐趣，也就不会主动探索音乐，因此教师应该要学会给学生创设情境。

例如，在学习乐谱当中 3（mi）这个音的时候，教师就可以通过多媒体播放小猫咪的声音来让学生把握发音，这样学生的注意力就被集中起来，我让学生也模仿小猫咪的声音，班级当中迅速多了许多"小猫咪"。

在学习 4（fa）这个音时，我就给学生准备了一个麻将当中的"发"，这样学生就更好地认识了这一个音。教师需要记住，音乐是给人带来快乐的，是充满趣味的，教师需要营造一个轻松愉快的氛围。

二、普及乐理知识，为学生识谱歌唱奠定基础

乐理知识是十分重要的，但是在目前的识谱教学当中教师有意识地淡化这一内容，一方面是教师自身乐理知识的欠缺，另一方面，不够重视，导致学生对音乐停留在一个浅层的阶段。其实乐理知识并不是"洪水猛兽"，它也有可爱的一面，学会乐理，学生能够更轻松地唱歌，音乐修养得到提升，甚至能够创作简单的音乐。因此，教师应该要注重乐理知识的普及。

例如，教师应该给学生讲授音乐的基本要素，音乐基本要素包括三个方面：和弦、旋律和节奏，只有节奏没有旋律，那么音乐就会失去趣味，只有旋律没有节奏，那么音乐将会杂乱无章。当然，乐理的讲授也是有技巧的，比如在给学生讲授"音程"知识的时候，我将 CDEFGAB 这几个音比作公交站，除了 E 到 F 以及 B 到 C 是一公里之外，其他的距离都是两公里，这样就形象地让学生明白了音程知识。我还会利用乐曲来分析乐理，比如《小星星》这首简单的曲子是四四拍，第一小节的旋律音是"Do Do Sol Sol La La Sol"，这样有利于学生把握音高，准确唱出旋律。

三、组织视唱游戏，提升学生的音准能力

视唱训练是音乐教学中必不可少的一项内容，只有让学生更多地参与视唱训练，才能让学生学会读谱、识谱，才能根据谱子唱歌，才能提高学生的演唱水平。但是机械化的视唱训练是难以激发学生的学习兴趣的，学生主动参与的意识差，课下也不会练习，因此教师应该组织一些趣味性的视游戏，让学生体味唱歌的乐趣。

例如，在学习《捉泥鳅》这首歌曲时，我就组织学生开展了视唱接龙游戏。首先，我利用钢琴伴奏来让学生学习这首歌，并学会聆听，在心中默念，了解这首歌的节奏与旋律。其次，游戏正式开始，我还是利用钢琴伴奏，让学生跟着谱子一人唱一句进行接龙，其他的学生也要认真听辨，判断唱歌的学生音准是否正确。最后，我还会组织学生进行一些趣味的视唱游戏，让学生变换不同的调来演绎这首歌曲，探索音乐的无穷奥妙。

四、引用乐器教学，培养学生的音乐节奏感

节奏是音乐的灵魂，没有了节奏，那么音乐即便旋律再好，给人的感

觉也只是刺耳的噪音。节奏感不是天生的,而是通过锻炼而提升的。笔者认为引入乐器教学比单纯地让学生打拍子更有效果。因此,在识谱教学中我常常会利用一些乐器来训练学生的节奏感,辅助学生进行识谱歌唱,取得了良好的效果。

例如,有一次在识谱教学中,我带来了几个尤克里里,并不是为了让学生尽快地学会这门乐器,而是帮助学生打节奏,比如我用扫弦的方式表现出二分音符、四分音符、八分音符这些节奏,比如"前八后十六",在弦乐当中十分常见,我还通过演奏一些简单的曲子来让学生猜节奏,这样长期下来,学生的节奏感得到了提升。我还在识谱教学中引入了一些其他乐器,比如陶笛、口琴、电子琴、萨克斯、非洲鼓等。

总而言之,识谱歌唱不是小学音乐教学的全部,但却是最重要的一个方面,是让学生直观感受音乐乐趣的最有效方式。小学音乐教师,应该在识谱歌唱教学这条道路上不断探索,让学生体味到音乐的真正魅力。

参考文献

[1] 于惊漪. 小学音乐识谱教学浅谈 [J]. 中小学音乐教育,2018（09）:36–37.

[2] 朱政政. 小学音乐识谱教学的几点体会 [J]. 当代音乐,2019（08）:78–79.

团风县团风小学中年级音乐识谱教学现状及改变现状的策略

湖北省黄冈市团风县团风小学　方　娅

摘要：小学音乐识谱教学是有效培养小学生音乐核心素养的重要途径。提高小学中年级音乐识谱教学水平，可以有效培养小学生的识谱、唱歌、欣赏等多方面的音乐素养。

关键词：小学中年级　识谱教学现状　识谱教学策略

小学音乐识谱教学是有效培养小学生音乐核心素养的重要途径。提高小学音乐识谱教学水平，可以有效培养小学生的识谱、唱歌、欣赏等多方面的音乐素养。在我校音乐教学实践中，中年级音乐识谱教学面临着举步维艰的问题。我多年来执教于团风小学四年级音乐，同时兼任其他年级音乐教学，对我校中年级音乐的教学现状非常熟悉。

一、团风小学中年级音乐识谱教学现状

（1）我校中年级学生家长普遍不重视孩子的音乐学习，不关注孩子的识谱能力。随着生活水平的不断提高，课后补课的孩子也越来越多。但是，孩子补课的内容多数是以语、数、外为主，艺术类的以舞蹈、美术和跆拳道为主。

（2）我校中年级音乐专职教师师资力量不足，识谱教学难以有效开展。近3年以来，团风小学三、四年级有2名专职音乐老师教学（其中一名是临时专职教学音乐），每个班每周1节音乐课。因此，老师无法完成大纲音乐教学目标。

（3）我校中年级的学生多数喜欢上音乐课，却对识谱教学不感兴趣。很多学生不会识谱照样会唱歌，平时几乎不接触乐谱，我在4年级学生音乐课上自然难以完成识谱教学目标。

第二部分：提高农村中小学音乐教育教学质量的主要策略探究

二、改变团风小学中年级音乐识谱教学现状的策略

团风小学中年级音乐在小学音乐学习阶段处于承上启下的作用。如何改变当前的团风小学中年级音乐识谱教学现状？近几年，我在音乐教学实践中不断探索，得出以下几点心得：

（一）充分利用教材资源，进行音乐识谱教学

我校的音乐教材，每一课都有识谱知识点和精美的插图。插图巧妙地把图形与识谱内容或者识谱要求结合在一起，帮助学生正确识谱。如花城版4年级音乐上册《土风舞》一课的教材中，关于切分节奏的教学有4个部分的文字及相关插图。我先让学生看图，然后自己边视唱边拍手示范切分节奏，要求学生模仿。当学生正确模仿后，让学生边唱边踩脚体验切分节奏。最后，我示范3条不同的节奏，学生集体模仿后，找出哪两种节奏是相同的。

（二）趣味导入，激发学生识谱兴趣

在识谱教学中，我设计巧妙的导入方式，能够迅速调动学生识谱的积极性，为新的教学活动做好心理准备。如何设计妙趣横生又紧扣教学目标的导入方式呢？我总结了以下几种导入方式：画图导入、故事导入、谜语导入、律动导入、乐器导入、多媒体导入等方式。

（三）动中求活，多种教学方法实施识谱教学

以聆听与视唱为主线，与其他形式灵活结合进行识谱教学。团风小学中年级的学生已经有一定的识谱能力，我在进行识谱教学时，以聆听与视唱为主线，结合写、动、画，激发中年级学生识谱的兴趣，引导学生由浅入深，由易到难有效识谱。我常用的教学方法有：

（1）写一写。如在教学听辨音名时，利用教材的插图，让学生从视觉上体验音高。我在黑板上出示彩图，接着按照上行或下行弹奏的音阶，学生边听边在插图的横线上写出音名来。最后，指名学生上台写一写，师生评价。这样，学生不仅从听觉上体验音高与音阶，又从视觉上熟悉音名与音高。

（2）动一动。学生喜欢唱歌跳舞，觉得识谱很枯燥，不喜欢识谱，我就想方设法让学生动起来。首先，我在识谱教学中采用多种音乐游戏让学生动起来。如让他们"排排队""回家""找朋友""跟我一起跳个舞"等，这些游戏使学生的耳朵、口、眼、手、脚、大脑都动了起来，深受学生们的欢迎。其次，我在音乐课堂教学中，指导学生用打击乐器伴奏，帮助学生对音的强弱、节奏、音名等知识点进行巩固。

（3）画一画。图形谱教学是进行识谱教学的一个重要教学手段。图

形谱的教学运用有利于从直观上辅助学生识谱,有利于学生对记谱符号的理解,有利于学生对乐曲的旋律和情感的整体理解。

(4)发掘识谱优秀的学生,引导中年级学生分小组学习识谱。

由于每个学生的识谱能力参差不齐,为了更好地进行识谱教学,我以5人为一个小组,选择识谱能力优秀的学生担任小组长,带领孩子们进行小组识谱活动。这样,小组长通过小组活动发挥自己的识谱优势,也弥补了识谱能力薄弱学生的劣势,有利于培养学生识谱学习的兴趣,有利于培养学生之间的团队协作能力和友好的同学情谊。

(5)组织学生积极参加多种音乐实践活动,展示学生的音乐综合能力,培养学生学习音乐的兴趣。

例如:在重大节日举办校级、班级的联欢会或比赛,组织学生积极参加县级、市级的合唱比赛、戏曲比赛、钢琴比赛等。每年团风小学会举办"六一"儿童节活动,中年级的学生都踊跃报名参加节目,家长也非常支持孩子,由于我校对节目质量的要求很高,老师会编排大型的集体节目,如大合唱、歌伴舞、音乐情景剧、葫芦丝表演等。中年级的孩子通过参演集体节目,提高了自己的综合音乐素养,展现了自己在音乐方面的个人魅力。

浅谈农村中学生的识谱与歌唱教学

湖北省黄冈市罗田第一中学　梁晓凤

摘要：在农村中学音乐教学硬件和软件都不足的情况下，采取学生喜欢而又有效的识谱与歌唱教学来提升学生的音乐素养。

关键词：识谱　歌唱　教学

在我国当前教育环境下，发展中学生音乐素养，已经在城市中学得到了广泛的认可与较充分的实践，但与此同时，在农村中学中，音乐素养教育依然任重而道远。

在这里，本人作为扎根在农村中学教学一线的音乐教师，简单谈一下我是如何进行识谱和歌唱教学的。

在农村中，音乐教学硬件和软件都相对不足，音乐课程难以全面开展，加之中学文化课程负担重、学生压力大，因此在音乐课教学中，唱歌课就成了最易开展、最受学生欢迎的课程。

一、多种方式引导学生识谱

在中学阶段，开展校园歌唱比赛，有助于形成良好的校园音乐氛围。喜欢唱歌的中学生很多，教师们从比赛活动中能发现一批嗓子好、音准好、唱歌感觉好的学生，让这些明星学生现场说法、以点带面，可以引导学生形成从听好歌到唱好歌的风向。让选出来的优秀小歌手在班上做示范演唱，同时教师进行指导，对其演唱的优缺点加以指点，让学生讨论。例如《阿尔古丽》这首歌，旋律非常优美，在我校某次校园歌手大赛中拿了第一名的小歌手，演唱的就是这首作品，通过这名小歌手的演唱，绝大部分的同学都会哼唱了。这一首作品是一个六拍子，非常流畅的舞曲风格，有不少学生只会唱部分，并且经常错节奏，那我们就先学歌、再识谱，以歌带谱，以歌词带节奏。在这过程中，把难点节奏提出来，重点讲解。等学生们掌握了这首歌曲的重难点以后，再用多种趣味性的方式开展识谱巩固的练习。例如：分组对答，将学生分成2组，一组唱一句歌词，另外一组说出其对应的简谱,然后反过来再进行一次,学生们就在不知不觉中,背下了这首歌的旋律。学生掌握准旋律以后,积极发动他们讨论:我们在演唱这首歌曲时,要注意哪些问题,才能唱得更打动人、感染人。学生提出意见后,教师加以归纳总结,再以此为根据进行示范讲解,这样学生能够获得深刻的感受。另外,还可以通过拓展部分进行编创、开展思维训练,比如去掉歌曲的音高,只保留节奏和词,让学生以说唱的形式表演出来;再比如说给这首曲子重新填词等,诸如此类,都可以让歌唱教学做到趣味性和知识性共存。

二、多种方式引导学生歌唱

歌唱是初中音乐课的基本内容之一,《音乐课程标准》指出:"培养学生自信、自然、有表情地歌唱,学习演唱的初步技能;能主动地参与各种演唱活动,养成良好的唱歌习惯,积极参与齐唱、轮唱及合唱;了解变声期嗓音保护的知识,懂得嗓音保护的方法。"从课程标准的要求中我们可以看出,进行规范的发声练习,掌握科学有效的发声方法,是初中生必修课程之一。

但在实际歌唱教学活动中,很多初中学生难以理解那些深奥的声乐理论与抽象的歌唱方法。这造成学生音色的强烈差异,音域的狭窄,唱歌时跑腔跑调,高音唱不上去,低音唱不下来,甚至完成一首歌曲都很困难。另外,对于处于变声期的初中学生来说,不正确的歌唱方法也容易造成他们的声带受损,影响学生的身体健康,也影响学生对歌唱这门艺术学习的兴趣。

如何找到适合初中生声乐演唱的方法和技巧?我认为教师的主要任务就是帮助学生改善自己的声音,培养学生的演唱能力,提高学生的演唱水平,使学生的演唱自如、流畅、动听。在实际教学中要结合学生的具体情况,做到因材施教。

初中生在学习声乐演唱时,往往存在嗓子紧、气息浅、吐字不清晰、表情达意不准确等问题。良好的呼吸是正确歌唱的基础。正确的呼吸方法,要求吸气自然,气息的控制力量要适当而稳定。我认为,在慢步的走过程中轻声哼的办法,可以解决很多声音训练过程中的问题。首先,人在慢步走的过程中,气息自然,全身放松,歌唱中吸气、控制、流动与交换等能够很自然地完成,不会出现因气息紧张造成声音生硬甚至憋气等现象;同时胸部也有扩张的感觉,给歌唱一定的发力储备,解决了学生气息浅、嗓子紧的问题。这也是学习和训练歌唱最容易的简易方法之一,非常适合农村没有音乐学习条件的学生们练习。

从咬字吐字方面来看,训练学生朗诵不失为一个好办法,这同时还可训练学生们的节奏感。在朗诵时,我们要将所有的词归类,按照唇、舌、齿、牙、喉等各自不同的部位,进行发声训练,这样就很容易将复杂的几千字发音简单化,学生更容易掌握,发出来的声音更醇厚,更富有磁性,更动听。

歌唱中的高位置发声,一般做起来较难。我们可以采用容易做的方法,比如吊着唱、轻声哼、气倒灌等,引导学生反复体会,不断练习,引导学生找到发声的高位置的点。

总之,在初中学生声乐演唱的教学过程中,教师要采用适合的训练方法,无论是慢步走、吊着练唱、抑或是别的方法,在气息、吐字、获得腔体共鸣、完整表达作品情感等方面,都有不错的效果。掌握正确、科学的发声机理,建立切合自身特点的发声体系,才能让更多的学生在实际演唱中,获得较为准确且适合自己的发声技巧和演唱方法,将作品演绎得更加完美。

在音乐教学过程中,实际上声乐教学和识谱教学是相辅相成、互相促进的。只唱歌不学识谱,歌唱的道路走不远。唱歌带动识谱,识谱反过来帮助歌曲演唱获得更完美细致的表达,提供技术上的支持。当然,在这个过程中,教师也有一个非常重要的因素要考虑,就是选择唱什么歌曲的问题。这个问题可以结合当地实际,做一个调查,把学生感兴趣的歌曲做一个统计,从中选出这样一些歌曲:一是学生感兴趣的;二是适合演唱,旋律优美的;三是有助于提高学生演唱技术的曲子;四是有助于提高学生识谱技术,带动乐理学习的曲子。当我们注意到这些问题并加以妥善的处理之后,中学生歌唱教学将会变得更加有效、轻松。

教学有法、教无定法、贵在得法。在实际的教学过程中,教师还是要因地制宜,因材施教,只有探索出适合的教学模式,才能使我们的教学工作收到令人满意的实效。

参考文献

[1]武静.浅析声乐教学中的歌唱艺术情感表现[J].艺术评鉴,2017(01).

[2]张钰娥.浅论声乐学习中的音准问题[J].新课程(教研),2011(04).

[3]石惟正.声乐学基础[M].北京:人民音乐出版社,2002.

运用灵活多变教学方法　提高小学生识谱唱歌能力

湖北省黄冈市罗田县实验小学　王利容　乐晓峰

摘要：义务教育小学音乐课程标准指出："识谱教学是学生学习音乐的必要环节。学生要具备一定的识谱能力，对开展音乐演唱表演及创作活动有辅助作用，同时也符合对综合素质人才的培养需求。"根据学生的认知规律，识谱教学从感性入手，融入音乐实践活动，深入浅出，形象生动，让每一位学生都能够充分享受到音乐所带来的熏陶体验。关注学科素养，注重提高学生识谱唱歌能力，音乐教师应该注重在教学方式上的创新和改革，鼓励学生们敢于各抒己见，会识谱，能唱谱，更爱唱歌。

关键词：课前引导　课中律动　识谱唱歌　创编旋律　多媒体辅导教学

音乐教育是一门综合性艺术教育。[1]小学音乐是小学阶段的一门重要的学科，它对学生综合素质的培养具有重要的影响。长期以来，小学音乐课一直得不到重视，大部分小学音乐课堂流于形式，课堂的主要学习内容大多只是单纯唱歌。学生在小学时期是大脑发育的关键期，从小进行音乐学习也有利于学生右脑智力开发，这个时候能够抓住时机进行大脑音乐开发，将会取到事半功倍的重要作用。我们的小学音乐教学有很多教学方法有待解决和改进，需要引入一些教学手段和好的教学方法来使音乐课堂焕发活力，提高课堂效率，激发学生学习音乐兴趣。老师要将小学音乐课堂的教学形式变得丰富多彩，而且要巧妙地运用灵活多变的教学方法，积极提高小学生识谱歌唱的能力，让学生轻松快乐识谱歌唱。

一、课前巧妙地引导学生视唱，锻炼学生的视唱能力

教师在上音乐课前应善于抓住学生的注意力，积极地加强对听觉的训练，注重对音乐情感的培养，同时也为以后的学习打下坚实的音乐基础。教师应该在每节课前进行十分钟左右的视唱练耳训练，视唱练耳课与乐理唱歌课都有着密切联系，直接影响学生音乐知识的掌握程度。为

第二部分：提高农村中小学音乐教育教学质量的主要策略探究

了巩固并提高学生视唱能力,我专门准备了一些简单的曲谱。比如：贝多芬的《欢乐颂》和钢琴曲谱《玛丽有只小羔羊》,里面都是重复简单又朗朗上口的几个固定的唱名："3 3 4 5|5 4 3 2|1 1 2 3 |3 2 2 -|"和"3 2 1 2|3 3 3 -|2 2 2 -|"这些简单的曲谱,教师坚持每次课前训练视唱,学生的识谱唱谱能力在不知不觉中有很大进步。每次课前让学生听琴唱谱,是一个好习惯。歌曲《法国号》是一首学生喜欢演唱的歌曲,我尝试让学生听着钢琴旋律唱谱,先由老师带唱曲谱,学生边听琴声边学唱,就很容易辨别六个音,还可以分组分句对唱曲谱,在教师的表扬和孩子的自我认同下,学生们有一定的成就感,有效地克服了以往对学唱歌谱的恐惧心理,在心理上消除了学习障碍,同时还能及时鼓励学生树立大胆唱谱的信心。学生不仅在上课的时候要认真练习,课下更要按照老师教授的方法积极地训练,可以布置一个小任务,争做"音乐小能手",可以回家教给家长们唱,还可以教给身边的同学朋友唱,在教别人的过程中知道了自己的不足之处,可以在下次的音乐课提出来,老师进行指导,并积极给予学生"音乐小能手"称号。

二、课中配以肢体语言和律动,在课堂中起到画龙点睛的作用

教师要善于利用小学生天生好动的天性,配上律动和肢体语言带动学生在音乐课中灵活运用。律动教学能够激发学生们充分发挥自己的听觉注意力和运用肢体语言协调能力,把音乐的美感和深意表达得淋漓尽致,从而体会到音乐旋律中包含的悲喜情绪。通过律动,学生们会用心体会音乐旋律,全身心地感受音乐的美。

律动教学强调的是对旋律的感受和掌握,教师可以用双手作为道具,用五指表示不同的唱名,再给学生多提供好的互动空间,才有利于学生充分发挥展示自己边唱谱边律动表演的积极性。比如：右手五指 12345 分别表示 do re mi fa sol,左手五指分别表示 re mi fa sol la,双手指头反复接龙演唱；初学音乐的第一步是认知音阶,这是要引导学生对音的高低进行辨别,边用琴声弹出音阶,让学生听唱,教师还可以利用柯达伊手势进行教学,也可以让学生离开自己的座位,自己寻找合作伙伴,用游戏形式来表现音的高低,理解音阶的高低。对于小学生来说,对音高这一抽象概念是很难理解的。为了让学生们记住音高,教师可利用柯达伊手势把音阶中的三个唱名"do re mi"表现出来。低年级学生好动、好奇心强,在手势游戏中学生们边做手势边唱,不但能很快地记住了各唱名的音高,而且还调动了他们的学习积极性,有效地完成了教学任务。

三、根据不同的歌曲可以先唱歌，后识谱，也可以先识谱后唱歌

在唱歌课中，教师根据歌曲的曲谱的难易程度进行分析，旋律难度大的，先将曲谱拿出来，让学生听老师的琴声，老师边弹边唱曲谱，再引导学生唱谱，熟练唱谱后，歌曲就容易唱了。这样的方法能够让学生对歌曲的旋律有了听觉上的印象，为学好歌曲做好铺垫。不知不觉中学生就学会了唱歌，也解决了歌谱中的难点，这样使学生在识谱时降低难度，让学生感觉识谱并不太难，从而增强其自信心，加深对识谱唱歌的热爱。先唱歌后识谱就是先让学生放下心理负担，让学生先唱唱歌，用自己的声音去表现音乐，从而激发学生的兴趣，让学生感到这节课是轻松愉快、有所收获的。然后，再指导学生按节奏唱歌谱。唱歌谱时，教师应严格按照歌曲的节奏节拍要求来引导学生视唱，还可以配上打拍子的手势引导学生，平时学生对三拍和二拍比较容易区分，而且也很喜欢边打拍子边识谱，效果很明显。学生唱完之后，其他同学进行评议，唱得好的学生大家给予掌声鼓励。这样学生的积极性很快调动起来了，一部分学生识谱能力提高较快，坚持下去效果还是不错的。教师并督促学生自己准备一个音乐小课本，记录自己喜欢的歌曲的曲谱，还可以鼓励学生课后互唱互演。

四、创编简单的旋律，有意识地提高学生识谱的能力

音乐是一门听觉艺术，以听为先导，创编为手段。[2]创造性能力的培养应该贯穿于音乐学习的各个环节，识谱教学也不例外。创编旋律的形式可以多种多样，丰富的创编形式能让学生有成就感。所以在学唱新歌之前，教师可以准备一些旋律，将乐曲中的旋律顺序打乱，鼓励学生重新排列，学生根据自己的感觉重新排列成流畅的旋律，并一起弹唱。这样通过自己的尝试创编，然后再让大家来听一听，唱一唱，让学生自己评一评，这样不仅提高了学生的识谱能力，也调动了学生的学习积极性与主动性。学生们会为自己的创编感到自信和开心。

五、运用多媒体，辅助识谱教学

随着多媒体教学的深入，老师可以制作精美的课件，附上美妙的背景音乐，插入生动的图片和视频，学生不仅能够通过视觉、听觉感受音乐课程的生动有趣，更能够随着老师的引导掌握一个个知识点，达到更好的教学效果。利用多媒体，音乐教学很容易与相关学科相联系，加大课堂的知识量，开阔学生的音乐视野，树立正确的音乐审美观，所以音乐多媒体课程是音乐教学的重要组成部分。[3]

在课堂中灵活运用多媒体,它不仅给予了学生们视觉上的直观感受和体验,并能激发学生的学习兴趣,也弥补了许多课堂教学的不足。我会根据教学的目的来选择,简谱和五线谱都各有特色,唱谱的时候我就用简谱,弹琴的时候我就用五线谱,将多媒体课件运用到识谱教学中,这对于突破教学重点、分散教学难点常起到了很好的作用,既有利于教师的便利教学,也有利于学生识谱,从而大幅度提高了教学质量。

　　音乐教师应该注重在教学方式上的创新和改革,运用多变的教学方法使音乐课堂焕发活力,提高课堂效率,激发学生学习音乐兴趣,让学生轻松识谱唱歌。

参考文献

[1] 赵思童. 音乐教育是一门综合性艺术 [J]. 中国音乐教育,2005.

[2] 郑盈盈. 浅谈小学生音乐倾听能力的培养 [J]. 当代教研论丛,2018.

[3] 潘珺嫣. 多媒体技术在小学音乐技术教学中的应用 [J]. 教育周刊,2016(95).

如何落实农村中小学合唱教学

湖北省黄冈市浠水县第二实验小学 鲁 滢

摘要：合唱是集体性的声音艺术，统一、和谐是合唱的要求，中小学合唱教学对于培养中小学生艺术素质，起着重要的作用，然而在我国的部分农村地区，合唱教学并没有引起相应的重视。

关键词：农村 小学 合唱 教育

合唱作为中小学音乐教学中的一部分，在平时的音乐课中的教学方法存在许多问题，还需我们去思考和研究。比如：音乐课中的合唱是不是应该上成童声合唱团的训练课，音乐课中的合唱是不是合唱欣赏课，音乐课中的合唱是不是声乐课、唱歌课，等等。

一、合唱教学的认识

合唱教学是我国音乐基础教育教学中的一个重要手段，是学生进行音乐实践的重要园地，也是学校艺术教育成果的重要体现形式，因此在培养高素质的新人中发挥着巨大作用。因为开展合唱教学不仅可以培养学生的集体意识还可以锻炼学生的合作精神，有助于提高学生的音乐审美能力，还能有效地培养学生的想象力和健全的人格。多声部的合唱可以使学生了解自己在歌唱中所处的位置和所承担的作用，从而懂得互相尊重、互相理解的道理。使学生在集体主义思想教育下，有克服困难的意志，陶冶学生的高尚情操，合唱培养学生的综合音乐素质，完善了人格发展，使学生在今后可以身心健康地成长。

二、合唱教学在农村中小学音乐中的教育现状

首先，从教学方面来看，呈现出不均衡的现象。大中城市的中小学音乐课都已经把合唱带入了课堂中，使大部分的学生都能了解并学习合唱。而农付偏远地区学校的音乐课，很多还停留在只是"教唱歌曲"的阶段，这对合唱课的开展十分不利。音乐课虽然是小学课程中的必修课，但由

于不是重点课程,主要以培养学生兴趣为主,所以没有统一的考试,也没有明确的目标和严格的教学计划,因此造成了合唱课很随意的问题。

其次,从合唱教师方面来看,水平差异很大。学校合唱课只是作为小学音乐课中的一部分来学习的,没有专门的合唱教师,教授合唱课的一般都是学校的音乐教师。由于受学历和专业等多方面因素的影响,音乐教师教授合唱水平也存在很大差异。有的教师在合唱方面有足够的经验和知识,并能很好地运用到教学中;有的教师则对合唱的认识有限,什么是正确的合唱声音,怎么正确地唱合唱,怎么正确地指挥合唱等知识都不知道,这些教师对于音乐课中的合唱课只能避而远之,把合唱部分省略掉或是很简单地唱一下,使学生根本不能真正地学习合唱。还有很多偏远地区的学校受各种条件的限制因而缺少音乐教师,教授音乐课的往往是其他科目的兼职教师,这些教师在音乐方面的知识很缺少,合唱方面的知识就更少了,他们也不过是教教歌而已。因此,这也是造成合唱课不能很好开展的一个重要原因。

最后,合唱课所占比重太小,时间不足。目前我国中小学合唱课还没有作为一门专门的课程进行教学,只是穿插在音乐课中进行的。小学音乐课一般为一周两节,而合唱课只是小学音乐课中的一部分,在这仅有的两节音乐课中还包括舞蹈课、歌唱课、器乐课、欣赏课等其他内容,因此合唱课在小学音乐课中学习的时间是十分有限的。而合唱作为一门艺术性很强的学科,既要做到声音的统一,又要有艺术的感觉,学生想利用这有限的时间学好合唱确实存在一定的困难。

三、农村中小学合唱教学的建议

(一)各级教育部门的支持

发展中小学合唱教学,必须得到各级教育部门的支持。为学校配置专业过硬、理论知识全面的优秀教师,给农村中小学音乐配备教学所需要的配套设施,鼓励中小学成立合唱社团。希望各级教育部门能成立专门的机构,来管理和督促农村中小学合唱的状况,这样就可以促进农村中小学音乐教学的发展。

(二)进行合唱教学具备的条件

开始合唱教学,首先,学校要制订合理的教学计划,了解合唱是对学生来进行素质教育的途径。其次,学校对音乐教师进行专业的培训,使其要求具备一定的指挥能力,能在合唱教学中为学生进行生动的讲解,针对不同音乐基础的学生,设立不同的教学目标。

四、结语

总之,我们国家现在的教育体系虽然对合唱有了一定的认识,但相对来说重视程度还远远不够。合唱这门丰富多彩的艺术有着广博精深的学问,又具有自己的教学规律,匈牙利著名音乐教育家柯达伊认为合唱是"许多人联合起来做一个人单独所不能做的事,无论他或她多么有才能。在这方面,每个人的工作都同样重要。一个人的错误就能毁掉一切。"如何让合唱教学在农村中小学遍地开花结果?这需要我们去不断地学习、探索、研究,为学生创设一种更完美、更和谐的合唱课,这样才能促进小学音乐合唱教学落实到农村中小学之中。

参考文献

[1] 杨谕艳. 浅谈农村中小学音乐教育现状之思考 [J]. 才智,2014(9).

[2] 林晓慧. 浅谈中小学音乐课堂中有效进行合唱教学的实践 [J]. 艺术科技,2015(5):48.

[3] 张琳琳. 中小学音乐教育应加强合唱教学 [J]. 徐州工程学院学报(自然科学版),2006(2):138-139.

浅谈如何提高农村小学生的音乐识谱歌唱能力

湖北省黄冈市浠水县洗马镇翔宇小学　汪梦婷

摘要：新课标明确提出，小学音乐教育要求学生具备一定的识谱能力，识谱唱谱是小学音乐课堂教学中的重要组成部分之一。[1]就农村小学生的识谱现状而言，普遍比较困难，一方面在于乐谱本身有一定的难度，面对各种复杂的音乐符号，学生比较难熟练掌握；另一方面在于农村小学中音乐教师的匮乏，导致由非专业的老师教授歌曲，从而使学生接触简谱试唱相当困难。面对这种困境，更加迫切需要广大教育学者进行分析研究。

关键词：农村　小学　音乐识谱

文章第一部分主要对农村小学生音乐识谱能力现状以及存在的问题进行调查及分析。围绕音乐课程识谱能力在重视程度、学生厌学情绪、缺乏理论知识支撑音乐识谱能力几个方面的调查结果。文章第二部分，针对农村小学音乐识谱能力教学存在的问题，本文对此进行了较为全面和详细的分析，并给予农村小学音乐识谱教育教学在以后开展过程中的一些建议。

一、当前音乐课中存在的问题

（一）识谱能力重视程度不够

在很多地区，尤其是小城市和农村地区学校，音乐课开课情况很不理想，其学校领导对音乐教育、教学知之甚少，认为所有的代课老师均可以胜任音乐课的教学，这就从本质上降低了学校音乐课的质量。长此以往，学校的音乐课只是表面行事，没有正确落实，艺术课毫无生命力。

笔者在农村小学岗位上工作了三年，据我了解，学生只注重对于歌曲的学习，他们认为一堂课上只要掌握了一首歌曲的学习，会唱熟歌曲，就已经足够了。大部分学生对于简谱的认识大多只停留在音阶层面，学生们大都能哼唱出 do re mi fa sol la si，却不知道这些音是什么。

尽管现在国家已经改变教育理念转向素质教育，重视美育，但人们的思想转变还需要一个漫长的过程。

（二）学生有严重厌学情绪

在一年的音乐教学中，笔者试着将简谱试唱循序渐进地教给学生，起先，我用游戏活动、故事引入、节奏大师等教学方式导入简谱教学，学生兴趣有些许起色，随着后期节奏的学习，由浅入深，学生觉得试唱很难。有时候他们不愿意动脑筋，久而久之，便会产生厌学情绪，由之前的喜欢音乐课变为厌倦甚至不愿意上音乐课。

（三）缺乏理论知识支撑音乐识谱能力

提高识谱试唱能力与理论知识有着较大的关系，想要有较强的识谱能力，学生就必须具备一定的音乐素养和理论知识。[2]比如：在识谱试唱中，学生需要学习节奏、音乐唱名、认识简谱、节拍、音准、旋律。这是一个漫长的过程，需要更多的时间让学生去模仿、锻炼。

二、如何有效提高学生的识谱能力

（一）明确教学目标，让学生轻松识谱

首先，教师一定要具备音乐教学的技能并熟悉音乐新课标，每一个学段都要把识谱作为一个重要的教学目标；[3]其次，在音乐教学中重视对学生素质、能力乃至兴趣和个性发挥的培养，让学生逐步消除畏难心理，让学生轻松识唱。

（二）优化教学方法，培养学习兴趣

1.利用柯达伊手势音乐教学法激发学生识谱的兴趣

音乐教师在教学中给每一个音符创编一个形象手势。音符 do 教学生向下捏拳头；re 就叫学生做一个房子屋檐的造型动作；mi 做双手对着平行动作，fa 让学生做一个棒的造型并将大拇指朝下；sol 两只手竖着对齐动作；la 双手将提起做拉拉面的造型；si 食指相对动作。教师将柯达伊手势用在识谱教学中，将枯燥的识谱教学变得形象、有趣，大大激发了学生的学习兴趣，让他们在表演中愉悦地学习识谱知识，达到了事半功倍的效果。

2. 在欣赏、器乐等活动中灵活地进行识谱教学

在小学音乐课本中，课型分为歌唱和欣赏两大板块，从地位和作用来看，欣赏课教学是必不可少的。在欣赏课教学中，常常会出现乐曲主题旋律，有的主题旋律激动昂扬，有的主题旋律优美动听，有的主题旋律平静深沉。这些主题旋律大部分都是不带歌词的，为了分析乐曲旋律，教师通常都会带着学生从音乐元素等角度分析乐曲，这就离不开乐谱识唱了。例如：人音版小学二年级下册的《狮王进行曲》中，狮王出现的主题音乐片段，教师引导学生反复聆听主题旋律，学生通过聆听音响、教师范唱、教师视奏的方式熟悉乐曲，通过音乐要素分析乐曲，例如分析乐曲旋律走向、乐曲节奏、音程跨度等，这会让学生更全面地了解乐谱。分析作品之后，教师再让学生进行乐曲识谱视唱，这样效果就会非常明显。学生会识谱演唱乐曲之后，可以顺带将小乐器引进课堂（比如口风琴、竖笛），通过乐器的加入，进一步增强了农村小学生的音乐识谱歌唱能力。

3. 先学歌曲，再识谱

对于学校农村低学段小学生来说，认知程度还不够全面，要让他们迅速识唱还有一定的困难，为了降低难度，教师可以先让学生聆听歌曲，唱会歌曲，在这样的基础之上，学生再学习识谱，会简单得多。在音乐教学中，音乐是听觉的艺术，在教授乐曲识唱环节中，教师可以先让学生聆听所学歌曲，对歌曲的聆听让学生有一个音高的概念，再进行教唱歌曲。[4]这样学生在会唱歌的基础上，对歌曲的旋律有了一定的印象，再来学习曲谱，这样会使学生减去了学习乐曲识谱的压力，增强了学生的自信心，识谱能力也会大大提高。

4. 先学节奏，再识谱

节奏节拍是音乐作品的骨架，而节奏训练在音乐教学中又是十分重要的环节。

比如在教授节奏的教学中，教师可以引导学生由浅至深，由简单到复杂，运用循序渐进的教学原则突破节奏难点。[5]比如：教师可以先教授学生较简单的节奏型 x、xx、x-、x- - -，再教授复杂的节奏型 x.x、xxx、x x.、xxx、x.x 等。让学生先认识节奏型时值，再将不同的节奏型进行组合，采用小组比赛的形式进行熟练训练。在训练过程中教师可以利用小乐器为学生进行伴奏，学生熟练之后，让学生带着小乐器进行敲击，这种形式的训练可以提高学生学习积极性，为简谱识唱奠定基础。

结束语

在农村小学的音乐教学中,教师应运用合理有效的教学手段,提高农村小学生的音乐识谱能力。以生动的音乐为载体,让学生进行趣味的识谱试唱练习,让学生遨游在音乐的海洋里。只有让学生在识谱中融入自己的情感,识谱才不会成为学生学习音乐的心理负担。在接下来的教学工作中,我将继续探索新的教学方法,慢慢积累和实践,让学生逐步消除音乐识谱畏难心理,让学生轻松识唱。

参考文献

[1] 中华人民共和国教育部. 音乐课程标准 [M]. 北京:北京师范大学出版社,2011.

[2] 王安国,吴斌. 全日制义务教育音乐课程标准解读 [M]. 北京:北京师范大学出版社,2002.

[3] 汪潮. 文汇教育家书系——教学新理念 [M]. 上海:文汇出版社,2003.

[4] 曹理. 音乐学科教育学 [M]. 北京:首都师范大学出版社,2002.

[5] 伍舟. 识谱教学在小学音乐教学中的重要性研究 [J]. 儿童音乐,2019(9).

浅谈唱歌教学与识谱关系

湖北省黄冈市浠水县清泉镇张家坪小学　陈胜红

摘要：当我们还在摇篮之中的时候，就常常听一些摇篮曲和其他节奏欢快的优美音乐，接受着音乐的熏陶。上学以后，接触音乐的机会越来越多的，课间活动伴随着音乐，音乐课上有美妙的歌声，吃饭睡觉都在音乐的萦绕中，因此如何有效地开展小学音乐教育成了小学音乐教师应该关注的重点问题。

关键词：唱歌教学　识谱教学

伴随着生活质量的提高，人们的生活越来越离不开音乐，不同的音乐可以让人们有不同的感受，甚至能改变人们的心情。

音乐作为一种非常特殊的声音，它的作用非常广泛，甚至能够调节人们的情绪。优美、欢快、愉快的音乐可以使我们的心情舒畅，给人以美的享受；雄壮、激昂的音乐会使人热血沸腾，精神焕发，轻松的乐曲会使人情不自禁地翩翩起舞。[1]

幼儿阶段是孩子们对周围美好事物的认知阶段，是对事物的感知阶段，形态意识占主导阶段，因此，从小培养孩子的音乐能力，不仅能帮助他们冲破思维的束缚，还能激发出他们巨大的潜能，使其健康快乐的成长。

但是通过调查研究发现，孩子们在中小学阶段都有一种现象，很多中小学生喜欢模唱歌曲，特别是有些学生直接模唱歌词的能力是相当强的，但是让他单独唱曲谱他们却感到非常非常困难，甚至有很大部分人根本都看不懂，这是一种相当普遍的现象，也是一种让人看了很着急的事实。

乐谱分为两种记录方法，即简谱和五线谱。简谱是用阿拉伯数字来表示音高的；而五线谱是用音符在五条线（不止五条线）的位置来表示音高。相比较而言，简谱比较简单，让人比较容易学会，而且便于记写音高和音准，所以更多的人愿意用简谱，这对于推动群众性的音乐文化活动起着重要的作用。一般情况下，所有音乐的构成基本要素，即音的高低、音的长短、音的强弱和音色。上述四项构成了任一首乐曲的基础元素。通过分析简谱我们会发现,简谱基本可以将这些基础性元素正确标注出来。因此,简谱看似简单,实则也是比较晦涩的,特别是对于中小学生,先学习识谱无疑会适得其反,让他们对于音乐的兴趣会大打折扣。

我认为好的一堂音乐课,并不是强制性地要孩子们去记住什么内容,而是应该采取各种各样的方法,巧妙地去激发孩子们的学习兴趣和调动孩子们的好奇心。教学中如何调动学生的好奇心,这也是一门特别难的技巧。在教学过程中,教师应根据教学的需要,创设适合的教学情境,不知不觉地把学生带入情境中去。学习识谱知识的过程在音乐教学中是不可或缺的一个重要部分,教师可以把识谱知识的学习与音乐情境活动相结合起来,这样的话,就可以降低学生在学习过程中的难度,同时也可以激发学生的学习兴趣。在教学过程中我常常把一些识谱知识编成各种故事,从而引发学生对已有生活经验的联想,激发学生的求知欲望和学习兴趣。所以,激发学生的学习兴趣是学习任何知识的第一要素。

一、先唱歌,让学生的学习态度变得主动,学习更快乐

初中的孩子和小学的孩子们,他们理解的音乐课与体育课的性质差不多,所以音乐课对他们的吸引力相当高,音乐课甚至还超过了体育课的吸引力。经过这些年的教学,我认为首先应该要让他们开口唱歌,并让他们跟着音乐做一些简单的律动,使他们对音乐在听觉上有初步的印象,激发他们的活力,为后期学习识谱知识做好铺垫。然后让他们欣赏歌曲并感受音乐,从而激发起他们学习音乐的兴趣。

二、后识谱,让学习不再晦涩

通过让学生学习唱歌,教师可以在唱歌的过程中去仔细观察孩子的积极性和参与度,这个时候不能急着融入识谱的内容,而应当是把握好时机,在不知不觉中融入曲谱。

首先,当孩子们熟悉歌曲之后,教师让他们每个人都有一本曲谱,这个时候也并不着急去教,最好是让孩子们自己去看,进一步去激发他们学习曲谱的兴趣。

其次,在上课期间,让孩子们开口提出自己在学习曲谱的过程中所遇到的难题,这个时候老师再依次去解决歌谱中的难点,使他们在识谱时轻松解决难度,让学生真真切切地感觉到识谱并不是很难,从而更加自信,加深对音乐的热爱,这是培养兴趣的关键一环,千万不能着急,否则只会适得其反,导致功亏一篑。

最后,再通过对歌谱的视唱、理解,又反作用于唱歌,使演唱更加完

美。先唱歌后识谱的目的其实就是让学生放下心理的负担，让学生先唱唱歌，用自己的声音去表现音乐，从而激发学生的兴趣，让学生感到这节课是轻松愉快、有所"成就"的，而且有表现自我的空间。然后，教师再指导学生按节奏唱歌谱。唱歌谱时，要求音准、节奏准，一个学生唱完之后，其他同学进行评议，表扬唱得好的学生。这样学生的积极性很快调动起来了。

现在很多学生家长觉得中小学生不喜欢学习，总是认为他们对待学习不积极、不主动，甚至于怀疑这种不爱学习是不是天生的。[2] 其实孩子的学习动力是与生俱来的。回想小时候，孩子们总是问这是什么，那是什么，看到东西就想拿，对外界事物充满了极大的好奇心。可是随着年龄的增长，为什么孩子们的学习兴趣反而减少了？这是我们必须要思考的内容。

唱歌与识谱本是音乐学习过程中不可分割的，我们面对的是中小学生，我们必须本着因材施教的理念，分析他们的行为和思想，探索他们的内心世界，比如，孩子的好奇心是非常重的，他们积极学习他们感兴趣的事物，对不感兴趣的事物比较抵触。因此，先唱歌，后识谱是避免本末倒置，刺激孩子学习识谱的科学路线。

参考文献

[1] 赵裕民. 谈谈音乐电疗 [C]. 中国音乐治疗学会成立大会暨首届学术交流会文献汇编，1989.

[2] 赵云香. 小学生对学习不感兴趣的原因及解决方法 [J]. 学周刊，2013（28）：78-79.

农村中小学合唱训练能力培养和提升策略研究

湖北省黄冈市浠水县第二实验小学　田续敏

摘要：合唱是比较综合的一门歌唱艺术，合唱对于学生的唱歌水平、审美水平等能力都有很高的要求。当前我国的学生合唱教育起步较晚，农村地区设施落后，所以我国农村中小学生的合唱能力急需提高。本文就如何培养提升我国农村中小学生的合唱训练能力进行了分析，希望能给相关教师一些帮助。

关键词：农村中小学　合唱训练能力　培养和提升策略

一、我国农村中小学合唱训练现状

（一）学校设备、场地少、师资力量落后

我国中小学生合唱训练起步本身就比较晚，农村地区相对城市来说，经济发展、教育事业都比较落后，因此农村地区中小学生的合唱训练更是落后，由于经济差距，很多学校并不能提供充足的场地，只能在一些空教室或者一些空地进行合唱训练，设备也不先进，一般情况下只有音响设备。甚至有些学校还会缺乏专业的音乐合唱老师，由一些语数外老师代课，合唱训练只能是老师指挥学生一起唱歌，还有一些学校即使有音乐老师，但专业性不强，不了解合唱训练如何进行，这都导致学生的合唱训练滞后、不专业，学生的合唱都只能是一起唱歌，无法提升水平和专业度，合唱训练对学生的一系列好处自然也无法体现。

（二）学校领导缺乏重视，语数外科目占用合唱时间

在当前应试教育体制下，很多中小学都对语数外科目下了很大功夫，特别是一些农村地区的学校，受地区和经济发展的限制，这些学校为了提高学生的学习成绩，只关注语数外课程，对合唱训练缺少重视，很多时候音乐课、体育课等课程都会被挤占，合唱训练的时间总是被用于补习语数外课程，学生们根本没有时间和机会进行合唱训练，学生的合唱能力自然

无法得到提升。

(三)教师进行训练时未能采用正确方法

中小学生合唱和成年人合唱必然有所不同,中小学生合唱属于童声合唱,但一些合唱训练的教师没有把握到童声的特点以及童声合唱的要点,[1]中小学生都处于发育阶段,嗓音有自己的特点,发音也有自己年龄段的特点,很多老师没有正确把握这一点,一味地让学生合唱,各个声部的安排不合理,长期下来,不仅使得合唱训练结果不好,很可能还会使学生的嗓子受到伤害。

二、提升培养合唱训练的策略

(一)加大资金投入,提升学校训练合唱的设施水平和师资水平

要想能够真正有效地对农村中小学进行合唱能力的训练和培养,有关部门就要加大对学校的资金支持,在农村各中小学建设足够的音乐教室,完善相关的设施设备,为学生进行合唱训练提供硬件基础。[2]同时,为了真正让学生能够了解合唱,真正得到能力的提高,专业的合唱音乐教师的作用是不可忽视的,学校要有充足并且专业的师资力量,对学生的合唱训练进行专业的指导。

(二)加大重视,合理分配学习时间

即使在农村,生活条件可能比较落后,升学的需求可能更强烈,但学校也不能忽视学生审美水平的提高和情操的陶冶的需要。学校领导不仅仅要关注学生学习成绩的提高,也要正视合唱训练是学生接触音乐、陶冶情操的途径之一[3],学生可以通过合唱训练,对合唱艺术有进一步了解,培养兴趣,通过进一步学习后还可能成为其加分项。所以学校领导在分配课程时要合理分配科目比重,语数外虽然是重点,但也要给合唱训练等课外活动分配时间,真正将学生的多方面发展落到实处。

(三)寻找方法,用正确的方式进行教学训练

如果教师进行合唱训练,那就一定要采用正确的合唱方法。不应该一味地对音量提出要求,而要重视学生的放松发声。在进行合唱训练之前,教师要先对学生嗓音特点进行了解,可以根据合唱团学生的特点进行一些呼吸训练,比如胸腹式联合呼吸这一呼吸方法就是比较符合中小学生呼吸特点的方法。教师通过训练这一呼吸方法,可以更好地训练学生的发声。此外,教师在进行学生的发声训练时,不能过于死板,要灵活学习

发声方法,不能照搬其他合唱团发声训练教程。

(四)注重审美能力的培养,多鉴赏学习优秀合唱团的合唱视频

在日常合唱学习训练中,教师可以多找一些优秀的合唱团作品让学生观赏学习,培养学生的鉴赏审美能力,学习优秀合唱团的合唱经验,培养高尚的审美趣味,从而提高自身的艺术素养,让学生经过长期的学习模仿,在潜移默化中提高合唱水平。

三、结语

由于一些农村和城市发展差距较大,人们思想也比较保守,在现在农村的很多方面还远远不如城市,农村中小学合唱团就是如此。本身我国合唱团起步就比较晚,农村地区思想又不先进,很容易忽视中小学的合唱团的组织和训练,因此一些先进教育者和农村中小学的学校领导要对合唱队开始给予重视,农村中小学合唱团的落后会严重阻碍学生全面发展,合唱团对于提升学生音乐素养、促进全面发展具有不可忽视的重要作用。

参考文献

[1] 高翔鹏.分析合唱教学在农村中小学音乐教学中的重要性[J].北方音乐,2019,39(16):148+152.

[2] 王志远.浅谈合唱教学在农村中小学音乐教学中的重要性[J].学周刊,2018(01):169-170.

[3] 崔玉兵.声韵相随 童声飞扬——浅谈农村中小学合唱教学的现状与对策[J].中国校外教育,2014,(22):156.

低段识谱教学趣味"四法"

湖北省黄冈武穴市师范附属小学　徐　青

摘要：音乐课程标准提出，识谱是学习音乐的基本工具。[1]在小学阶段，低段的识谱教学尤其重要，因为学生良好的学习习惯以及浓厚的学习兴趣，都是在这一阶段养成的。教师要科学、高效、有趣地开展识谱教学，切实提高学生的识谱能力。

关键词：低段　识谱　趣味

说起唱歌，孩子们个个都会哼上几句耳熟能详的歌曲。可是如果让他们在音乐课中唱一唱曲谱，原本高兴的小脸，马上就会耷拉下来，立刻没了兴致。识谱已经成为学生学习音乐的拦路虎。他们甚至会觉得我不用学习乐谱，也会唱歌曲啊，为什么要识谱。识谱是学习音乐的基本工具，是学习音乐的重要素养之一。培养识谱能力，能更好地理解音乐、把握音乐，为学好音乐提供持续性促进作用。培养识谱的学习兴趣，应从低段抓起，让孩子从小树立学好识谱的信心。这一知识技能的学习变得生动、有趣、有效，笔者采取了一些策略，趣味"四法"总结如下。

一、演一演 趣识唱名

低年级的学生，以形象思维为主，好奇、模仿力强。初步认识音符可采用游戏的形式直观教学。课堂伊始，教师可把学生分为4个小组，一起唱音符歌，互相问好。

师：欢迎大家来到音乐之家，我是 do do 老师，在这个家园里，还有四个可爱的兄弟，他们是 re mi fa sol，四个小兄弟的家里还有你们这群可爱的小宝贝，让我们互相问好，认识一下吧。

师：我是 do do do

生：我是 re re re（学生分组唱 mi mi mi　fa fa fa　sol sol sol）

师：2/4　1 2 3 | 5 55 | 6 55 |

我 们 是 快乐的 小 音符

通过每节课演唱活泼有趣的音符歌,孩子们不知不觉就认识了唱名,等到学生逐步认识了五个音,再加入 la 和 xi,这样的教学活动为识谱教学打下了坚实的第一步。

二、拍一拍 趣玩节奏

音乐的节奏常被比喻为音乐的"骨骼",也是音乐的基本要素,让学生掌握好音乐的节奏,也是培养识谱能力的关键。在低段教学中,主要注重学生节奏感的培养。

(一)名字游戏

刚刚接触节奏,可以从名字开始。让学生了解自己的名字,原来可以有不同的读法,他们一定觉得特别有趣。

如:两个字的节奏 X X 三个字的节奏 X X X
　　　张 兰　　　　　　李 小 龙

读的时候还可以加上肢体动作拍一拍,增强节奏感。

(二)趣味模仿

教师可用打击乐或肢体动作,在课堂上拍打节奏,学生模仿。

如:师:X X | X X X|　　　生:X X | X X X|
　　　张 兰 你好吗?　　　　老师 我很好

或者教师拍打歌曲的主要节奏型,学生以组为单位接龙,这样的节奏练习既生动有趣,又提高了学生的听力以及学习的专注力。

(三)律动感受音的长短

音乐的时值有长有短,怎样让学生体会到呢?教师可把生活与音乐联系起来,以故事的形式告诉学生,有的音符喜欢慢吞吞地走路,有的"音符宝宝"可喜欢锻炼身体了,不但会走、还会跳,累了还会休息一下。并让学生用肢体动作体验一下音符的长短,在有趣的体验中了解到音符的时值有长有短,进而唱好它们。

三、听一听 趣味巧思

音乐是听觉的艺术。音乐课堂上,低段教学循序渐进地培养学生音乐的耳朵,听音练习是不可缺少的。但是如何让单一枯燥的听音教学变得生动有趣呢?这就可以借助多媒体丰富的视听效果,来提高学生学习的兴趣。如听辨单音练习《小青蛙找家》的游戏:在认识唱名的基础上,学生听音把小青蛙放到适合的家中去,放好后再唱一唱。听辨音的长短练习《马兰花开》的游戏:两个标记长和短的大喇叭花,学生仔细听音的长短,根据提示,找出最长音或最短的音,答对了,大喇叭花就会发出欢呼声并开花,否则就是失败的声音,花也随之凋零。多媒体直观性、生动性、形象性的教学,有效地调动了学生学习的积极性,让识谱教学事半功倍。

四、唱一唱 趣用教材

在识读乐谱中,教师应充分理解教材、吃透教材,变换多种教学手段,变难点为突破口,让学生轻松掌握这一知识技巧。低段教学的模唱要运用好柯达伊手势,帮助学生巩固音高概念,唱好音准。课程标准中提到,可让学生在音乐听觉感知基础上识读乐谱。[1] 让学生在唱熟歌曲后再来识谱,难度就降低了很多,因为学生熟悉了旋律,他的注意力只放在曲谱上就可以,而不用考虑音准节奏的问题。另外在学唱曲谱的过程中,师生也可以采用接龙演唱的形式,老师唱上一句,学生唱下一句,这样既降低了学习的难度,又增强了学生学习的自信心。也让学生了解乐句相同和不同的地方以及这样创作的意义。如在《有个洋娃娃》一课中,学生最容易出错的乐曲就是第4句和结束句尾音的地方。教师让学生分别唱一唱这两个乐句,然后体会一下看到洋娃娃想买和不能买的心情。学生通过演唱,很快感受到 mi 这个音没有结束感,表达的是想买的愿望,而 do 有结束感,表达出下定决心不买的心情。通过识谱对比的演唱,学生很快就唱好了歌曲。

总之,教师应要把握好学生的年龄特点以及认知规律,营造轻松和谐的课堂氛围,回归音乐的本质,让学生充分感受学习音乐的快乐与幸福,把学好音乐树立为终身的向往,让识谱教学不再难。

参考文献

[1] 义务教育音乐课程标准解读 [M]. 北京:北京师范大学,2011.

如何提高小学生唱谱能力

湖北省黄冈武穴市师范附属小学　陈　思

摘要：音乐新《课标》指出：要求学生具有一定的识谱能力,规定了不同学段不同的要求。可是教学中有一个很普遍的现象：在歌曲演唱时,学生演唱歌词的能力都很强,通过教师的范唱、学唱,一首歌曲几遍下来就能演唱出来,而唱乐谱对他们来说却有很大的困难。在课堂上使孩子们感兴趣的往往是唱歌、律动、游戏,一旦让他们识谱,课堂气氛顿时降低下来。那么在音乐教学中如何有效地解决这个问题呢,根据自己的一些教学实践,我认为应该让我们的音乐课从模唱到视唱,循序渐进地培养学生的唱谱能力。

关键词：小学音乐教学　识谱技能　识谱能力

音乐教育是以培养学生审美能力为教学核心的教育,学生审美能力的培养,需要学生在唱歌的过程中,对音乐进行全面的欣赏,在欣赏的基础上用乐器进行演奏,表达出音乐所蕴含的思想感情。教师在注重对学生进行审美能力培养的同时,也要加强对学生实施"双基"教学,识谱视唱也是"双基"教学的重要内容之一,识谱也是音乐教育的基础和前提。培养学生一定的识谱能力,有利于提高学生对音乐文化的认知水平;有利于提高学生的综合音乐素质。对于小学生来说,多样的识谱教学手段可以使他们更快地走入音乐中去,将识谱就变成了一种特殊享受。

一、模唱？视唱？

模唱,即临摹着原事物把你所听到的声音或唱或哼出来；视唱,属于识谱技能,调动学生独立运用视觉、听觉、感觉进行积极思维活动练习识谱。

简单来说模唱是学舌,视唱是看谱直接唱。显而易见,模唱更容易让学生接受,不会要求学生对音符有准确的辨认度,而且在听觉和视觉上不需要同时进行,降低了难度,有了一个更好地过渡到唱谱的过程。

二、从听到唱

对于小学生而言,在没有具备一定的音准和节奏感之前,教师让学生进行视唱是不合理的,这样不仅不利于学生学唱,而且难度太大,学生不易接受,从而厌倦识谱。

音乐教学中,一首歌曲从旋律上更容易让孩子们熟悉,经过一段时间的旋律熟悉的过程,学生对音乐各要素如节奏、音高、力度、速度有一定的积累,这种积累达到一定的质和量时,他们必定从听唱学习走到视唱学习。所以从"听"开始,让学生熟悉音乐旋律,再到"唱",会让学生更容易接受,从而达到提高学生的音乐素养的目的。

花城出版社四年级歌曲《茉莉花》,这是一首耳熟能详的歌曲,学生对旋律朗朗上口,模唱之后,对歌曲的节奏、音准能把握准确,视唱就是一个简单的过程。

三、从唱主题乐句进入作品

一首乐曲都是由各式各样的乐句组成的,被称为主题的乐句都是一段音乐的主要乐句,大都在一段音乐的开头出现。后面的音乐都是它的变化、引申、强调、补充等,它们总的风格是一致的,因此主题乐句最容易被学生模唱出来。

如苏少版四年级音乐欣赏古筝名曲《战台风》,第三乐段"抢救物资"时,乐曲通过主题乐句的变奏重复,形象地描绘出在台风中抢救国家财产的工人们与台风搏斗的画面。通过让学生跟着音乐哼唱旋律,学生能快速找到乐段中的主题乐句并哼唱出来,找到主题乐句之后再看乐谱,他们就能快速地掌握音乐中的节奏型与旋律线,并能准确地演唱出来。在音乐的分析过程中,学生能够从主题乐句的变化中探寻主题乐句的变奏,在模唱的过程中他们感受到节奏、速度、音高以及演奏技巧上的一系列变化,这些难点都通过主题乐句的模唱解决了。在这个过程中学生对整个作品的理解能力又加强了。

四、从比较乐句中找不同

学唱歌谱时,引导学生进行比较,从谱面上找出乐句节奏、旋律上的异同点,从相同的乐句入手,再到不同的乐句找不同,分析节奏、旋律上的变化,学生就会探寻乐谱中的区别,对后面的唱谱起到了关键性的作用。这个过程运用模唱就比较简单,能准确找到歌曲教学中的重难点,而且学生一直占有主导性。

人音版一年级歌曲《牧童谣》,学生对衬词部分特别感兴趣,可是音准不能很好地控制音准,通过比较,他们发现第一乐句与第二乐句前两拍完全一样,可是后两拍的二分音符却变了,通过模唱、画旋律线,学生还会告诉我两个小节的尾音一个是上行,一个是下行,分析出异同点,学生的音准有明显的提高。

五、从乐谱中唱出情感

在演唱歌曲时情感的处理是必不可少的,模唱能有效地模仿歌曲的情感,从乐谱中我们能找到许多音乐符号,如强音记号、渐强渐弱、换气记号、连音记号等,这些都需要在演唱的过程中做到,那么如何让这个过程很自然很有效呢?这个问题同样也可以从模唱的过程中解决。

花城出版社四年级音乐歌曲《西风的话》,这首歌曲在学习过程中加入速度、力度等音乐要素的体验,在学生音准模唱的基础上请学生想象自己是一阵阵西风,用嗓音模仿着风儿慢慢吹过来,风儿由远到近向我们吹来,我们的力度也由弱渐强,气息慢慢地加大;风儿由近到远,力度由强减弱,气息控制着我们的嗓音,学生带着自己想象,体会着风儿吹的感受,以此达到了对作品的表现力。

六、哪些有效的方法进行模唱呢?

(一)模唱单音,提高音准

在"人音版"一年级歌曲《国旗国旗真美丽》教学、模唱练习中,部分学生将第一句前两小节的音高,惯性地延续到第二句,把两句前两小节的音高唱成一样,教师带领学生用"lu"模唱5、3、1这三个单音,让学生观察老师的口型,模仿老师的音高,教会学生放松地聚拢嘴唇,将音保持住并学会循环换气,控制音准。

(二)通过手势,帮助模唱

在小学音乐教学中,教师可以很好地运用"柯尔文手势",借助七种不同手势和在身体前方不同的高低位置来代表七个不同的唱名,在空间把所唱音的高低关系体现出来。"do"的手号在腰的部位,以此类推到高音"do"头部高度的位置。

"人音版"一年级歌曲《布谷》,在这课的教学中借鉴了世界先进教学法"柯尔文手势",辅助音高的模唱练习。在教师指导下"sol"和"mi"音高模唱,学生边唱边做手势,在有趣的练习中让学生对两个音的高低有初步的认识。

(三)模唱乐句,体会情感

模唱乐句可以从孩子们熟悉的儿童歌曲入手,通过累积,学生已经能用手势的表达来进行唱名的模唱,结合手势的提示让学生从乐句模唱到乐句视唱。

人音版一年级《闪烁的小星》是一首经久不衰、学生十分喜爱演唱的歌曲,歌曲的旋律也很上口,有些学生在幼儿园已经学过了,因此,只需要模唱几遍就能基本掌握。

近些年来,随着新课标准的贯彻与实施,全国的小学音乐课堂都呈现出来新的变化,但识谱唱谱一直是音乐课堂教学的重要内容之一,这两者在教学中是相辅相成的。学生只有掌握好这些能力,才能感受到音乐表现手段的丰富与多样化,在今后的课堂中我们应该运用多种教学手段,有效地调动学生识谱唱谱学习的主动性和积极性,引导学生积极参与,才能更好地理解音乐的内涵,丰富他们的人生。

参考文献

[1] 王玉国. 关于小学生识谱教学的探究 [J]. 教育教学论坛,2010(17).

[2] 朱效家. 浅谈儿童音乐教学中的识谱教学 [J]. 音乐大观,2012(5):124-125.

[3] 周彦冰. 小学生音乐素质教育的现状与对策 [D]. 华中师范大学,2012.

[4] 张新闻. 融入乐理基础知识的视唱练耳教学研究 [D]. 哈尔滨师范大学,2013.

浅谈如何提高小学生识谱能力

湖北省黄冈市实验小学　许　可

摘要：识谱能力是学生打开音乐之门的敲门砖，也是音乐教学的一个重要教学内容。歌谱、乐谱是记录的符号，学生学习音乐不懂这些符号，就如同不识字一般。

关键词：识谱　识谱教学

2018年6月15日，为了促进和提升黄冈市音乐教师的专业素质及推进音乐教育事业的发展，黄冈市教科院在黄冈市实验小学举办音乐学科教学研讨会"关注音乐学科素养　让学生轻松学会识谱歌唱"，研讨会开展得非常成功。这次研讨会让全市的音乐老师有机会能够一起学习和交流，在研讨会中我对我校张翠萍老师和谢荟老师的两节精彩的展示课受到很大的启发：

首先，两位老师授课基本功都非常扎实。在教学中不管是范唱和弹奏，都非常专业和流畅。特别是教态亲切自然，具有感染力，对于课堂的掌控能力很强。教学过程衔接自然，教学内容丰富，注重学生的全面发展。

其次，两位老师示范课都紧扣了本次研讨会的主题，将识谱教学融入到课堂的教学中，并且与学生一起完成得非常好。特别是在张翠萍老师的《哆唻咪》这节课上，开始上课的时候，张翠萍老师让一位同学自行演唱歌曲《哆唻咪》，这位同学唱得很欢乐但音不准，后面经过张翠萍老师带领学生学习音乐识谱，大家明显掌握了音准技巧，后来张老师在测试学生掌握情况时恰巧又点到同一位学生上来演唱，这次这位同学演唱得音准非常准，自己也非常自信，由此可以看出识谱教学的重要性。俗话说"授人以鱼不如授人以渔"，教会学生识谱不仅对于学生的音准有很大帮助，更能够让学生自己学会识谱演唱歌曲，同时，还能够减轻老师们一遍遍示范教唱的负担。

最后，我对于自己的教学也进行了反思。在我现在担任的三年级音乐教学中，我也尝试着开始教学生识谱，但是学生识谱学习的效果并不是很好,只有一小部分学生能够做到快速识谱,对于大部分学生来说识谱还是很困难的,那么,如何做到让学生"轻松"识谱呢?

我认为培养学生的识谱兴趣是第一位的。兴趣是最好的老师,教师只有激发学生对识谱的兴趣,学生才能有主动学习识谱的愿望,做到自主学习。对于小学低年级学生来说,学习识谱是十分困难的。他们面对陌生的音乐符号,感到枯燥乏味深不可测,对单调呆板的教学缺乏兴趣,学习起来信心不足。但如果我们采取游戏教学方法,把音乐教学因素和游戏紧密结合组织教学,做到分散难点,化难为易,激发学生积极学习的思维,让学生在"玩中学""乐中学",常能收到较好的教学效果,完成教学任务。具体实施方法如下:

(1)将七个音符根据位置特点编成童谣,让学生记起来更加容易。比如:五线谱,像楼梯。向上高,向下低。中间是 do 中央 C,一线一间把音记。高音向上 mi sol si,低音向下 la fa re。

(2)结合童话故事《白雪公主和七个小矮人》,将每个小矮人分别起名叫哆哆、唻唻、咪咪、发发、梭梭、拉拉和西西,让学生来扮演这七个音符,根据名字记音符来激发学生的兴趣。

(3)手指游戏。将五根手指当作五线谱,分别是一线、二线、三线、四线、五线,两根手指之间分别是一间、二间、三间、四间,用一个圆环在手指中套圈,让学生在游戏中认识音符。

让学生轻松识谱还有很多方法,教师需要不断思考和实践,我相信只要努力一定会让识谱问题变得越来越简单!

通过这次研讨会,我学到了很多,也收获了很多。在今后的工作中,我会不断提升自己的教学水平,为成为一名优秀的音乐老师而努力!

让孩子快乐识谱
——浅谈我的小学音乐识谱教学

湖北省黄冈市黄州区考棚小学 曾若影

摘要：识谱教学一直以来都是小学音乐教学的基础教学，是音乐课堂的重要内容之一，对于我和我的学生来说也至关重要，下面，谈一谈我的小学音乐识谱教学。

关键词：音乐识谱 成长规律 教学顺序

识谱教学是小学音乐教学的重要内容，一直以来在音乐学习的过程中起着至关重要的作用，对于小学的孩子来说，听几遍歌曲，让他们哼唱出其中的几句旋律很简单，但若希望他们能够准确地唱出每个旋律、每个音高，对他们来说就会有些难度。

在我的音乐课堂教学上，我时常能听到"五音不全"的学生们，他们对音乐特别的喜爱，他们时常也会"迷之自信"演唱，听着从他们嘴里唱出的一句句"有趣"的旋律，便激发了我要引导他们唱准每一个音、唱准每一句旋律的决心，因此从我的第一堂课开始，我便带着我的"音乐小火车"快乐地上路了。

一、小学音乐识谱教学的必要性

在新课标分学段的内容标准"课程目标"中，"识读乐谱"这一要求里明确提出1~2年级学生要认识简单的节奏符号；能够用声音、语言、身体动作表现简单的节奏；能够用唱名模唱简单乐谱。3~6年级学生要能用已经学会的歌曲学唱乐谱；结合所学歌曲认识音名、音符、休止符及一些常用记号；能够识读简单乐谱。因此我们从新课标中可以看出，小学音乐识谱教学的必要性和重要性，但在教学内容的安排上，我们应该从学生的年龄特征和心理发展规律入手，要符合学生们的成长规律，讲求循序渐进，从感性入手，让他们在学习的过程中，爱上音乐、爱上识谱。

二、提高小学音乐识谱教学的趣味性

（一）精心设计教学过程，激发学生兴趣

在我的课堂中，我把教材中的每一首歌曲形容成一列开往大草原的"小火车"，学生是指挥长，拍号是火车头，每小节是车厢，节奏型是座椅，旋律是乘客，指挥长需要指挥并陪同小火车一起安全地行驶。有了这列"小火车"的出现，学生都变得特别地期待上音乐课，而我在上课时也会在讲台最显眼处放一个火车小玩具，用它来提示学生们，你是本节课的小主人、小列车长。当学生的学习兴趣提升了，课堂上他们就更加乐于参与到教学中，音乐识谱学习在我的课上也不再是难点，而是一种乐趣，更激活了学生们的学习智慧。例如在《国旗国旗真美丽》这一课中，旋律的第一个音是"sol"，为了让学生能唱准第一个音，我会先给同学们介绍一个新朋友——小狮子，拿出玩具模型，告诉他们这个小狮子爱说话，总是说说说，所以我叫他"sol"，而且他还特别的高大，喜欢住高房子，所以他住在第五层楼……我用这样的方式带领学生们学习"sol"的音高，记住他的音高，自然地学生们就产生了兴趣，也会记住"sol"的音高，为后面的学唱歌曲和音乐识谱打下基础，真正地让他们带着兴趣来快乐学习。

（二）先学歌曲，再来识谱

在常规的教学模式中，老师都是让学生先学习识谱，再来学习唱歌曲，学生认为识谱难，不会唱谱，没有信心，渐渐地会打消学习兴趣。而我在这种顺序教学中做了一下调整，我想既然学生们都喜欢唱歌，我就满足他们，让他们先学会唱歌曲，再来识谱。而这种先入为主的方式对学生来说，更容易接受一些，也更容易掌握一些，让他们在听觉上有了一定的掌握度之后再来识谱，他们也会更有信心一些，识谱速度也要快一些。当然，有的歌曲节奏、旋律比较简单，也可以让学生尝试着先识谱，再歌唱。总之，先识谱再歌唱，或者是先歌唱再识谱，都是根据歌曲自身的难易度在调整，遵循灵活运用、循序渐进的原则。

（三）唱对了音，再来学节奏

准确地演唱歌曲的节奏，是识谱的重难点，但在课堂上，我把它放在教学中第三个环节，因为，学生在前面的两个环节里对节奏有了一些掌握，单独再把节奏拿出来讲授、巩固、强化，反而更容易掌握。我也会运用生活中比较形象的语言来教授节奏型的学习。例如，四分节奏型我让他们用"走"字来读；二八音符节奏用"跑跑"、四十六音符节奏"快跑快跑"、前八后十六节奏"跑快跑"、前十六后八节奏"快跑跑",前附点节奏我让学生用"知了"前长后短的语气来读、切分节奏用体育课上用的口号中间长两边短的"向右转"来读。在休止节奏的教授中,我跟学生们玩"走跑停"的游戏,让他们在游戏中感受休止符"停"这个四分休止节奏。通过这种方式教授节奏型,我可以让学生在掌握节奏型的正确读法之后,再转换到歌曲中,学生们觉得简单有趣,也更加积极地学习音乐识谱。

综上所述,在小学音乐教学中,识谱教学起着举足轻重的地位,在我的教学过程中,我也走了不少弯路,但更多的是让我坚定了让学生们自己学会识谱的信念,我想,只要我对每一位学生用心教学、循序渐进地培养、从兴趣入手引导、遵循学生们的成长规律,必然会迎来他们日后音乐识谱之路的春天。

浅谈如何在初中学校乐队中培养学生的识谱能力

湖北省黄冈市启黄中学　王　萧

摘要：学生在成长的过程中要不断地学习新的知识，不断地完善自己的各项能力。根据学生德、智、体、美全面发展的要求，学校也会组织各种各样的兴趣小组，促进学生综合素质的提升。本文就创设情境、科学教导以及鼓励创作三个方面进行探讨，旨在通过合适的教学方式使学生在学校乐队的训练中能够不断地提高自己的识谱能力和音乐水平。

关键字：识谱能力　创设情境　科学教导　鼓励创作

学生在学校乐队学习音乐的过程中，要熟悉各种各样的乐谱，掌握这些乐谱的基本规律，这样学生才能不断地提高自己的音乐水平。教师在引导学生学习乐谱的过程中，应该充分发挥学生的主体作用，根据学生的实际情况进行教导，使学生在严格的训练中逐渐提高自己的识谱能力。

一、创设情境，激发兴趣

学习乐谱知识是一件相对比较枯燥的事情，许多学生学到后面会比较懈怠。教师应该加强学生的训练，严格督促学生，但是同时教师可以为学生创设有趣的情境或者设计灵活的教学方法，降低学习的难度，使学生在相对比较宽松的氛围中进行练习，这样会提高学生的接受能力，学生能够在良好的环境中逐渐提升自己的识谱能力。

为了使学生更好地接受识谱教学，教师在乐队教学的过程中可以先降低学习内容的难度。比如教师在引导学生学习乐谱之前，可以先找几首传唱度比较高的歌曲给学生听。就像《义勇军进行曲》，这是每一个学生都会唱的歌，教师可以给学生发《义勇军进行曲》的乐谱，然后教师唱一句，让学生在乐谱上找出相对应的旋律，这样学生就能够比较快地熟悉乐曲中的高低音、长短音了。为了使学生更好地投入到乐谱学习中，教师还可以让学生自己投票选出几首最受欢迎的歌曲，然后将这些歌曲的乐谱发给学生，让学生将音乐的旋律与乐谱中的规律对应上。教师采用灵活的教学方法,创设有趣的教学情境,使学生在学习乐谱的时候能够以比较容易的姿态投入进去,吸引学生的兴趣,这样会使学生在练习识谱的过程中充分调动自己各方面的能力,最后提高学生的音乐水平。

二、科学教导,因材施教

教师在引导学生认识乐谱的过程中,一定要了解学生的实际水平,在了解学生实际水平的基础上,因材施教,才能够帮助学生更好地夯实音乐基础,逐渐进步。同时教师在乐队教学的过程中,还要充分地钻研乐谱中的规律,在指导学生的时候,由简入难,循序渐进,一点一点地提高学生的识谱能力。

教师在引导学生认识乐谱时,可以先选择一些比较简单或者学生耳熟能详的歌曲,这样学生在根据音乐的旋律对应乐谱的过程中,会很快掌握其中的规律。然后根据学生的掌握情况,教师可以逐渐增加乐谱的难度,使学生在不知不觉中逐渐提升自己的识谱能力。除此之外,教师要认真了解学校乐队中每一个学生的具体能力,这样才能够更好地制定教学内容。同时对于一些识谱能力比较差的学生,教师可以给学生量身定制,像给学生推荐一些比较简单的乐谱,让学生从最基础的部分学起,在平时就能够练习,这样可以帮助学生打好基础,促进学生能力的提升。对于乐谱中的难点,教师可以分步骤地进行教学,并且重复地练习,通过认真细致的指导,使学生掌握乐谱中的难点。教师通过科学的方法指导学校乐队中的学生认识和学习乐谱,有利于学生清晰地认识自己的水平,并且根据自己的水平进行练习,激发学生的自信,促进学生识谱能力的提升。

三、鼓励创作,加强实践

教师在引导学校乐队学生学习乐谱的过程中,要鼓励学生自己进行创作。这不是要求学生必须达到能够创新甚至更高的层次,而是为了让学生能够将自己学习到的乐谱知识应用于实践,这样可以帮助学生巩固学习到的乐谱知识,使学生能够熟练地运用乐谱知识,从而提高学生的识谱能力。

教师在学校乐队训练学生的识谱能力时,要多鼓励学生进行创作和改编。学生的创作和改编是检验学生对于乐谱掌握程度的一种手段,因此创作和改变的作品不需要多么惊艳,而是能够将乐谱知识合适地融入旋律中,从而体现学生的识谱能力。教师可以组织一些活动,鼓励学生进行创作和改编,比如每周组织一个乐谱创作活动。最开始的时候教师可以要求学生只创作一个小节或者对借用原有的乐谱进行改变,之后可以鼓励学生自己创作作品,在这个过程中,教师可以将学生划分成不同的小组进行讨论,共同创作,也可以设计竞争比赛,充分挖掘学生身上的潜力。教师通过鼓励学生进行创作和改编,使学生在实践中应用学习到的乐谱知识,加深学生对于乐谱知识的掌握,提高学生的识谱能力。

总之,为了培养学校乐队学生的识谱能力,教师应该根据学生的实际水平,设计出比较灵活的教学方法和教学活动,循序渐进地教授学生乐谱知识,使学生在夯实基础之后逐渐提高自己的能力;鼓励学生自主创作,使学生在应用识谱知识的过程中增强对知识的掌握,促进学生音乐水平和识谱能力的逐渐提高。

参考文献

[1] 胡礼妃. 如何在音乐教学中培养学生的识谱能力 [J]. 基础教育研究,2012(8):47-48.

[2] 黎小玲. 如何培养初中生的识谱能力 [J]. 中学教学参考(27):66-66.

浅谈小学低年级识谱教学

湖北省黄冈市黄州思源实验学校 程 珍

摘要：《音乐课程标准》第四部分——实施建议中指出：乐谱是记载音乐的符号，是学习音乐的基本工具。这要求学生具有一定的识谱能力，有利于进行音乐表演和创造等教学活动。在小学低年级的音乐课上，结合课程标准，除了以听唱为主的唱歌课外，我们还应该让学生认识简单的乐谱，在乐谱的帮助下学习更专业的音乐知识。低年级的学生活泼好动，对于相对枯燥的乐谱知识，他们很难坐下来认真听。这就要求老师要下功夫，启发调动学生学习的积极性，千方百计想出各种"招数"来引导孩子们学习乐谱知识。

关键词：音乐审美 识谱 音程感知力

新课标对低年级（1～2年级）的识读乐谱要求是：认识简单的节奏符号；能够用声音、语言、身体动作表现简单的节奏；能够用唱名模唱简单乐谱。从心理的角度对识谱（视唱）的过程（主要是音高的训练）进行分析，视唱有三个心理过程：

第一，视觉反应的过程，即用眼看乐谱（识别音符）的过程；

第二，听觉反应的过程，即从听觉的印象中"检索"出相应的音高的过程；

第三，是动作反应的过程，即指挥发声器官或其他动作器官进行唱或奏的过程。当然，这是我们对视唱过程的心理分析，这三个方面是一个不能分开的过程。

上述三个方面当中，视觉反应（第一个过程）基本上属于智力的范畴，与其他过程相比较，它对学生来说是比较容易掌握的。课堂中，我采用多种形式的游戏法，帮助学生认识音符，识别音符的唱名和时值。

如：游戏"送鱼儿回家"，我将乐谱写在各种色彩鲜艳的金鱼卡片上，游戏开始后，学生唱出"金鱼"身上的简谱，小金鱼就可以回到鱼缸里快乐地畅游了。

让学生掌握音符的唱名（1 2 3 唱 do re mi），这些都属于知识方面的快速反应，对于小学生的智力发展水平来说并不困难，稍做说明和练习就能够掌握。动作反应（第三个过程）的前提是听觉印象（第二个过程）是否已经熟练地建立起来。课堂中我利用柯达伊手势，帮助学生进行音阶练习和音高训练，培养音准能力，有效提高音符教学效果。我在一年级第一学期音乐课中有意识地让学生开始认识音符，有计划地让学生分阶段认识、学唱音符。一节或几节课中只要他们掌握一个音符即可，循序渐进学会七个基本音。在认识的过程中让他们用柯达伊手势表示每个音的位置（do 握拳朝下，拳放腹部下方位置。re 手指伸出斜向左上方，手放腹部上方。mi 手掌朝下，放在胸下方。fa 拇指向下手上移至胸上方。sol 手背朝外放锁骨处。la 手腕自然下垂放耳朵下方。si 食指向上指太阳穴位置。）手势及位置的变化更形象地让学生感受音的高低，帮助学生唱准音高。

此外，还可利用网上下载的《唱简谱》卡通视频增加学生学习的乐趣，在课堂上我用《新年好》《小毛驴》《洋娃娃和小熊跳舞》等进行反复练唱歌谱。孩子们在练唱中熟悉了七个音高的相对位置，记住了他们喜欢的歌曲的乐谱。他们在家人和伙伴之间展示自己的学习成果，大大的提高了学习乐谱的兴趣。我在小学低年级阶段用听唱法进行唱歌等教学，在听唱的过程中大力进行"唱名音程感"的训练，为今后的识谱做好准备，打下良好的基础。

识谱教学要符合音乐学习的规律。小学低年级从感性欣赏积累音乐的节奏感和音高感，通过听唱法学习唱歌，用模唱唱名的方法学习唱谱，有了大量的感性积累，就能比较牢固地建立起唱名音高感，为以后的识谱教学打下基础。这种积累的根基在于兴趣，兴趣是学生学习的动力，没了兴趣不利于音乐审美教育的实现。这是二十一世纪音乐课程改革的一个重要的新理念，在实践这一新的理念中我进行了大胆的尝试。

根据个人教学九年的经验，结合新课标的理论，我总结的理论如下：

一、抓"黄金期"夯实基础

对于小学低年级的学生而言，他们的听辨能力和音乐记忆力在快速发展。作为音乐教师我们要帮学生们抓住这段音乐学习的"黄金期"，为其对音乐的感知力打下夯实的基础。

一年级、二年级学生的专注力有限，思想难以长时间地集中，这就要求教师在教学中要不断地想办法。我根据各班孩子的性格特点，编创不同的律动游戏，在教学中寓教于乐。让学生在游戏中提升对音乐感知力，在游戏中认识音符、识记歌词、理解音乐情感、掌握音乐技巧等。

如,"花城版"小学音乐教科书二年级下册第10课,我采用和同学们做照镜子的游戏的方式,让同学模仿旋律的强弱,感受音的长短。同时,为提高学生的兴趣,我根据两段歌词编创了不同的律动。歌词的内容和动作是相符的,孩子们在轻松的律动中也记住了歌词,真是一举两得。

二、演奏器乐,训练节奏感

众所周知,旋律与节奏都是音乐语言的重要组成要素,但节奏可以脱离旋律而单独表现,因此为降低小学识谱教学的难度,可采用节奏先行的方式。在用柯达伊音乐教学法的实践中,我重点强调学生用节奏作为音乐的一条中心线来引导学生来熟悉旋律。孩子们在我的音乐课堂上先用手拍节奏、再用身体的动作来演奏乐曲的节奏,这样既降低了音乐的难度,又在节奏的带领下学到了音乐的精髓。

如,在教授"花城版"小学音乐教科书一年级下册第三课中的《十个小印第安人》时,我带上柯达伊音乐教学小乐器:沙锤、双响筒、三角铁及纸杯、中性笔等小工具,一一演奏让学生听听哪几种小乐器更像打鼓的声音。在学生听出声音像打鼓的乐器我们就对歌曲的重要节奏进行练习。不仅让学生用耳朵去听,更重要的是去领悟歌曲的节奏。我还让学生从生活中寻找一些较有特点的节奏型,把节奏数字融入他们最熟悉的情境中,让他们零负担地学习。

三、攻破难点、快乐的识谱

在整首歌曲中,有些乐句旋律较难一些,学生不易掌握和学习,如果教师把这些部分加以重点讲解和练习,突破难点后再进行全曲视唱歌谱,就能收到事半功倍的效果。我将歌曲的重点节奏找出来,先练唱重点节奏,等掌握了之后再全曲识谱练唱。

总之,识谱教学在小学低段音乐教学中起着举足轻重的作用,是所有音乐活动的基础。作为一名音乐教师要明确识谱教学的重要性,积极探索更适合的教学方法来教授识谱,使学生的识谱能力不断提高,为以后的音乐教学打开最重要的一扇门。

参考文献

[1] 杨旦妮. 循序渐进, 有的放矢——小学分学段音乐识谱教学的方法 [J]. 中国音乐教育, 2018 (4).

丝竹悦耳　琴瑟沁心
——《民乐合奏》选课走班课程探索与实践

湖北省黄冈中学　华　珊

摘要：音乐教育对一个人的成长起着不可低估的潜移默化的作用，有着特殊的素质教育功能。"民乐"是中华民族文化的瑰宝，是人类文化传承的重要载体，是人类宝贵的文化遗产和智慧的结晶。教师让学生经常接触优美纯洁的民乐，可以净化思想、陶冶情操，形成高尚的品德，也可以开发智力。

关键词：民乐合奏　选课走班　探索　实践

民乐课程是我校音乐教育的一个特色，也是学校素质教育的一个重要组成部分，在学校活动中占有重要的地位。自 2015 年学校开设民乐团以来，已经有多个成品节目和演出活动，这些交流活动不仅能丰富乐队学生的课余文化生活，还能使更多的孩子和家长们认识民族音乐，了解民族乐器。在民乐团，学生们学习民乐艺术、感受民乐文化、陶冶艺术情操。民乐学习对于学生来说，既是很好的音乐实践，又能促进知识向能力的转化，而民乐演奏对于激发学生学习音乐的兴趣、提高对音乐的理解、表达和创造能力等方面都有着极为重要的意义。

一、传统音乐教学的弊端及不足

受传统教育体制和观念的影响，当前音乐教学科研不足，教学观念陈旧，教学模式缺乏创新，学生对民族音乐的不重视使学生对音乐课丧失兴趣，民族音乐在学生中的宣传处于不断滑坡状态。

（一）应试教育的冲击，学生的学习兴趣不浓

流行音乐推波助澜，各种媒体播放流行音乐所占比例较大，民族音乐的比例较少，使得很大一部分学生趋之若鹜，中学生一代追星族与歌迷越

来越多,而民族音乐的爱好者却越来越少。青年学生对民族音乐知识可以说了解甚少,说不出几种民族乐器的名称,叫不出几位中国民族音乐家的姓名。

(二)教学形式单一,学生的情感参与和审美体验被动、机械

在音乐的感受与鉴赏中,教师准备了许多民族音乐音响资料,整堂课让学生欣赏音乐作品。这种教学形式单一的课型不符合普通教育的音乐教学原则。教学形式单一的民族音乐欣赏课不利于学生的音乐素质全面发展,使学生在教学进行过程中处于一种被动的听觉参与和思维参与的地位,而长时间的被动状态会使学生对音乐课失去兴趣。学生们常说的"我们喜欢音乐,但不喜欢音乐课。"根据调查,欣赏课教学形式单一的,也是学生们不喜欢音乐课的原因之一,它会造成学生心理疲劳和兴趣抑制。

(三)过于依赖电教多媒体技术,忽视教师自身的人格魅力

在音乐的感受与鉴赏过程中,过多地依赖电教多媒体设备和技术,教师就成为播放这些音像资料的机器。师生之间的交流少了,互动少了,丧失了教师在教学中的主导地位和在学生心目当中的地位,对于构建和谐的师生关系和创设融洽的课堂氛围是极其不利的;同时,这严重违背了音乐的审美教育价值。

面对困境,黄冈中学立足现实,从学生的身心发展规律出发,着眼于兴趣教育与民族文化传承,确立了坚持走选课走班教学模式,开设民乐选修课程,以扎实的课堂教学予以保障,实现学生艺术技能和品格修养的双丰收。

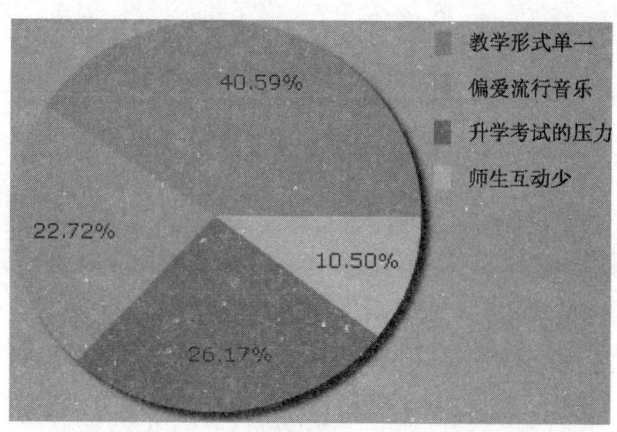

图1 学生对民族音乐兴趣不浓的原因

第三部分：教师素质提高及中小学各种课堂教学模式的探究

表1 《民乐合奏》课程总目标

民乐合奏
1. 学生通过民族音乐知识的学习，对中国民族音乐的发展有所了解，知道常用乐器的名称、结构、演变过程以及各种乐器的代表曲目和名家介绍；同时掌握琵琶、古筝、二胡、竹笛等民族乐器演奏的基本技能，培养学生自信、自然、有表情地演奏。学习过程中激发学生对其他民族文化的学习兴趣，积极参与文化传承
2. 通过对民乐知识的学习，培养学生欣赏美、表现美、创造美的能力，获得尊重、关怀、友善、合作、分享等人文素质；养成健康的审美情趣和生活方式，开发学生智力潜能，促进学生个性完善和发展
3. 倡导完整而充分地聆听民乐作品，使学生在音乐审美过程中获得愉悦的感受与体验；启发学生在积极体验的状态下，充分展开想象。根据中小学生的身心特点，从音乐基本要素入手，通过模仿，积累感性经验，为音乐表现和创造能力的进步发展奠定基础。学习过程中，提供开放式、民主式的学习情景，激活每个学生的学习兴趣和探求欲望，培养学生良好的合作意识和群体协调能力，使每个学生的才能和智慧得到充分发挥

二、立足现实，开发适合学生的民乐课堂教学模式

针对音乐课堂形式单一、缺乏创新等问题，学校通过一系列研究与总结，开发出更加符合学生实际情况的教学方式。

（一）依据课标，切合实际，设定教学目标

根据《普通高中音乐课程标准（2017年版）》[1]的理念和要求，结合学校民乐发展的现实需要，学校确定民乐课程的教学目标：即提高学生民乐审美能力，陶冶高尚情操；培养学生民乐兴趣，树立终身学习的愿望；学习民族乐器的基本演奏技法，提高学生的民乐实践能力；培养学生爱国主义精神，尊重民乐艺术，弘扬民族文化。

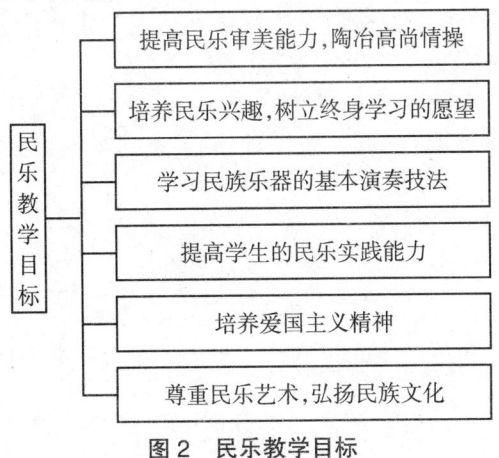

图2 民乐教学目标

（二）分组指导，分层教学，发展兴趣特长

民乐选修课的课堂教学，按乐器类别划分学习小组，实行分组指导。在各组中则实行分层教学，对年龄差异较大、学习水平不同的学生，教师应选用不同的学习内容和方法，在训练要求上有所区别。学生学习民乐应建立在兴趣之上，通过引导、启发、鼓励、点拨等方法增加趣味性，注重民乐教学与歌唱、舞蹈等姊妹艺术相结合，弓法、指法的严格训练与唱谱子、讲故事、做游戏、小组比赛、小规模演奏等多种学习方式相结合，做到宽严相济、张弛有度、循序渐进，在浓厚的兴趣氛围中逐步强化教学效果。

（三）加强实践，重视体验，开放教学形式

学校努力保障艺术选修课的教学设施与活动经费，购置了大批训练器材，并维护这些器材的正常使用。积极为学生创设艺术实践的机会，有计划地组织学生参加大型演出活动。例如，每年的元旦晚会、文化艺术节活动，特别是民乐选课走班的同学们在"第33届全国中学生物理竞赛决赛闭幕式暨颁奖典礼"艺术表演中的精彩表现，充分展现了黄冈中学名校风采和学生的青春活力，受到了领导、专家的高度评价及家长的赞誉。学生通过参加一系列的演出实践活动，切身体验成功感，自信心得以提高。

（四）机制保障，评价引导，师生同步发展

学校将选修课教师纳入教师成长计划，实行校本培训制度、目标责任制度和严明奖惩制度，通过制度引导与激励教师积极达成预定的教学目标，同时实行等级考核与管理，开展多元化评价，使学生长期保持对民乐学习的兴趣与持久动力。

民乐合奏课程的评价由过程性评价和考试评价两部分构成。其中过程性评价由平时上课出勤、课堂表现、演奏作品和综合实践活动构成；考试评价主要是指期末考试，包含理论考试和元旦文艺演出两个部分。根据不同基础的同学制订不同的教学计划，完成单项教学计划、不旷课可获得B以上的成绩。

通过采取以上措施，教师保障了音乐课堂教学的完整性和创新性，提高了学生的学习积极性，学生参加音乐选修课时，校园里琴韵悠扬，笛笙和鸣。有基础的学生温故习新，娴熟自如；无基础的学生一招一式，有板有眼。猛听得锣鼓铿锵声骤起，又欣闻大珠小珠落玉盘，低回处令心悱恻，澎湃时激人畅扬。

表2　考试评价要求

项目	评价方式
考试评价	平时成绩(20%)+期末试卷成绩(30%)+民乐合奏艺术专长晚会成绩(50%)
考评要求	（1）全班同学合奏一首曲子 （2）古筝有基础的合奏1~2首曲子 （3）古筝没有基础的合奏一首曲子 （4）琵琶没有基础的合奏一首曲子 （5）二胡合奏一首曲子 （6）笛子有基础合奏一首曲子 （7）笛子没有基础的合奏一首曲子 （8）一个琵琶有基础和一个古筝有基础的合奏一首曲子

三、让学生在音乐课堂上自由发展

民乐课堂使传统音乐艺术走入了学生生活，让学生的艺术素养得以提高。参加了民乐艺术学习的学生，普遍养成了认真严谨、吃苦耐劳、团结合作、自信自强的良好作风，并将此优点自觉迁移到在校学习的各项活动之中，学生的识字、阅读、写作、口语交际、创新等方面的能力也得到了提升。[2]

有家长在致学校的反馈意见中写道："参加了大型演出给予孩子们的不仅是一个展示过程，更体现了团队合作的精神。对现在的独生子女来说，团队合作本身就是一种教育，让他们懂得个人力量固然重要，只有团队的合作才能达到气势恢宏的境界。感谢学校，感谢老师！"

"在这样的学校里，孩子不仅能受到艺术熏陶，而且还提高了写作水平和语言表达能力，提高了综合素质。"

"孩子六七岁开始学古筝，初中开始学古琴。刚进学校时，孩子弹奏古琴的技术还不是很成熟，但是很有天赋。加入学校民乐团后，她每天至少要花两三个小时练习。器乐练习的进步也让她的文化学习更有信心，今年考上了大学，还要感谢学校和老师对她的正确培养！"

对于学校开设民乐课堂，学生家长好评不断。而学校学生也在学习的过程中收获颇丰。

学生通过民族音乐知识的学习，对中国民族音乐的发展有所了解，知道了常用乐器的名称、结构、演变过程以及各种乐器的代表曲目和名家介绍；同时掌握了琵琶、古筝、二胡、竹笛等民族乐器演奏的基本技能，能够自信、自然、有表情地演奏。学习过程中激发了学生对其他民族文化的学习兴趣，积极参与文化传承。

通过对民乐知识的学习，教师培养了学生欣赏美、表现美、创造美的能力,获得了尊重、关怀、友善、合作、分享等人文素质;养成了健康的审美情趣和生活方式,开发学生智力潜能,促进学生个性完善和发展。完整而充分地聆听民乐作品,使学生在音乐审美过程中获得愉悦的感受与体验,使每个学生的潜在才干和能力得到充分发展,激活每个学生的学习兴趣和探求欲望,培养学生良好的合作意识和群体中的协调能力。[3]

参考文献

[1] 普通高中音乐课程标准(2017年版).

[2] 罗冬生.论民族器乐合奏课对学生综合艺术表现能力的培养作用[J].艺术教育,2008(7).

[3] 潘青峰,杨玲洁.论器乐合奏对学生综合素养的培养[J].艺海,2015(6).

浅析小学音乐教学中学生创新能力的培养

湖北省黄冈市东坡小学　谢　鸽

摘要：音乐是一门抽象性、自由性、模糊性很强的艺术。该学科音乐教育在培养学生的创新思维方面具有独特的优势，培养学生的创新能力要更新教学方法，摒弃传统的单一教学方法，以学生的想象能力、创新思维作为教学契点，大胆尝试新的教学方法，通过活泼的课堂教学、创新意识训练、实践活动的开展，提升学生的创新能力、想象能力。

关键词：想象力　创新　音乐教学

爱因斯坦曾经说过，"想象力比知识更重要，因为知识是有限的，而想象力概括着世界上的一切，推动着进步，并且是知识进步的源泉。"音乐是一门内涵丰富、表现力极强的艺术形式，它通过抒发人的内在情感、培养人们的想象力、创造力。教师是创新型人才的直接培养者，学生创新能力培养的好坏，直接关乎教学成果的优劣，因此，创新能力在小学音乐教学中学生的培养非常重要，在提高音乐教学质量过程中起着决定性的因素。

音乐是一门抽象性、自由性、模糊性很强的艺术，给人们提供了丰富的想象与联想空间。音乐艺术在表演、欣赏、创作等方面均体现了作者的创造意识、独创精神，因此，音乐教师在培养学生的创新思维方面具有独特的优势，培养学生的创新能力要更新教学方法，摒弃传统的单一教学方法，以学生的想象能力、创新思维作为教学契点，大胆尝试新的教学方法，通过活泼的课堂教学、创新意识训练、实践活动的开展，使学生在创新能力、想象力方面有了质的提高，激发了学生的学习热情，开发了学生的创作潜能，从根本上提高了音乐课堂的教学质量。

音乐作为一门艺术课程，无疑也揭示了自然规律与艺术本质之间的联系。随着人们对音乐领域认知程度的不断加深，在音乐教学中学生的创新能力也逐渐被人们高度重视，这里不仅仅是音乐教学工作者的职业洞察力需要提高，广大家长和小学生的重视程度也需要提高。因此在小学音乐教学方法上的创新和创新思维训练显得尤其重要,以前我们总是将音乐课堂教学和学生创新能力的培养割裂开来,但越来越多的事实证明,这种传统的方法是不可行的,我们需要不断地更新教学方法,将学生的创新能力摆在首位,不断推进创新人才的培养力度,将音乐课堂教学和创新思维训练结合起来。我们有必要及时适量地在课堂教学中补充或者更新这种教学方法,让学生获得新的知识,从而拓展学生的创新思维,另外在音乐课堂教学中和课前预习中,也要强调这种交融性的教学方法,要求教师与时俱进,不断丰富教学方法、更新教学内容,实践与理论相结合,传统与创新相结合,从而进一步提高教学效果。在具体的课堂、课外教学中,要处理好以下三对关系,使之相辅相成、相得益彰。

一、节奏练习,提高学生的感悟能力

节奏是音乐的骨骼,是学生通向音乐之门的第一步。音乐在生活中无处不在,无处不有,因此我们要教会学生观察生活、留意生活,在生活中发现音乐美,感受音乐的节奏。语言便是音乐节奏最基本的来源之一,语言中含有微妙、生动、丰富的节奏,因此,教师在课堂教学中可安排适当的语言教学,进行词语、短句的训练显得尤其重要,以训练学生对音乐节奏感的把握。如在教音乐节奏的某个内容时,可以让学生说出自己最喜欢的人或者最喜欢的事物,有的学生说,我最喜爱的人是爸爸、妈妈、姐姐、奶奶,有的同学则说,我最喜爱的事物是西瓜、滑板车、青蛙等,这样可以训练他们对节奏感的把握。这种教学既浅显易懂又容易把握,学生易学老师易教,能取得比较理想的教学效果。

二、发声练习,提高学生的协调能力

选择适当的发声练习对培养学生的兴趣,正确调整自己的发声状态非常重要,其实只有掌握正确的发声方法,并具有浓烈的学习兴趣,以后的教学才能顺利开展。

在音乐教学的初始阶段,首先是要教会学生正确的发声姿势,纠正学生容易犯的错误,将学生仰头、挺胸过高、弯腰过度、肌肉紧张等错误的发声姿势纠正过来,不良的发声姿势既影响发声器官的正常发挥和声音的流畅性,形态上也不雅观,在这一阶段的训练要注意,教师找一些有趣味的乐曲,并配合一些小动物的动作,使课堂教学变得更有趣味。

其次是要掌握正确的呼吸方法。正确的呼吸方法是现在广为流行的胸腹联合呼吸,吸气时空气进入口鼻、气管,肺部随之膨胀,胸部有向上伸展的感觉,在进行呼吸法训练时,可以模仿儿童的思维方式展开丰富的想象进行教学。

最后是要让学生掌握一定的唱歌技巧,将正确的发声姿势、发声方法和呼吸方法结合起来,通过适量的训练使学生掌握常见的发声技巧。为了激发学生的学习兴趣,教师可以指导学生模仿小动物的动作,利用一定的手势语,绘声绘色地表现歌唱中声音的特点。

三、创编活动,提高学生的动手能力

随着教学不断深入开展,渐渐地要让学生学会编唱小段的音乐,开始可让学生编唱简单的音乐,学生刚开始学习编唱可能存在畏惧心理,觉得编唱音乐是遥不可及的事情。其实,教师可让学生先指出一段已编排好的节奏,再加上音高先唱出来;或指定一段已编排好的音高,再加上节奏唱出来;也可为指定的音编制节奏按"接龙"的方式唱出来;还可以按特定的音乐形象或故事情节来选择乐器或按特定的音区演奏出来。

如果说音乐是一种有声无形的艺术形式,而舞蹈是一种有形无声的艺术形式,那么将两者结合起来"边唱边跳"则是艺术心灵与艺术表现的结合。将艺术情感表现与动作表达高度融合,"边唱边跳"在音乐课中是小学生非常喜爱的一种训练方式,我们要多利用这种训练方式提高学生的创造思维与创新能力。

综上所述,在小学音乐教学中教师通过节奏练习、发声练习和唱编活动,并将三者有机联系起来,充分调动学生学习的积极性,不仅能培养学生的学习兴趣,挖掘其创造性思维,提高他们的创新能力,也能提高他们的审美能力、协调能力和动手能力。司汤达说,"一个具有天才的禀赋的人,绝不遵循常人的思维途径。"高尔基也说道,"如果学习只在模仿,那么我们就不会有科学,也不会有技术。"由此可见,创新思维的发掘与创造能力的培养是何等的重要。教师应在音乐教学中以培养学生的创新能力为基点,不断拓展新的教学方法。

运用柯达伊教学法 提高学生音乐能力

湖北省黄冈市黄州西湖中学　林桂芳

摘要："柯达伊教学法"是匈牙利作曲家、音乐教育家柯达伊·左尔坦经过长期教学实践而创立的音乐教育体系，在识谱教学、歌唱教学方面有许多好的经验。在音乐教学中，我们可以立足课堂教学目标，科学运用柯达伊教学体系提高学生音乐能力。

关键词：柯达伊教学法　识谱教学　歌唱能力

柯达伊教学法是目前我国中小学音乐课堂广泛应用的教学法之一。他以活跃的歌唱活动作为教学的中心任务，提高了学生的音乐能力，温润了学生的心灵，促进了儿童的智力和情感的平衡发展。

一、借助柯尔文手势进行识谱教学

匈牙利音乐教育家约翰·柯尔文首创的"音阶手势"是柯达伊教学法的重要组成部分，是教师和学生之间进行音高、音准调整的身体语言方式。"它借助七种不同形状、高低变换的手势，形象、具体地把看不见、摸不着的七个基本音级音高变成了有实际高度的"音阶手势"，便于学生形成正确的音高概念"。[1]

柯尔文手势在学生初期识谱教学中作用非常大，由于可以边唱边随老师一起律动，深受学生喜欢。在单声部或多声部视唱教学中，教师引导学生用柯尔文手势把旋律线变成手在体前的"舞蹈"，不仅吸引学生的注意力，还能让学生很快记住实际音高，提高了学习效率。

二、运用多种游戏手段培养学生节奏感

柯达伊教学体系有着独特的记谱方法。除二分音符和全音符以外，其他音符都省略符头记谱。四分音符读 ta，八分音符读 ti，♩.♪读 ta-m-ti，它比我们平时单纯用 da 念节奏辨识度高，更容易提起学生的兴趣。此外，柯达伊教学法针对少儿学习的特点，将许多教学活动贯穿于游戏之

中，在游戏中学习，在游戏中成长。

（一）音乐游戏中开展节奏教学

音乐游戏是柯达伊音乐教学中最常用的一种教学形式。在低年级音乐教学中，教师带领学生走走跑跑、或跟着音乐的节奏做慢走、跑、不准动等动作，帮助学生掌握四分音符、八分音符及休止符，同时体会音乐及速度、力度的变化。高年级音乐教学《开火车》，进行的是节奏传递游戏：四拍或更多拍节奏，后一位同学在前一位同学的后背击拍，依次传递给第一位同学，然后请第一位同学打出节奏。还有用身体打节奏：2/4 x x∣x x x ∣x x x x∣x -∥。四分音符：跺脚，八分音符：拍手，二分音符：晃动身体。师生共同配合，既培养学生节奏感，又提高学生学习的兴趣。

（二）朗诵歌谣中学习节奏

歌谣和歌曲一样，也有节拍、重音和节奏，也有声调的轻重、快慢、高低的变化，也可以根据内容设计动作、组织游戏。在音乐教学中借助儿歌、童谣，我们既可以发展学生基本音乐能力、感知音乐要素(力度,节奏)，又在教学中贯穿了传统文化教育。如我们熟知的儿歌《小老鼠上灯台》，可以帮助学生很快掌握八分音符、四分音符。

小老鼠，上灯台，偷油吃，下不来，叫妈抱，妈不睬，叽里 咕噜 滚下 来。
2/4 X X X∣X X X∣X X X∣X X X∣X X X∣X X X∣X X∣X X∥

又如儿歌《过家家》：可以帮助学生理解并掌握切分节奏。

小妞妞，抱娃娃， 欢欢 喜喜 过家家
2/4X X X∣X X X∣X X X X∣X X X∥

（三）二声部节奏训练，为合唱教学的学习奠定了基础

我国新课标从初中音乐教学开始就对学生的合唱有了一定的要求，在此之前让学生进行一些简单的2/7、3/4、4/4、6/8拍二声部节奏练习，可以预先让学生了解声部融合的重要性，解决声部均衡问题，为合唱教学打下了良好的基础。

（四）节奏创编训练

在学生掌握了基本节奏后，就可以让学生尝试自己创编节奏，实践证明，学生对于这种创造性活动非常感兴趣。我们可以先从基础好的同学开始创编一个四小节节奏让其他同学模仿，节奏型不限，然后换人进行。大家熟悉规则后逐渐加大难度，如分组创编节奏，四人一组，第一位同学创编第一小节节奏，第二位同学在第一位同学节奏上继续创编，直至第四位同学完成全部节奏创编。

三、借助多种游戏手段培养学生内在听觉、专注力

柯达伊教学法提倡借助多种手段深入探究音乐的内涵,不断发展学生对于音乐本身的理解,注重学生在实践体验中加强听觉培养。

(一)猜谜游戏

通过学生不出声默唱音高,培养学生的内在听觉。教师利用声势让学生猜谜唱出旋律。教师可以全部用声势唱出一个乐句,也可以选取音乐片段中某一个音进行声势教学,如:12 31 |(声势)。教师还可以打节奏或用 La 念(唱)出歌曲旋律片段,学生猜歌曲名称。

(二)旋律接龙游戏

旋律接龙,可以是一首乐曲中主题句全班同学的接龙,也可以是几个人几个音的角色扮演。如将一首歌进行角色表演,将乐曲中的音进行分工,甲乙丙丁等(一个乐曲几个音就由几位同学共同完成)分别唱旋律中出现的音,共同完成一首乐曲旋律。例:

$$6\ 7\ |\ 1\ 7\ |\ 1\ 7\ 6\ |\ 6\ 7\ 1\ 7\ |\ 6\ 6\ \|$$
甲乙 丙乙　丙乙甲　甲乙 丙乙　甲 甲

这种练习类似于传统视唱教学中音程模唱练习,贯穿于学生专注的角色扮演中,可以从简单的二、三度旋律音程开始,慢慢加深难度,循序渐进地提高学生的听力。

(三)乐句接龙游戏

一两个乐句,每个学生依次唱一个音进行接龙,或者老师指向哪个学生,哪个学生就接龙。如在歌曲《让我们荡起双桨》中,指定 6、3、5 为接龙音,老师指向哪个同学哪个同学就唱指定音,既培养了学生专注力,又训练了学生音准。

四、在合唱中培养准确的歌唱能力

人声是世界上最美的乐器。柯达伊教学法重视歌唱,更重视合唱中的歌唱,认为"合唱最具有影响和促进音乐文化发展的功能"。合唱教学也是我国初中歌唱教学重要组成部分,对学生的音准、节奏等音乐素养、师生的配合都有一定的要求,经过一定时间的训练,可以培养合唱队成员之间的协作意识。

(一)教师良好范唱的重要性

我们的歌唱学习都是从模仿开始的,互联网虽然给我们带来了许多便利,但教师良好的范唱能带给学生更直观的感受,并理解如何获得良好的发声。例如进行 a 母音发声训练时,我一再强调口腔像大口咬苹果样,

上下打开,使声音集中、竖起来,但效果不佳,后来我现场进行了正确和错误的两种声音范唱,学生很快明白自己的问题所在,在进一步的示范讲解歌唱要领之后,学生终于唱出了理想的声音。同时,在教师的范唱中,学生还能模仿老师声音控制(呼吸、速度、力度等的处理),潜移默化地提高学生准确的歌唱能力。

(二)采用卡农式歌唱作为多声部合唱基础

"卡农就是我们经常说的轮唱,是相同的旋律在不同时间、不同声部的模仿,是复调音乐的一种形式。"[2]虽然卡农式歌唱的两声部旋律相同,但由于第二声部延迟出现,要求学生在唱好自己声部的同时,还要去听辨别的陌生的声部,对学生的音准、内心听觉及声音的控制都提出了新的要求,学生兴趣浓厚。在训练轮唱初期,教师要特别强调学生声音的控制,注意声部的融合,避免出现喊唱。

(三)循序渐进地进行合唱训练

合唱队员能力的提高不是一蹴而就的,必须循序渐进地进行。在初期合唱课堂进行二声部合唱练习时,我们可以选择节奏、旋律简单或者学生熟悉的歌曲,借助"音阶手势"来进行练习。如初中教材里面的二声部练习曲《雪绒花》,小学已经学过第一声部,在课堂上我们的重点就放在了二声部。学生具备了一定的二声部合唱能力后,就可以尝试挑战三声部、四声部的歌曲。

总之,如何让学生真正长久地喜欢音乐课堂,并掌握一定的歌唱能力,柯达伊的教学理念、教学方法起到了很好的引导和启发作用。让我们继续积极实践和反思,打造好民主、创新的音乐课堂,为培养喜欢音乐、懂音乐、全面发展的学生而努力。

参考文献

[1] 杨立梅.柯达伊音乐教育思想与匈牙利音乐教育[M].上海:上海教育出版社,2011.

[2] (加)洛伊斯·乔克西著;赵亮,刘沛译.柯达伊教学法[M].北京:中央音乐学院出版社,2008.

新课改形势下高中音乐鉴赏课中落实课标的路径

湖北省黄冈市黄州区第一中学 刘艳菊

摘要：本文主要以新课改形势下高中音乐如何落实课标的路径为重点进行阐述，结合当下高中学生音乐实际学习情况，首先分析新课改形势下高中音乐鉴赏课程教学现状，其次从引进多元文化、开展对比教学模式、注重情感渗透，吸引学生注意力，强化学科的融合，提高学生鉴赏能力几个方面进行深入说明和探讨，旨在为相关研究提供参考资料。

关键词：新课改　鉴赏课程　教学路径

在改革开放背景下，高中时期的音乐教学活动出现了巨大的变化，教育事业的发展逐步得到人们的广泛关注。基于素质教育理念，音乐课堂教学的改革十分必要，以往教学模式无法跟随时代的发展而创新，所以高中音乐教师一方面要注重学生个性成长，另一方面培养学生良好的学习习惯，促使学生全面发展。针对新课改条件下高中音乐鉴赏教学的创新路径，笔者给出以下的相关分析与建议。

一、新课改形势下高中音乐鉴赏课程教学现状

高中阶段是学生学习生活比较紧张的时期，师生往往会集中注意力学习基础理论知识，淡化音乐课程的教授，以至于音乐鉴赏教学时间少之又少，甚至被其他课程代替，学生没有树立音乐鉴赏学习意识，势必会降低音乐鉴赏的学习效果。[1]在诸多的高中音乐鉴赏课程中，教师总会忽视学生中心地位，总是指定相应曲目要求学生倾听，之后给学生介绍曲目的创作背景，没有给学生选择作品的权利，导致学生学习兴趣不足。以上这些现象降低了学生对音乐鉴赏课堂的参与程度，不利于学生音乐鉴赏水平的提升，在此情况下，需要教师采取相应的手段完成鉴赏课程的教学创新。

二、新课改形势下高中音乐鉴赏课落实课标的有效路径

（一）引进多元文化，开展对比教学模式。现阶段国际交流逐步密切化，文化沟通逐步频繁，多元文化潜移默化地存在于社会上的每一个行业中，在一定程度上影响到高中时期的音乐教育发展。多元文化给音乐鉴赏课程带来全新的生机，并丰富了教学生活，扩展了学生音乐知识面，促使学生在有限的时间内获取更多的音乐文化。本质上多元文化在各族人民风俗基础之上交互形成，对于鉴赏课程，教师要掌握多元文化的本质，[2]巧妙借助多元文化宣传我国传统文化精髓，促使学生充分地体验与尊重传统文化，树立多元文化的思想意识。此外教师可以开展对比教学模式，所谓的对比便是按照对照的形式明确事物异同关系的一种思维过程，音乐作品的丰富性，受到音乐作品表现手法与风格的影响，所以教师要引导学生全方位地了解音乐内容，挖掘音乐情感，对比音乐的体裁以及人文背景等，发展学生音乐评价技能，也就是组织学生深层次感悟音乐内在，从而陶冶学生情操。

比如《独特的民族风》教学中，教师便可以给学生扩展多元文化，播放多个民族的代表歌曲，促使学生深入地分析民族歌曲内涵与表达技巧，丰富学生知识面，在对比与互动的形势下找到民族风的独特之处，加深学生对音乐的理解与掌握。

（二）注重情感渗透，吸引学生注意力。音乐自身存在传递情感的作用，所以高中音乐教师在鉴赏课程的教学中，要想巧妙地落实新课改理念，便需要注重情感的渗透，充分地给学生传递自身情感。比如教师要做好引导者，鼓励学生自主收集和音乐创作相关的资料，掌握音乐创作背景，树立学生积极向上的精神。[3]与此同时，兴趣作为学生最好的教师，在鉴赏教学中，组织学生以小组为单位进行鉴赏活动，挑选音乐中的某一个段落，对其进行细致的分析，筛选关键词句，深入领悟音乐歌词与歌曲，陶冶学生情操，进而在鉴赏学习中培养学生音乐素养，强化高中音乐的教学有效性。

（三）强化学科的融合，提高学生鉴赏能力。新课改条件下高中音乐教师可以对不同学科进行融合，音乐中涉及的和声、节奏、旋律以及绘画中涉及的线条、诗歌等相互关联，围绕某一个学习主题，强调课堂学习的主题，采取多样化的手段完成教学目标。在鉴赏能力的培养上，教师要按照实际情况，以生动形象的方式为主，给学生引进风琴中音区、低音区以及高音区的乐曲片段，适当加深音乐学习深度，增加学生对音乐的喜爱，使其自主地参与鉴赏活动。

比如《标题性交响曲的诞生》的教学，是以组织学生领悟音乐情绪和浪漫主义音乐风格是课堂的重点内容，所以为了增强音乐欣赏课程的教学影响力，教师可以适当引进绘画内容，给学生呈现交响曲的产生背景，以形象的图片吸引学生专注力，帮助学生构建完整的学习体系，深入走进交响曲的世界中，接下来教师可以带领学生细致地分析音乐情感，挖掘浪漫主义风格的特征，更多地吸取内涵与精髓，由此推动新课程理念的实施。

三、结语

综上所述，新课程理念下，高中音乐教师要关注鉴赏课程的开展，树立鉴赏教学的目标，了解学生实际学习情况，调动学生学习积极性，丰富学生视野，进而不断促进学生综合能力的提升。

参考文献

[1] 罗俊斌. 在高中音乐教学中有效实施素质教育的探究 [J]. 新课程（中学），2017（7）：10-11.

[2] 苏雨忻. 新课程标准下如何打造高效的高中音乐鉴赏课 [J]. 新课程，2018（36）：258-258.

[3] 马婷婷，刘远，刘建磊等. 高中音乐鉴赏和地方民歌的传承与普及的策略研究 [C].《教师教学能力发展研究》科研成果集（第十六卷），2018.

小学音乐乐理知识教学中微课的运用

湖北省黄冈黄州区东门学校　孙文慧

摘要：本文基于我国当前要求的教育信息化的思想，对乐理知识与微课教学的相关资料进行归纳整理，旨在将微课融入小学乐理知识教学之中，通过微课的合理应用，注重从实际出发；因地制宜设计微课，保证乐理知识重点突出、少而精细；构建系统的微课设计，重视微课教学反馈效果。

关键词：乐理知识　教学　微课

本文将乐理知识与微课结合起来，通过一系列的案例分析，推动小学乐理知识教学的科学化与效率性，从而为具体的实践提供理论指导，促进我国小学音乐教育整体水平的提高，为其他音乐教学内容应用微课提供指导。

一、小学音乐乐理知识教学中微课应用要合理

（一）从实际出发选择乐理知识微课课题

虽然利用微课能够使教师在乐理知识教学过程中更为轻松，有利于学生更形象地认知乐理，但并非所有乐理知识课程都适用微课这一形式。譬如在讲解"重音记号"这一音乐表情记号时，因为知识点的数量较少，且教师能够通过简单的对比轻松地传授给学生，学生也较为容易接受知识点，因此不需要花费更多的精力制作相关微课。

（二）合理地将微课应用在乐理知识课堂教学中

一般课堂完整教学过程分为课堂导入、新课教学、归纳总结、课后作业四个环节，微课教学同样应当如此。在乐理知识的传授中，课堂环节——新课教学是传授知识最关键的环节，因此如何运用短短几分钟的微课将乐理知识生动形象地讲解清楚显得尤为关键。以讲解四分音符、

八分音符知识点为例,在制作微课时,教师可以将"四分音符"比作"走","八分音符"比作"跑跑",然后设计不同节奏,让学生演出来。这样的设计不仅将知识点用非常浅显易懂的方式讲清楚了,而且还有真实有趣的音乐小游戏示范。在真实课堂教学中,教师可以首先创设情境引入课堂,随后利用多媒体进行乐理知识的教授,按照微课中音乐小游戏的玩法在课堂上开展音乐活动,巩固所学知识。然后要求学生们总结各种节奏型,最后搭配练习使学生知识理解更为深刻。

二、乐理知识微课设计要因地制宜

(一)乐理知识微课内容设计要重点突出

将微课应用到乐理知识教学中,一定要保证乐理知识的重点突出。譬如对于"力度记号 f"和"力度记号 p"这两个知识点,教师可以设计《力度记号》这一微课形式。但由于力度记号的内容多样,为了符合小学生的认知程度并且紧扣教学目标,教师只需要对四种核心记号即"p、mp、mf、f"进行传授,其他力度记号带过则行。

(二)乐理知识微课教学知识量讲解要少而精

将乐理知识与微课结合起来,除了要保证知识点的重点突出,还需要确保其少而精细,而不能仅停留在知识讲解的表层,没有达到鞭辟入里的效果。譬如在《贝多芬》这一课的讲授中,由于内容过多,一节微课难以将所有的知识点精细讲授,这就需要教师选择其中最重要的知识点进行深入讲解,使学生能够理解最重要的知识点的深层意思,这样不仅保证了知识点的条理性,也能够使学生不承担过重的学习压力,对于知识点的掌握也更加深刻。

三、乐理知识微课设计要系统

(一)注意知识点的系统性讲解

在对乐理知识微课设计的过程中,要保证知识点的系统性,统筹各方面的要素,既要确保知识点符合小学生的认知情况,又要保证与微课的结合达到教学目标的要求。譬如在《认识音阶》这一知识点中,以《音阶歌》为教学案例,教师应当要更系统地帮助小学生观察图谱,教导他们学习并歌唱身体音阶歌,来保证不同认知水平的学生都能够有效地学习到知识点。在知识新授完毕之后,教师也需要花费一定的课堂时间帮助学生对上节课知识点进行系统梳理,从而能够形成更有效的记忆,并且与新学习的知识点联结起来。

（二）微课教学效果反馈要及时

教师在利用微课进行教学之后，要通过一系列的随堂检测或者是课后作业的形式分析学生们在课堂中的学习效果，教师要根据学生们的微课学习效果来调整知识点的传授。譬如《四二拍》知识的传授中，教师可以在微课中要求学生回顾上节课学习的四二拍知识，然后利用多媒体播放歌曲，要求学生进行辨别以及拍号的实践，从而将理论与实践有效结合起来，不仅能够使学生的学习更为具体深刻，还能够根据学生的表现获取微课的教学反馈及时对授课内容进行调整。

四、结束语

本文通过将微课与小学乐理知识教学有效结合起来，形成系统性的研究。微课在乐理知识教学中的应用，要求教师基于教学总目标以及学生的实际认知水平，才能将微课更好地应用于乐理知识教学之中。通过微课的合理应用，教师能够注重从实际出发；因地制宜设计微课，保证乐理知识重点突出，少而精细；构建系统的微课设计，重视微课教学反馈效果。

参考文献

[1] 程晓星."微课"教学模式在音乐学专业教学中的应用[J].艺术评鉴,2019（18）：111-112.

[2] 何宽.微课在音乐教学中的实践研究[J].小学教学研究,2019（21）：60-62.

立足素养培养　情满音乐课堂

湖北省黄冈市罗田县实验小学　石桂红　刘　芳

摘要：在小学音乐教学课堂中，教师应改变传统的教学观念，顺应学生们年龄的特点和性格，创新音乐知识的教学模式，立足于学生音乐素养的培养，设计并开展科学合理的音乐活动，让学生们在音乐活动的参与过程中，形成愉悦的心理，充分激发学生们对音乐学习的兴趣，营造积极活跃的课堂教学氛围。

关键词：改变　创新　营造

我既不是"追星族"，也不是什么"粉丝"，但"我家大门常打开，开放怀抱等你……"这首《北京欢迎您》却时刻在我耳边萦绕，在我心底吟唱，因为它与我产生了情感上的共鸣，唱出了我对音乐课堂教学的认识和真挚的情感。音乐是人类情感的速记，音乐是情感艺术，情感是音乐之魂，在音乐表现中占据着主要地位。在音乐教学过程中，通过对音乐的情感体验，才能实现音乐教育"以情感人、以美育人"的目的。音乐课作为基础教育的有机组成部分，由于应试教育的存在和影响，面对繁重的学业负担，大多数学生虽然喜欢音乐但不喜欢上音乐课，导致音乐教学陷入"两难"的境地。有一些音乐教师为了完成课程任务而教学，缺乏一种责任意识和长远眼光，没有从根本上对学生进行音乐情感的培养。如何才能培养中小学生的音乐情感，让他们在学习之时，逐步走上亲近音乐、热爱音乐直到学会音乐的"康庄大道"呢？新课程理念强调指出："兴趣是学习音乐的基本动力，是学生与音乐保持密切联系、感受音乐、用音乐美化和丰富人生的前提。"将人的情感、意志因素提高到新的高度来理解、把握和要求，从而为课程改革目标调整了明确的价值取向。音乐教师要努力把自己打造成一个情感使者，在学生和音乐作品之间搭建起一座情感的桥梁。课堂教学中，教师通过音乐的优美旋律和丰富形式来触摸学生情感，敲打学生心灵，营造一个多情的乐园，师生在无限欢乐中探索音乐天地的奥秘；在音乐的艺术氛围中感悟人生；在唱和情的交融中完成音乐课堂教学任务；在学习过程中关注学生的成长体验；立足于学生音乐素养的全面提升。真正做到了"情与情"互动，"爱与爱"交融。

一、爱心示范　点染师生深情

在音乐课堂中，我不断变换自己的角色，成为孩子中的一员，扮演"主持人"与学生结成"合作伙伴"，和学生一起活动，成为孩子心中的"大朋友"。同时让他们来当"小老师"，他们是"爱的使者"。学生们交流时，亲切的语言，和蔼的态度，赞许的点头和真诚的话语，仿佛是"美的化身"。整堂课学生始终处于一种轻松愉快的学习之中。在音乐课堂中，美妙的音符成了沟通师生情感的使者，学生获得人与人之间的美好真情的感染与体验。就是因为有了这群"爱的使者""美的化身"，让我真正理解了音乐作为最富情感的艺术，不是让学生唱几首歌，认识几个音符，而是培养出有创新精神，主动探索创造表现的下一代，这就要求教师放下架子，平等地融入学生之中，做他们的朋友，关注他们的发展，宽容孩子的缺点，放大孩子的优点，让每个即使资历平庸的孩子也鲜活起来。有一次音乐课，听辨音的长短，刚听完公鸡叫和小鸡叫，一个男孩就举手告状了："喻文滔说石老师是公鸡，我们是小鸡。"引起全班同学哄堂大笑，因此，我的教学思路突然被打断，也有些恼火，本想置之不理，但全班学生齐刷刷地看着我，等待我的反应，等待我的批评。但想到那群"爱的使者""美的化身"，我马上动情地说："如果能拥有你们这么一群可爱的小鸡，我愿意是公鸡，天天带你们捉虫，做游戏。"一时间课堂上一片寂静，学生都眼亮亮地看着我，一种温馨感悄然而生。我趁机接着问："如果老师是公鸡，你们愿意做小鸡吗？""愿意"！学生发自内心地回答，于是教学自然而然地过渡到了下一个环节：模仿公鸡和小鸡的叫声。那节课学生注意力特别集中，思维非常活跃。因为老师爱的表白，使他们情绪始终处于积极状态。爱是互动的。如今我走到哪里，学生就会靠近我，围着说个不停，令其他课任老师"嫉妒"与羡慕。因为学生觉得我不仅是音乐老师，而且是他们可亲近的、爱他们的老师。而我常常深情地说："是音乐课堂，点燃了我们师生的真情。"

二、丰富资源　体验人间温情

人的情感最富感染力，一件伤心的事、愤慨的事、开心事，都能给人带来感情上的变化。在以往的传统教学模式中，我为了让学生形象感知音乐材料，一会儿背对学生在黑板上用粉笔拼命书写，一会儿打开录音机，一会儿律动，一会播放课件，手忙脚乱，忙得不可开交，这样既费时又乏味。在现在的音乐教学中,我常利用优质的音乐资源,课前把自己所需的资源进行搜集,课堂上按照教学程序得心应手地把资源播放,创设情景让学生多体验,既节省了时间又避免了学生注意力的分散,增加了课时容量,提高了课堂效率,创设了体验的时间和空间。使学生的情感世界受到感染和熏陶,在潜移默化中建立起对亲人、对他人、对人类、对一切美好事物的挚爱之情。

在教学《鲜花爱雨露,我们爱老师》时,正值教师节来临之际,第一课时,我让学生在《鲜花爱雨露,我们爱老师》乐声中,亲自动手制作一张小卡片或小礼物,去问候往日自己最喜欢和尊敬的老师,并记住老师当时说的话。第二课时,我播放了歌曲《鲜花爱雨露,我们爱老师》,让学生回忆自己看望恩师的情景。同学们争先恐后地举手回答,我听到了很多很受感染的言语,看到了一双双被打动的眼神。情不自禁地,我也和着《鲜花爱雨露,我们爱老师》的乐声,给学生简要讲述了我和恩师的小故事,师生共勉。再次播放《鲜花爱雨露,我们爱老师》,师生一起轻声哼唱、熟悉旋律、学唱歌曲、感受歌曲。很自然地进入了下一环节教学——情感升华,我深情地为同学们朗诵了《长大后我就成了你》。课堂上每一个人都听得很认真,我提议请几个学生朗读,一下子教室里举起了许多只手,挑选一位又不能满足其他学生的表演欲望,我灵机一动,何不来个"友情连接"。我让同学们手捧课本坐得端端正正的,在美妙的背景音乐中,我动情地开了头"小时候……"边朗诵边走到学生中间,轻拍其中某一人肩膀,他(她)即起身深情地接着朗读。就这样,音乐流淌着,每个学生都专心地富于表情地看着歌词,体验着情感,谁都有可能随时被邀请进入"友情连接",谁都不甘心自己会因为不投入不专心而断了连接。这不正是我所希望的吗?

三、网络开放 流露学生真情

在网络无处不在、信息发达的年代,音乐课最大的优点是可以以网络教室为中心,自主学习、师生互动。网络环境下的教学活动中,学生是学习的主体,在学习中具有主观能动性。学生心随乐动,自由参与到音乐教学之中,让学生自由地表演歌唱,尽情地参与,给了学生充分的自由活动和展现自我的空间和机会,让他们的思维活跃,身心都动起来,展现自己真实的情感。如在一节欣赏古诗歌曲《村居》时,课前我运用相关的网站资源,制作了一个《古诗新韵》网页并公布在学校的网站上,内容包括古诗新唱、古诗配画、古诗动画、学校电视台有关学古诗节目等。同时他们也可以在其他网站上搜索与古诗有关的内容,自己进行编辑,对老师的网页进行补充,或者在上课的时候与其他同学进行交流。在这次课上,师生之间是朋友,是合作伙伴,都主动投入音乐,真情流露。

　　总之,在小学音乐教学课堂中,教师们应立足于学生音乐素养的培养,改变自身传统的教学观念,顺应学生们年龄的特点和性格,创新自身音乐知识的教学模式,设计并开展科学合理的音乐活动,让学生们在音乐活动的参与过程中,形成愉悦的心理,充分激发学生们对音乐学习的兴趣,营造积极活跃的小学音乐课堂教学氛围,把音乐课堂变成一个丰富多彩、生动活泼、充满爱意、充满生机的多情乐园!让学生在这个"多情"开放乐园里,有"美的体验、美的探索、美的熏陶、美的享受、美的成长",就像《北京欢迎你》中唱的那样"拥抱过了就有了默契,你会爱上这里……"那时肯定会"情"满音乐课堂,全面提升学生核心素养!

中小学音乐教师声乐素质谈

湖北省浠水县特殊教育学校　徐冠林

摘要：教师素质是全面推进素质教育的基本保证,音乐教学质量的高低关乎着素质教育质量,那么提高音乐教师的专业能力就成为教育界关注的重点。音乐教师歌唱素质结构应具有多面性和对应性。作者依据自己专业特性以及现在对人才的要求,认为中小学音乐教师声乐素质应包括专业素质、教学能力素质、个人素质。

关键词：教师声乐素质　专业素质　教学能力素质　个人素质

习总书记在全国优秀教师代表座谈会指出:"推动素质又快又好发展,培养高素质人才,教师是关键。"由此可见,教师素质是全面推动素质教育的基本保证。现代教育对教师声乐素质的要求具有多面性和对应性。本文作者依据自己专业特性以及现在对人才的要求,对音乐教师从专业素质、教学能力素质以及个人素质等方面加以探讨。

一、专业素质

（一）要具有正确的歌唱观念和掌握科学演唱的能力

1."善歌者使人继其声,善教者使人继其志。"卡鲁索指出:"音乐教师虽不是歌唱家,但必须是正确的歌唱者,以便以实际方式给学生示范正确的发声方法。"[1]声乐学科不同于其他学科,它不具备直观性,它是一门抽象的学科,所以音乐教师的主导作用比其他学科显得更为突出,学生对老师的依赖性因此是很强的,如果教师演唱观念不正确,没有掌握正确的演唱方法,那么教学难免会陷入"盲人骑瞎马"的境地。比如,关于共鸣的问题,大家知道混合共鸣是歌唱发声的原则。有些老师从理论上知道并没有真正掌握,唱低音时让学生只用胸腔共鸣,声音厚重而压抑,唱中音时只用咽腔共鸣,音色单薄而苍白,唱高音时只用头腔共鸣,声音尖锐而刺耳。拥有正确的歌唱观念,具有良好的歌唱能力是现代音乐教师专业素质的基本要求。沈湘先生说:"老师教学生,老师得先明白,老师明白了,教的学生才能明白。"[2]

2. 掌握正确歌唱理念,用美的声音进入艺术的歌唱。教师如果能掌握良好的演唱技能,用唯美的声音诠释作品,那么这样就会起到"教育榜样"[3]的作用。这便将声乐理论转化成了直观效果的画面,就会使教师的这一素质内涵发挥举足轻重的作用。

(1)社会学习理论认为,学习是通过不断地观察和模仿他人,经由不断地练习、内化、认同,最终掌握技能的过程。因此教师的"模型"很重要。教师的正确演唱示范,用尽可能具体的声音形象引导学生,唤起学生的歌唱欲望,激发学生的学习热情。

(2)威恩斯坦因(C. E. Weinstein 1978)等人的研究表明,"在记忆动作型式、动作组织等方面进行策略性指导,对学习是非常有益的。"[4]

(二)要有个好耳朵

歌唱教学这门艺术主要通过听觉来进行,歌唱中的绝大多数问题只能说是一个梗概,更具体的就要靠听觉去把关了。沈湘先生讲:"耳朵里没有分辨各声的标准,对细微的变化之好坏、对错能否分辨是决定教学成败的关键。"[5]教师必须凭借自己有经验、敏锐的好耳朵准确分辨学生演唱时的一些情况,并能及时准确地纠正学生的错误,教师如果没有好的感知能力,耳朵不灵,辨别不清,就不知道方法往哪用,就有可能会把学生带进"死胡同"。

(三)能正确判断嗓音

每位学生的嗓音结构和性格都有不同,应对他们的类别做出判断。在学生学习的认知阶段,学生对自己的声音定位是很模糊的,教师应耐心指导,让学生对自身的声音有个正确的意识,一副良好的女中音硬要去训练成女高音是极其不科学的。

教师应该是正确方法的维持者,必须了解发声器官的一般生理特征,同时必须为学生的利益而充分熟悉声音的科学性,对年龄、性别、身体发育情况、病史、声音高低、歌唱状态、声带、腔体、呼吸能力、性格特征等诸因素,进行综合分析和判断,找出决定或影响其嗓音产生的关键特征以及存在的发声潜能。[6]

(四)语言能力

音乐语言和文学语言的融合构成声乐艺术作品,文学是音乐的内容,音乐使文学进一步升华,歌词是声乐作品的核心,旋律和演绎是它的扩展补充,所以,语言能力在声乐艺术中是不容忽略的。

声乐艺术要求"字正腔圆、字正腔纯、字领腔行。"[7]语言是学习声乐的基础。奥波伦斯基则认为:"完好的读字就意味着良好的歌唱。"[8]由此可见语言能力是多么重要,美国声乐教师标准要求"精通英语,并且发音清晰、准确,掌握至少三门外语(意、德、法)"。[9]

(五)应具有较强的舞台演唱能力和钢琴伴奏能力

(1)较强的舞台演唱能力可以使学生对歌唱的方法的理解和对作品深层次把握由抽象变为直观,可以使教学更具有魅力,更令人信服。

(2)教师想上好歌唱课,好的钢琴伴奏能力是不可缺少的,好的钢琴伴奏可以让学生从中得到启发和灵感,让学生感受到作品情绪,从而更好地发挥声乐作品。

二、歌唱教学能力素质

为了使学生具备通过嗓音表达思想感情的艺术表现能力,充分发展学生潜能,使其发声器官具有歌唱所要求的协调与耐力,我们对以下教学方法进行了探讨。

(一)教学方法

(1)音乐教学法。音乐教学法是指歌唱教学中以音乐为手段,进行声音调节、歌曲处理的教学方法,如:用跨度稍大的音阶练习,有助于扩展音域;用跳音的练习可锻炼声音轻松、明亮、集中,用大跳音程练习可以练习喉头的稳定等。

(2)示范模仿教学法。示范模仿教学法指教师示范、学生模仿以达到要求。这种教学法可以把教师的"言传"与"身教"有机地结合起来。

(3)心理教学法。不深究歌唱的技巧,注重强调主观上的一些细节。如音的记忆、心理的概念、如何以情绪带动歌唱。心理教学法是感性、亲切地拉拢学者与歌唱者的关系,让其自然放开、充满自信地演唱。

(4)比喻教学法。歌唱教学中由于歌唱教学语言语义的不确定性,学生对教师讲述的要求常常感到不易理解,教师采用形象的语言把比较抽象的知识具体形象化。比如:歌唱时的吸气像闻花香的感觉;歌唱时口腔里像放着一个鸡蛋。

(5)歌曲教学法。教师在课堂上大量使用涉及生理机能全面协调的歌曲,试图让学生在演唱歌曲的过程中把技巧锻炼出来。

第三部分：教师素质提高及中小学各种课堂教学模式的探究

（二）因材施教

（1）歌唱教学是实践性很强的一门艺术，因材施教是教学中最为突出的特征，我们的教学也要因人而异，既要有原则上的东西，又要根据每个人不同情况采取不同的方法，从而训练出好的声音。身边常常会看到这样的情况：适合唱民歌的学生被老师当成美声学生教，很多老师常常依着自己的偏好来定位学生的声音，不顾及学生自身的条件，以致于很多时候会出现这样一种情况：一个老师教出的声音绝大部分是一样的，这是一种很可惜的事情，会埋没很多拥有好嗓音的学生。

（2）每个人都有属于自己的那份独特，教师因材施教，学生的潜质才会很好地发挥出来，才会培养出属于自己个性的成功者。

（三）教学监控能力素质

教学监控能力是教师教学的核心要素，指"教师为保证教学的成功、达到预期的教学目标，在教学的全过程中将教学活动本身作为意识的对象，不断对其进行积极主动的计划、检查、评价、反馈、控制和调节的能力。"[10]是教学全过程达到最优化的保证，是教师的主观能动性和教育主导作用的集中体现。

依据监控的对象，教学监控能力从内容上分为自我指向和任务指向两方面。自我指向监控能力是指教师对自己的教学观念、教学兴趣、动机水平、情绪状态等自我心理操作因素进行有效地调控。任务指向监控能力是指对教学目标、教学任务、教学内容、教学方法等任务操作因素进行有效的调控。良好的监控能力主要包括以下两方面：

（1）教学设计能力。是对教学中的各要素进行有序、优化的安排，并形成教学方案所具有的能力，包括准确地判断和分析学生的当前状况，制定阶段目标和终极目标，合理地选择和设计教学内容，针对学生的个性特点制定教学方法和手段策略，明确发展的方向，突出演唱个性的发展，并有效地进行学习的测量和评价等各个方面。教师在方案实施的整个过程中贯穿因材施教、循序渐进、技艺结合、个性发展的歌唱教学原则。

（2）教学自控能力。监控能力的发展经由"他控到自控"，从"不自觉经自觉到自动化"的不断成熟的过程。自控能力的形成是教学监控成熟的重要标志，在自控的形成过程中，敏感性是教师教学达到自控的前提和重要标志。只有具有监控的敏感性，教师才能对教学情境中的种种线索变化做出迅速地信息反馈，才能激活和提取自身最佳的教学策略。

（四）构建民主、平等、和谐的新型师生关系

声乐教学是师生一起共同完成的，老师教好、学生学好，离不开双方密切配合、良好互动。

1987年美国高等教育协会发表了题为《高等教育新动向》的报告，该报告在总结美国高等教育50年实践的基础上，提出了良好教育的几项原则，其中第一项就是鼓励师生间的接触，该报告认为课堂内外学生与教师经常的接触是影响学生学习动机和参与的最重要因素。教师的关心能帮助学生克服困难，并激励学生努力学习。而学生很好地了解一些教师的情况，也可以提高学生的学业追求，鼓励他们对自身的价值和未来进行思考。

今天，我们提倡有效教学，必须构建民主、平等、和谐的新型师生关系，声乐教师与学生很大程度上来说是合作伙伴关系，学生成功，老师就成功，学生失败，老师就失败了。

（五）教育创新能力

（1）创新能力是现代人最高品质的体现，创新是一个国家、一个民族不断进步的源泉，也是推动声乐艺术发展的动力。声乐教学教育有一般教学的教学规律，但如果每堂声乐课都按照同一个模式进行，声乐教学水平将会停滞不前。

（2）创新具有新颖性、有效性。声乐教师具备创新能力给学生打了一针兴奋剂，仿佛是给了自己一个储备箱，让自己永远有"新货"给学生，也是给学生打了一针兴奋剂，让学生有兴趣、有效地学习，真正成为课堂上的主体。

三、个人素质

（一）文学修养

广博的文化基础与高尚的审美情操、诲人不倦的教态与严谨的教风是声乐老师教学中必备的。有了文化底蕴才有能力诠释作品，声乐是诗歌和演唱技巧完美结合的艺术，好的演唱必须建立在科学的发声技巧、丰富的情感体验和浓厚的文化底蕴基础之上。

（二）优秀品质

"积善成德，而神明自得。"教师是人类灵魂的工程师，要积累善行，养成崇高的品德。为师必须学高、身正才能为范。一位教师如果没有良

好的品质，纵然他"会"再多，在学生的心目中也不是一名优秀的教师。多年来，能留在我们心目中的教师一定是品德好的教师。

（三）教育科学方面的知识和一定的科研能力

（1）声乐艺术不断发展和丰富，教师除了掌握声乐教学知识技能外，应具备教育科学方面的知识和一定的科研能力。

（2）教师只有具备了科研能力，才会去创新，才会创造出最佳的教育教学效果，才能适应教育改革和发展的需要。

（3）学会教育科学研究有助于促进教师的专业发展和教育教学能力的提高，当教师掌握科研"武器"，不但会在教育教学实践中自觉地学习教书育人的理论知识，而且会自觉地以研究者的眼光去观察、思考和解决教育教学活动中遇到的各种问题，还会主动反思和改进自己的工作。

（四）良好职业道德

师德建设不仅是对教师个体的要求和群体的规范，也是自我成长的需要，是对教师在道德操守上的期待，也是教师个人职业生涯美满的期待，一个具有好品德、对自己的工作负责任、对学生负责的好老师堪称良师，也将会是学生人生中最难忘的学习动力。

音乐教师应该对学生有爱心，对音乐保持兴趣，认真对待自己的职业，用心对待学生，用爱诠释歌声。

四、结束语

本文以素质教育和当前对未来人才的要求，以及对自身专业的理解为出发点，对音乐教师素质进行了初步的探讨，强调随着声乐艺术的发展、社会的发展、未来对人才的要求的发展，现代教育对音乐教师素质会有不同或更高的要求，音乐教师素质体系将会随着教育教学的进步日趋完善。

参考文献

[1] 刘宁希. 浅谈歌唱演员与声乐教员的角色转换 [J]. 音乐周报，1992.

[2] 沈湘. 沈湘声乐教学艺术 [M]. 上海：上海音乐出版社，1998.

[3] 燕国材. 素质教育概论 [M]. 广州：广东教育出版社，2002.

[4] 邵瑞珍. 教育心理学 [M]. 北京：教育出版社，1997.

[5] 韩丽艳. 如何鉴定人声乐器 [J]. 中央音乐学院学报，1999.

[6] 薛良. 歌唱的艺术 [M]. 北京：中国文联出版社，1997.

[7] 王鸿江. 现代教育学 [M]. 北京：上海教育出版社, 2001.

[8] 郭享杰. 心理学——学习与应用 [M]. 上海：上海教育出版社, 2001.

[9] 张婉. 高师声乐教学法 [M]. 广州：广东高等教育出版社, 2004.

[10] 皮连生. 学与教的心理学 [M]. 上海：华东师范大学出版社, 1997.

利用红色本土资源,进行小学音乐特色课程建设

湖北省黄冈市红安县龙泉小学　江　丽

摘要：红安县原名黄安,1952年,中央人民政府批准将黄安改名红安,今属湖北黄冈市代管,位于鄂东北大别山南麓。红安是一块神奇的土地。它是"黄麻起义"的策源地,是红四方面军的诞生地,红安是全国闻名的第一将军县,是新中国将军诞生的摇篮。在这块土地上,诞生了董必武、李先念两任国家主席,走出了韩先楚等223位共和国将军。在革命战争年代,英雄的红安人民为鼓舞革命斗志,庆祝革命胜利创作了《八月桂花遍地开》《送郎当红军》《妇女参军歌》等一大批非常有代表性的经典红色歌谣。其中,《八月桂花遍地开》被几代人唱遍了祖国大江南北,特别是原中国音乐学家协会主席李焕之将这首歌编入了大型音乐舞蹈史诗《东方红》后,此歌更是变得家喻户晓。可以说,这些红色歌谣是红安红色文化一张闪亮的名片。让我们的学生、这些将军们的后代传承红安红色文化,发扬红安红色精神,这些是非常值得我们这些小学音乐教师和德育工作者关注的。因此,我们红安县龙泉小学利用这一红色本土资源,进行了音乐特色课程建设。

关键词：红安　红色本土资源　特色课程　建设

一、利用红色本土资源，创编红色音乐教材

红安县七里坪是黄麻起义的起源地,是红四方面军、红二十五军、红二十八军的诞生地,在革命战争年代,这里出现过一幕又一幕波澜壮阔的历史话剧。在轰轰烈烈的革命斗争中,红色歌谣应运而生,成为革命者重要的宣传手段,《八月桂花遍地开》《一颗红心拿不去》等歌曲,更是随着这支队伍的足迹传唱全国,鼓舞着一批又一批革命者英勇奋战。

为了发扬光荣传统、继承革命遗志、教育下一代,我们学校大量收集、整理、挖掘红安红色音乐资料,随后把这些红色资料创编成学校的音乐校本教材。本教材一共精选了《八月桂花遍地开》《黄安颂》《红军歌》《一颗红心拿不去》等12首革命歌曲,其中大部分是由革命者亲笔谱写、在

大别山区广为传唱的。通过教唱这些红色歌谣激发了我校学生的民族自尊心、自信心，培养热爱家乡、热爱祖国的思想感情，激励学生传承革命传统，为振兴中华而努力学习。

二、利用红色本土资源，学习红色歌曲

学校创编了这本音乐教材之后，我们根据这12首红色歌曲的难易程度，从一年级到六年级学生进行教唱。

下面我以校本音乐教材歌曲《八月桂花遍地开》为例，谈谈我对这首歌曲的教学设计。

《八月桂花遍地开》是小学音乐第六册（人民音乐出版）的一首歌曲，同时也是我校校本音乐教材12首红色歌曲之一。这是自"黄麻起义"后第一次普遍建立基层政权，为了庆祝这一伟大胜利创作的一首歌曲，曾任鄂豫皖省位宣传部长兼鄂豫皖特区文化委员会主席的成仿吾同志1928年4月视察红安县时讲，这首歌的歌词是七里坪镇附近的一位小学教员创作的，开始在檀树岗一带传唱，后流传全县，以后又流传整个鄂豫皖苏区。

这首歌热情地宣传了夺取政权、保卫政权、建设好政权的重要性，歌词通俗易懂，所配曲谱有浓郁的红安民歌风味，颇受学生喜爱。

首先，我通过让学生欣赏短片《走进红安》，感受红安红色底蕴，引出歌曲的背景，然后从欣赏歌曲、比较歌曲、介绍歌曲、老师范唱歌曲等几个方面来学习这首歌曲。其次，让学生有节奏朗读歌词，理解歌词的含义，以随琴跟唱、分小组唱、领唱、点名唱歌曲等多种形式来巩固歌曲。最后，让学生以多种形式对这首歌曲进行创编活动。

我们红安的学生生长在革命的摇篮，长期受着革命传统教育的熏陶，大部分学生耳濡目染，接触到很多红色歌谣，对革命前辈有着深厚的敬仰和崇敬之情，因此，学生在学习这首歌曲时能积极主动地参与到系列活动中来，从中体验红安本土歌谣的特点及魅力。

三、利用红色本土资源，创演红色组舞

"小小黄安，人人好汉，铜锣一响，四十八万，男将打仗，女将送饭……"这是红安本土非常有代表性的一首红色歌谣。短短24个字的《黄安颂》形象、生动地描绘了轰轰烈烈"黄麻起义"的场景，真实记录了大别山人民参与革命的无限热情和对革命事业的大力支持。我利用红安的这一红色资源创编了大型历史组舞《红安颂》，该组舞共分为三个篇章。

第一篇章《黄安谣》

这一部分体现了在那个战火硝烟的年代，红安的英雄儿女在党的领

导下英勇抗战,奋勇杀敌,老百姓上战场为他们送饭的场景。学生们使用了红安的本土道具摇篮、红缨枪、铁巴子枪、铜锣,通过舞蹈动作演绎这一场景。

第二篇章《共青儿童团团歌》

这一部分展现的是大革命时期儿童团的孩子们为红军一边站岗放哨、勇敢抗敌,一边勤奋学习的情景。学生们使用红安本土道具红缨枪,通过舞蹈动作表现这一场景。

第三篇章《八月桂花遍地开》

这一部分展现的是红军凯旋归来与老百姓庆祝胜利的场景,学生们使用道具红绸、莲湘展现张灯结彩、载歌载舞的热闹场面,表达了老百姓和红军的军民鱼水之情。

通过创编革命历史组舞《红安颂》并让学生们来演绎这个舞蹈作品,是想让学生从中传承红安文化,紧跟党走,发扬朴诚勇毅、不胜不休的红安精神。

四、利用红色本土资源,感悟红安红色精神

在纯娱乐的通俗音乐遍地开花的时节,如何让我们的学生——这些将军的后代了解、接受、传承红安优秀音乐作品,让红色歌谣、红色文化、红色精神深入学生心中,是非常值得我们这些小学音乐教师和德育工作者关注的。因此,我和学生们一起开展了"红土地上悟红歌"的音乐综合实践活动。

本次音乐综合实践活动,首先我通过抛砖引玉确定子课题(2课时)以经典红歌引路,营造学习氛围,梳理归纳问题,确定研究子课题。(1)红安红色歌谣的曲目收集;(2)红安革命歌曲产生的背景和传播;(3)红安民歌音调特点及种类;(4)红安歌曲种类分布情况;(5)《八月桂花遍地开》的创作背景和发展。然后按子课题的内容,让学生自由组合,制定活动方案(4课时)。接着进行实践活动,让学生大胆探索。再整理资料,积极备战红歌赛事(2周)。最后交流汇报,"红土地上悟红歌"(6课时)。

这次音乐综合实践活动,让学生对家乡的红色歌谣和革命历史有了更深地了解和认识,使学生的人文素养和艺术素养得到了很大的提升,让学生感悟了红安红色文化,传承红安红色精神,做红色接班人。

总之,合理利用红色本土资源进行小学音乐特色课程建设意义深远。它促进了学校艺术发展和校园文化建设,也使学生对红安本土音乐和红安文化进行了传承,陶冶了学生的艺术情操,对推动学校素质教育大有裨益。同时也值得我们广大音乐工作者不断努力去实践去研究。

别样撞色　精彩纷呈
——让流行音乐走进音乐课堂

湖北省黄冈市黄梅县八角亭中学　刘　芳

摘要：从事音乐教学多年,学生经常反映我们的教材不时尚,音乐不好听,经常说他们喜欢流行音乐。对于学生来说,流行音乐已经成为他们的音乐代名词,他们听不到古典音乐的精彩。我就认真选择优秀的流行音乐,采取多种方法和途径,让流行音乐走进音乐课堂和我的教学目标取得一致。

关键词：流行音乐　校本教学　创造性学习

许多次走进课堂,学生向我要求："老师,我们不喜欢课本里的内容,我们喜欢听流行音乐,我们要唱流行歌曲。"那么流行音乐怎样进入我们的音乐课堂,怎样让流行音乐在音乐课堂上别样撞色,让我们的音乐课堂精彩纷呈,这些问题引起了我深深地思考。经过不断地教学实践和思考,我认为,让流行歌曲走进音乐课堂应做好以下几点。

一、解放思想，正确认识流行音乐

《中国大百科全书、音乐、舞蹈》中定义："流行音乐泛指一种通俗易懂、轻松活泼、易于流传,拥有广大听众的音乐,又称通俗音乐。"流行音乐没有古典音乐强大的生命力,对于喜爱流行音乐的学生们来说,在课堂上禁止唱流行歌曲是不现实的,会引起他们对音乐学习的反感。学习音乐应该提倡百花齐放,兼收并蓄。每一种音乐形式都有它的独特之处,流行音乐能用它的独特形式,轻松地表达作者和倾听者的情绪,所以学生们很容易接受并喜欢它们。作为一名音乐老师,只有解放自己的思想,正确地认识流行音乐,才能正确引导学生对待流行音乐。

二、掌握学生特点，精心选择优秀的流行音乐

《音乐课程标准》中提出："初中学生生理、心理渐趋成熟，参与的意识和交往的愿望增强，获得知识和信息的途径增多，在学习上形成了自己的初步经验，表达情感的方式较之一～六年段学生有明显变化。要通过多种形式的艺术实践活动，巩固和提高表现音乐的基本技能[1]。"

由于初中学生处在智力持续发育的阶段，自我控制能力也不够完善，缺乏对生活的全面认识，而他们接触的大部分流行音乐的节奏都非常明快，非常符合他们的欣赏特点，所以他们普遍喜欢流行音乐。但是，由于流行音乐运作机制的商业性特点，难免有一些作品鱼龙混杂，有些歌曲内容庸俗，不适合学生们听赏，庸俗的音乐对于初中生来说，即使旋律再优美，也必须屏蔽。鉴于初中学生的心理发育特点以及他们所处的社会环境的影响等因素，他们更需要在老师的引导下，才能更好地吸收流行音乐中的营养，那么我们更应该把握学生特点，课前认真备课，把优秀的流行音乐作品带给学生。

三、方式多样，让流行音乐走进音乐课堂

（一）以学生为中心，用学生喜欢的方式进入课堂

多年教学实践告诉我，如果学生不喜欢我的音乐课内容，就不愿意接受我带给他们的审美观点和音乐知识，但是如果把流行音乐作为一个媒介，让它连接我的音乐课堂，却是一个很好的办法。如此循序渐进，学生在追求听觉愉悦的同时，就能很愉快地接受音乐知识，提高审美能力。

比如讲七年级下册第五单元的小调集锦时，对纯粹的民歌音乐，大部分同学都有抵触情绪，我首先用《最炫民族风》导入新课。一进入课堂，学生们听到自己喜欢的歌曲，学习情绪高涨，然后我再顺理成章地引出我的教学内容，学生们很容易就接受了我真正想要教给他们的内容。课中，我又让学生欣赏了几首民歌音乐与流行音乐结合很好的歌曲，比如梁静茹的《茉莉花》等，让他们认识到，民歌音乐不是枯燥的，它也可以拥有时代气息，中华民族的艺术珍品是现代音乐创作的一个源泉。

（二）结合实际，创造流行音乐校本教学特色

我们现在所用的音乐课本中，流行音乐的内容很少，为了让流行音乐真正走入课堂，我还尝试了结合学生实际和流行趋势，不断创造校本教学特色。

第一,我把流行音乐分成两部分:流行歌曲和流行器乐。流行歌曲注重实践,主要用来渗透音乐知识和技能;流行器乐注重欣赏,主要用来进行音乐体验,然后进行整理和分析,最后形成比较系统的校本教学内容。例如利用萨克斯曲《回家》引导学生体会其中清秀美丽、没有杂质的超空间立体感,给予他们美的享受和体验;还有很多流行歌曲融入了各种不同的音乐元素,如慕容晓晓的《黄梅戏》、凤凰传奇的《荷塘月色》、周杰伦的《龙卷风》、霍尊的《卷珠帘》等;另外还有一些具有爵士和拉丁风格的歌曲,这些歌曲都涉及不少音乐知识,我都想尽办法拿来利用,从而由浅入深地向学生传授知识。

第二,我结合课堂教学要求,把流行音乐带进课堂中,为课堂教学服务。例如,在讲到八年级上册第五单元《国乐飘香》时,为了让学生更好地掌握五声音阶及五声调式,我首先设计了一个问题:你会唱哪些有民族风格的流行歌曲? 同学们反应很热烈,列举了很多,然后我和学生一起唱了《菊花台》《青花瓷》《大海》等歌曲,在黑板上写下这几首歌的旋律片断,提问:这几段旋律在用音上有什么共同特点?学生讨论后得出答案:这几首歌都只用到了do、re、mi、sol、la 五个音。接着我讲授五声音阶及五声调式的知识,自然就是水到渠成了。这堂课我利用流行音乐提出问题,对课本内容进行了适当地削减和整合,成功地达到了教学目标,更好地表现了流行音乐在音乐课堂里发挥的魅力,激发了学生学习音乐的兴趣,达到了事半功倍的效果。

(三)师生互动,开展创造性学习

《音乐课程标准》中指出,音乐课的全部教学活动应以学生为主体,师生互动,将学生对音乐的感受和音乐活动的参与放在重要的位置。

我从师范大学毕业,并没有专业系统地学习过流行音乐,仅仅凭借个人兴趣和教学需要才接触流行音乐,但是学生们与我大不相同,由于年龄的原因,他们受到更多时代和环境的影响,有非常多的机会接触流行音乐,对于流行音乐的认识可能远远超过我。所以我努力创建师生互动的形式,在课堂上采用创造性学习,让流行音乐顺利进入我的音乐课堂。

例如:我专门设计了一堂课《流行音乐的特点》,先让学生在课前自发学习;上课时,欣赏了几首流行的歌曲,如《唱得响亮》《自由飞翔》《小苹果》等,然后组织小组交流,最后总结出几个特点。接着讲授流行音乐的中国风时,我又提出问题:什么是中国风?你听过哪些中国风的歌曲?中国风的歌曲有什么特点? 学生通过研讨、交流,又得出结论,还列举了很多具有中国风特点的流行歌曲,例如《卷珠帘》《花田错》《苏三说》《东风破》等。学生们在研究、讨论、创造的过程中,懂得了如何运用不同的方法学习音乐,解决自己困惑的问题,大大增强了学习音乐的自信心,减少了对老师的依赖。在教学的过程中,我特别注重与学生的互动,鼓励学生积极参与讨论交流,大胆创新,培养他们学习音乐的兴趣。实践证明,让流行音乐走进音乐课堂,学习效果显著,学生们在学习的过程中感受和体验更突出,是一种有效的途径。

时代不断在进步,知识也在不断更新,音乐课不能仅仅局限于我们现有的教材,应从教材延伸出来,以社会发展为背景,以学生的兴趣为前提,将优秀的流行音乐带进音乐课堂,激发学生的学习激情,让他们与老师一起探讨优劣、辨别美丑,去探索流行音乐之外的艺术领域。我想大声说:"相信自己,相信学生,让流行音乐走进课堂,让我们的课堂精彩纷呈吧!"

参考文献

[1] 义务教育音乐课程标准(2011年版)[M].北京:北京师范大学出版社.2012(1).

低年级唱歌教学中游戏的运用

湖北省黄冈市黄梅县教育科学研究所　宁　喆

摘要：唱歌教学是音乐教学中的重要组成部分。教师在低段唱歌教学中恰当运用游戏教学，有效开展音乐活动，对于营造活跃的课堂氛围、激发学生的音乐学习兴趣、关注学生音乐素养的提高都有着积极的作用。

关键词：唱歌教学　游戏教学　听唱教学　巧妙评价

"唱律优美的歌曲，最能感染教育少年儿童；唱歌是学生进行艺术实践、表现音乐的重要手段，是音乐教学的重要内容。"[1]演唱歌曲是中小学音乐教学的基本内容，也是孩子们最容易接受和喜爱参与的表现形式。在小学音乐教学中，唱歌教学起到了一定的主导作用。教师可以通过唱歌教学来调动每个学生参与的积极性，培养其演唱的自信心，为他们在演唱表现中享受美的愉悦，感受美的熏陶，为音乐素养的发展打下坚实的基础。

小学低年级学生有着强烈的好奇心和探究欲，但又普遍缺乏耐心，在课堂上难以持续认真地听老师教学，因此教师可结合低年段孩子的认知特点和身心特点，在唱歌教学中恰当运用游戏教学，有效开展音乐活动。

一、用游戏教学突破难点

兴趣是最好的老师，能够激发孩子们学习兴趣的最佳方式无疑是游戏教学。教师可以在生活中留意观察孩子们喜爱的游戏，并和孩子们一起玩一玩。在音乐课堂的导入环节，将孩子们喜爱的各种游戏与唱歌教学有机结合起来，把歌曲中较难掌握的某一个音乐元素或是较为有趣的音乐动机，如简单的几个音、简短的节奏型，编进各种游戏中，游戏的类型可以有多种形式。

（一）歌曲节奏的游戏

音乐教学中进行歌曲节奏练习时，我们可以运用一些简单的拍手或身体律动游戏,在游戏中解决节奏难点。比如拍手游戏是我们音乐课堂使用最多的,也是孩子们最容易学习接受的。通过各种不同的节奏击拍,有效提高学生注意力,训练节奏感,同时也是导入歌唱教学的一种有效途径。

（二）歌曲唱谱的游戏

孩子们第一次听到一段陌生的曲谱往往很难辨识,也较难直接进入唱曲谱环节。此时教师可以将歌曲中的曲谱与"找朋友"的游戏相结合,让学生先找出曲谱中认识的朋友,看它们各出现了几次,再结合柯尔文手势分别将"朋友"准确唱出来。这样在"找朋友"的过程中让学生进行分乐句唱谱游戏,让学生在快乐轻松的游戏氛围中熟悉和唱会曲谱。

（三）歌曲唱词的游戏

在进行唱词环节时,为了让学生能在较快的时间内记住歌词、唱会歌曲,教师事先可以将该首歌曲的歌词按照一定的思维顺序,编成一个有趣的故事或是儿歌讲给孩子们听。也可以运用填词游戏,老师将歌曲中的不同关键词留给学生们来填唱,通过老师的引导,学生可以很快地记住这些歌词。

在体验和参与各种快乐的游戏活动过程中,孩子们不知不觉地进行音乐的学习,随着游戏结束,那些难以掌握的难点节奏、难以把握的曲谱、冗长的歌词已经潜移默化地被孩子们所接受。

二、用听唱游戏记忆音乐

在音乐教学尤其是唱歌教学中,学生良好聆听习惯的培养和锻炼有着至关重要的作用。只有认真地听才能有较为准确地唱。在实际教学活动中,我们可以进行一些较为有效的听唱学习方式。

（一）听范唱

歌曲范唱可以运用多媒体课件、教材配套音乐等媒介,也可以是教师的钢琴范唱。学生通过不同方式的歌曲聆听,达到音乐听觉记忆的效果。

（二）心里默唱

当听觉系统对收到的音乐信息做出反应,大脑就会开始对这一信息进行快速地记忆储存,此时要求学生再将刚刚听过的一小段旋律在心里默唱一遍,大脑就会对这一信息做出反应,继续加深对音乐的记忆。

（三）轻声唱出来

再次播放音乐时，学生已经对音乐片段有了深刻的印象，这时我们可以给学生一个参照物，比如用钢琴或者其他的乐器伴奏，开始逐步地引导孩子们将记忆中的旋律轻声唱出来。目的还是强调学生听，让学生验证自己是否唱准、巩固和强调音准，使学生形成音准音高概念，音乐记忆能力得到提高。

三、用PK游戏巩固歌曲

歌曲教学完成后，教师可以采用多种演唱形式来巩固歌曲，找出不足进行及时调整与纠正。在这个环节中，我们可以把小组演唱与个别学生表演唱用PK游戏的方式来进行，教师充当评委角色。首先是小组演唱PK，可将全班学生分成四小队，在黑板上对应写出小队名称与口号。学完歌曲后，每小队演唱一遍后由评委点评，比比哪一小队唱得最好，获得评委好评的小队可以在黑板上为自己贴上一颗小星星。教师为了达到巩固歌曲的主要目的，可在每小队的演唱音准、节奏、力度、速度等方面着重点评，以达到学会新授歌曲的目的。

小组PK游戏之后，还可以进行个人表演赛PK。以学生自愿参加或小组推荐为原则来进行，最终的成绩会计算在各小队的总成绩中。这场比赛可以让所有同学来做一次大众评审，听完演唱后根据各位选手的表现做一个比较：你最喜欢谁的演唱，为什么。教师再综合各位大众评审的意见，做一个细致的点评，例如演唱的吐字、气息、歌曲情绪的表现等方面，最终让学生不但唱会歌，还要知道怎样才能唱好歌。

四、用巧妙的评价关注全面

美国心理学家詹姆士曾说过："人最本质的需要是渴望被肯定。"首先，教师的评价是指引学生努力方向的灯塔，教师对学生的肯定，能够增强学生的自尊、自信、自强，是最好的教学催化剂。在课堂评价过程中，教师不断发掘学生的闪光点，让音乐课堂绽放出五彩缤纷的花朵。同时也要结合学生的实际情况，比如：在课堂上通过教学反馈及时肯定唱歌优秀的孩子的表现，给予他们恰当的鼓励。其次，还要将更多的精力关注到那些唱歌不太突出的孩子身上，鼓励他们大胆地演唱歌曲，哪怕每节课他们的进步只有那么一点点，我们也要给予最大的鼓励和肯定。最后，不要忘记对全体学生的学习进行适度的肯定。一个真诚的微笑、一个夸奖的手势、一个会意的点头、一个肯定的眼神等，都会牵动孩子们的心灵，拉近与孩子们的距离。只有面向全体学生,巧妙地运用评价才能使学生产生一种积极向上的学习热情和动机,进而推动音乐课堂的教学实效。[2]

游戏教学作为目前小学低年段唱歌教学中最常用的教学手段之一,对于营造良好的课堂氛围,激发学生学习兴趣有着积极的意义。奥尔夫曾说:"音乐是人类思想情感的自然本性的表达,人人都有潜在的音乐本能。"选择孩子们喜闻乐见的教学方法和手段,面向所有的学生进行唱歌教学,最终使学生的音乐能力得到有效提高。

参考文献`

[1] 义务教育音乐课程标准(2011年版)[M].北京:北京师范大学出版社.2012(1).

[2] 赖景琼.基于核心素养的音乐教学模式探索与实践[J].中小学音乐教育.2018(4).

打造高效音乐课堂之我见

湖北省黄冈市黄梅县小池镇第一中学　王永红

摘要：音乐是一门多元化课程，只有让音乐课的内容丰富充实，音乐教师从学生的实际出发，用自己的情感去拨动学生情感的琴弦，使之产生共鸣，才能让学生获得更好的音乐教育。

关键词：师生关系　多样化　多元评价　多媒体

音乐是一门集思想、情感、文化、意志教学于一身的多元化课程。《音乐课程标准》提倡以审美为核心，这场新课程的变革，让我们的音乐教育进入了一个新天地。音乐课的内容丰富了、充实了，音乐教师从学生的实际出发，用自己的情感去拨动学生情感的琴弦，使之产生共鸣，让学生通过音乐教育，获得更多的知识。但怎样上好一堂音乐课是我们作为一线教师的一个难题。我认为一堂好的音乐课应该具备以下几点：

一、建立平等的师生关系

在初中音乐教学中实现快乐课堂的打造，建立平等的师生关系是十分重要的，只有建立了平等的、和谐的师生关系，初中生才能更愿意与教师进行互动，也更愿意接受教师的音乐教学，对其音乐学习兴趣的激发十分有利。初中音乐教师，应该积极地改变以往具有一定威望性的教师形象，放低姿态，与学生建立和谐的、平等的师生关系，并加强与学生之间的交流与沟通。初中音乐教师可以在与学生的交流与沟通中对学生的个体差异、兴趣爱好、实际学习情况以及对课堂教学的个性化需求进行充分了解。由此在初中音乐教学中，以初中音乐教学内容为基础，以初中生的兴趣爱好、实际学习情况以及个性化需求为依据，为学生打造一个快乐的、平等的音乐教学课堂，从而使得学生在快乐的课堂中学习音乐知识，陶冶情操。除此之外，初中音乐教师在学生出现错误时，不可以一味地进行严厉的批评教育，应该以正面的引导、鼓励性的语言，使学生及时进行改正。平等的、和谐的师生关系对初中音乐教学快乐课堂的打造十分重要。

二、让学生成为课堂的主人

音乐课的任务不是培养专门的音乐人才,而是让每一位学生都能够在音乐的殿堂里开发出最大的音乐潜能。美国教育家苏娜丹戴克曾说过:"告诉我,我会忘记,做给我看,我会记住,让我参加,我就会完全理解。"兴趣是最好的老师,如果能激发出学生学习的积极性,那么你的这堂课就成功了一半。学生的兴趣有时候也很简单,所以音乐教师在教学过程中要充分调动学生主动参与到音乐活动中。我们要把学生的"要我学"思想转化为"我要学",让学生的学习动机由被动转为主动。在课堂上把主动权交给学生,让学生当主角,老师当配角,让学生真正地成为课堂的主人。例如在学习《青春舞曲》这首新疆民歌的时候,可以先让学生就地取材,利用身边一切可以利用的物品随着音乐敲打节奏,当然也可以随着音乐能舞则舞,感受新疆民族音乐那种热烈、舞蹈的感觉,根据自己的理解和想象,表现出自己所理解的内容,当学生学习的兴趣被激发后,就产生了浓厚的学习欲望,增加了他们学习音乐的热情,那么你的音乐课就会充满魅力。[1]

三、教学方法多样化

要上好一节音乐课,只运用集中教学方法是远远不够的,教师需要在整个教学手段上、在教学环节的设计和课堂布局上进行精雕细刻。以传统音乐教学模式为基础,改变传统的直接"填鸭式"传授。教师在教学实践中多动脑筋想办法,采取多种多样生动、易懂的方法进行教学,做到启发有方,诱导得法。大部分的中学生觉得课本上的歌曲很无趣,教师就应该针对问题,改进教学方法,趣中促学。音乐课堂教学要摒弃原来"满堂灌"、学生听、老师讲的教学模式,要强调多种教学方法有机结合、灵活运用,实现教学手段的现代化和多样化。例如学习唱歌时,我总是先让学生听音乐按强弱规律打拍子的方法来感受音乐的节奏,既提高了学生的节奏感,又活跃了课堂气氛,激发了孩子们的学习兴趣。在感受音乐的情绪情感时,我也总是让学生听音乐指挥。这样身体动起来了就能更好地沉浸到音乐之中,从而更好地体会音乐。[2]

参考文献

[1] 任赫. 中学音乐教学中如何培养学生的音乐兴趣 [J]. 音乐时空 .2012（8）.

[2] 彭小果. 如何打造高效的初中音乐课堂 [J]. 北方音乐 .2016（14）.

如何提高高中艺术生的视唱能力

湖北省黄冈市黄梅县第二中学　李文博

摘要：视唱就是视谱即唱，就像乐器的视奏一样，不仅是音乐入门的基础，同时也是学习其他音乐门类必备的先决条件。学习视唱还可以培养辨音能力，加强音准和节奏感，丰富音乐语言，扩大音乐视野，加强对音乐作品的理解。近年来艺术高考越来越注重"小三门"的能力，其中视唱尤其考验学生基本能力，本文针地快速提高视唱的本领做如下探讨。

关键词：加强基本训练　五个"用"　情感表达

现阶段音乐教学过程中，视唱是学生考入音乐院校必备的一门课程，也是一门检测学生素养的学科，同时又是音乐教育工作的基础。主要的学习内容是让学生练习发声、读谱和唱歌，通过唱歌和听音乐的训练，教师可以培养学生的节奏感、旋律感以及和声感，同时也能够提高学生辨识度的记忆力以及演唱处理的能力，让学生会深刻地体会到作品中的音乐要素，这也是视听练耳学习的主要内涵。[1]视唱练耳的教学目标主要是保证学生能够形成对音乐各个要素在音乐表现中的初步理解，并且掌握音乐的表现形式，保证学生能够学会识谱和演唱，提高学生的基本演唱能力，有效展现出学生对音乐的欣赏能力。从近年来艺术高考越来越注重"小三门"的能力，其中视唱尤为考验学生的基本能力。那么，如何快速提高视唱的能力？结合多年的教学实践，我认为可做好以下三点：

一、加强基本训练

在视唱学习中，最重要的是解决音准和节奏两者的关系，而基本训练是解决音准的最佳手段，所以我在视唱的音准训练中采用以下五种方法：

（一）音阶练习

采用多种大小调音阶训练，进行调试感觉的稳定训练，培养稳定的调式感觉。唱好音阶，培养调式调性结构的概念，反复训练逐个音准到位以及流畅训练、快慢结合训练。

（二）音程的模唱与构唱

首先进行各种音程的模唱，从纯一度、纯八度开始练习，心中要熟记标准音的音高，达到张口就到位，然后分别进行纯四、纯五、增四减五、大小三度、大小六度、大小二度、大小七度的练习。建议在一个根音上面做各个度数的训练上行，再从冠音上面按照每个度数下行训练。

构唱即在只有标准音的情况下，找到所给音程的冠音或根音的准确位置，然后按要求唱出指定的音程，要随时在琴上进行校正，直至唱准确为止。

（三）和弦连接练习

分小组训练来进行和弦连接模唱练习，可先做三度、五度构唱练习。然后按照一定的和声进行式Ⅰ—Ⅴ—Ⅵ—Ⅲ—Ⅳ—Ⅴ—Ⅰ训练，来培训音程的感觉，增强调性感觉为合唱练习打下基础。

（四）节奏的训练

在课堂上让每位学生来打节奏，其他同学练习，把这些节奏型变成游戏让学生来完成，将生活中有意义的口号加入节奏训练中。如：中国队加油！火车上常见的口号：啤酒饮料矿泉水……这样便于同学们记忆这些节奏型。

（五）背诵视唱

在学习中把一些有代表的视唱学会背诵，反复记忆，反复检查，形成"先天音准"。对以后的快速识别视唱会起到事半功倍的效果，对以后的练耳训练也可以起到积极的影响。

二、五个"用"

（1）用眼。在开始视唱前，先把要唱的乐谱快速浏览一遍，看乐谱中的音符、休止符、调号、拍号、音乐术语等地方是否出现大跳、临时升降记号等。如果用首调概念来演唱，应快速识别各个音符的唱名。

（2）用脑。当拿到视唱乐谱时，要思考分析，如旋律、音准、节奏等，哪些地方易错，哪些是二度或者七度音程，逐渐形成准确的内心听觉。

（3）用手。视唱时，可用手击打拍子，打拍时要注意速度，注意唱打一致，慢速打节拍，给旋律一个稳定的速度进行。

（4）用口。首次视唱时，可在心里小声地哼唱，第二遍再把曲谱唱出来，切忌喊叫，并注意正确的声音训练。

（5）用耳。视唱时，检查音准、节奏是否准确，特别是多调号视唱训练，更要注意各声部的音准、半音关系以及大跳音程的准确，还要检查音符的稳定，不要上下晃动，要"直"。

三、要重视对音乐情感的表现

在教学视唱时，有些同学只注意音准、节奏、节拍等基本要素而忽视了对音乐情感的把握。旋律情感是音乐实践活动的重要灵魂，以情带声，将音乐情感的培养与视唱练耳的教学相联系，能够取到良好的效果，发挥同学们的想象能力，这样更有利于提高学生的音乐综合素养。以视唱为例，把音准节奏把控好的前提下，注意每句演唱的强弱，注意呼吸，声情并茂地演唱，以情带声达创造感染力，完美演唱作品。[2]

总之，视唱教学是一项难题，需要反复训练。但是如果想在短时间获得视唱的提高，也可以结合其他方面的教学来促进，如背诵的方式，把经典的视唱曲目反复背诵；利用多媒体教学辅助来促进视唱教学等。教师要积极加强学生对听觉的训练，注重对音乐情感的培养，这样才能充分调动学生的积极性和主动性，达到事半功倍的效果，同时也为以后的学习打下坚实的音乐基础。

参考文献

[1] 苏世奇. 高师视唱练耳教学与民族音乐文化传承——基于奥尔夫音乐教育理念的运用 [J]. 大众文艺, 2013.

[2] 王依然. 视唱练耳有效性教学的探索分析 [J]. 太原学报, 2013（07）.

浅谈小学音乐课堂审美与情感体验

湖北省黄冈市黄梅县第三小学　刘　梅

摘要：在音乐课堂上，可以通过多种有效途径的学习，提高学生感受鉴赏音乐的能力，提高学生音乐审美情趣。让学生通过对各种不同情绪音乐的学习，丰富学生情感体验，陶冶学生情操，培养学生学习音乐的兴趣，使他们在丰富的音乐学习中获得体验，从多元的音乐实践中得到收获。

关键词：审美　情感　兴趣

音乐教育以审美为核心，主要作用于人的情感世界。音乐课的基本价值在于以聆听音乐、表现音乐和音乐创造活动为主要途径，让学生充分体验蕴涵于音乐音响形式中的美和丰富的情感，为音乐所表达的真、善、美理想境界所吸引、所陶醉，与之产生强烈的情感共鸣，使音乐艺术净化心灵、陶冶情操、启迪智慧。[1]

一、感受歌词意境，品味歌曲味道

花城版四年级音乐第七单元的主题是环球音乐探险——北美洲之行。歌曲《哦！苏珊娜》一课，让学生在对比演唱中感受《哦！苏珊娜》与《牧场上的家》两首歌曲不同音乐要素带来不一样的音乐风格，让学生能用欢快诙谐的情绪演唱《哦！苏珊娜》。

在音乐课上我让学生先听后唱，因为只有在一次次反复聆听之后，在学生熟悉音乐的前提下才能拉近学生与音乐之间的距离，让学生自然走到音乐中去。当然听者须有心，而不能盲目聆听。聆听的时候有目的地设计一些问题，如感受音乐的节拍、节奏、情绪等，让学生每一次聆听都有目的，每听一次歌曲后都有一些收获。

初听音乐时，我让孩子们带着这样的问题去听。你觉得《哦！苏珊娜》是一首什么样的歌曲？

学生的回答很特别："老师，苏珊娜一定是个美女，要不然怎么会让人不远千里带上心爱的五弦琴来找寻？"

这样的回答引起了我的反思，因为学生的答案没有达到我预设的问题效果。是我这个环节问题设计得不够贴切课堂实际吗？为了更好地落实教学效果，我带学生走进这首歌的音乐背景，小伙子杰克和姑娘苏珊娜是非常要好的童年伙伴，小时候杰克经常弹着他心爱的五弦琴，和美丽又活泼的苏珊娜唱歌跳舞，度过了快乐而难忘的童年。长大后两人分开了，杰克非常想念苏珊娜，从阿拉巴马州不远千里来到路易斯安纳州寻找苏珊娜。这首歌赞美了人们之间纯洁、美好的友谊以及对生活中一切美好事物的追求和向往。

学生理解苏珊娜是美女，缘于歌中的一句歌词"我要赶到路易斯安那为了寻找我爱人。"这个孩子值得表扬，认真听歌并且是理解性地聆听。歌中的爱人所指的是童年喜欢的那个小伙伴。这种对童年时代美好的怀念与向往，是我们这节课应找到的情愫。我们通过反复对歌曲的聆听，拉近学生与音乐作品之间的距离，让学生真正走进音乐之中。

二、重视音乐审美，陶冶学生情操

临近期末学生们开始对寒假生活充满着期盼，所以课上多了几分浮躁。每节课前，我会对每一个班级的学生强调："孩子们越是期末，越是要表现得很好。一个学期我们有了美好的开始，努力的过程，也要有精彩的尾声，这样才堪称完美。"

上课时，唱完《剪羊毛》的一个学生交流说："老师我感觉音乐让我感受到了美。"

什么是美？美是什么？学生的回答的确很抽象。把抽象的感觉具体落实下去。通过几次反复聆听揣摩，入情入境地聆听歌曲后，学生能感觉到歌曲的旋律是欢快的、歌词的意境是美好的以及剪完羊毛后的满满收获感，由此便自然感觉得到歌曲的美。

二年级音乐第一单元两首学唱歌曲《小朋友,爱祖国》《温暖的家》，让学生能够自然、自信地大声演唱歌曲，并能够在演唱中抒发自己爱国、爱家的感情。教师在音乐课上就必须让学生把对祖国、对家人的热爱，通过自己的歌声表达出来。

音乐课中培养学生对生活积极乐观的态度，让学生的情感世界受到感染和熏陶，潜移默化中建立起对亲人、对他人、对周围美好事物的挚爱之情，进而养成对生活的积极乐观态度和对美好未来的向往与追求。

三、培养学习兴趣，让学生持续热爱学习

在一次课上四（10）班的音乐课，临下课时与学生聊了聊："同学们，一个学期即将要结束了，这个学期在刘老师的音乐课上，你们都有些什么收获？"同学们争先恐后地发言："老师，我学会了很多歌曲；老师，我敢大声唱歌了；老师，我有很多的收获。"

收获，孩子们说着一些很抽象的词语。我不禁怀疑，孩子们有没有发自内心地回忆本学期一起经历的课堂呢？我也就自作主张地给孩子们做了一点小小的梳理。

在语文课上，我们可以体会到风景之优美、人物品格之崇高。其实，潜心发现，音乐课上我们也可以找到许多美的地方。秋天的《红叶》美不美，漫山遍野的红叶像给山坡穿上一件红色的衣裳；捷克农民在《土风舞》的音乐中载歌载舞欢庆丰收；《快乐的铁匠》面带着笑容不怕工作繁忙，自食其力乐洋洋；《快乐的农夫》守望着一大片麦田，对丰收充满着憧憬。

我通过各种有效途径和方式让学生走近音乐，在音乐学习的过程中喜爱音乐，把音乐学习与其他学习相互交融，养成良好的音乐学习习惯，让音乐学习成为学生的终身爱好。让学生在音乐中踏节拍而律动，在音乐声中学会欣赏倾听，在音乐课上放声歌唱，抒发情怀。这释放的不仅仅对音乐的热爱，更是对美丽童年、美好生活的找寻。

美是生活赋予每一个人的权利，我们只要在生活中的每一个细枝末节去找寻，它就会不经意间一点点显现出来。我们的学校是美丽的，学生的童年是美好的，学习的时光是美好的。学生们在丰富的音乐学习内容中去体验，在多元的音乐实践中去收获。学生的审美能力得到提高，创造性思维得到发展，从而形成良好的人文素养，为学生终身喜爱音乐、学习音乐、享受音乐奠定良好基础。

参考文献

[1] 义务教育音乐课程标准（2011年版）[M]. 北京：北京师范大学出版社，2012.

多元教育中快乐学习，品味艺术中实现成长
——有效提升小学音乐课堂教育质量

湖北省黄冈市蕲春县实验小学　乐　灵

摘要： 在小学音乐课堂的教育实施过程中，教师不仅需要借助多元化的教育形式激发学生的音乐艺术体验兴趣，还需要借助识谱歌唱的趣味化教学有效减少学生在音乐课堂学习中产生的畏难情绪，进而促使学生在好玩、有趣、教学质量较高的音乐课堂上真正实现音乐识谱的认知和掌握、音乐艺术歌唱能力的提升和完善。

关键词： 音乐　识谱歌唱　教育质量

音乐是世界通用的语言，也是世人表达心绪、传递思想的重要手段之一。因此，小学音乐教师需要善于利用音乐课堂上的教学资源，引领学生在课堂的参与和实践中有效实现识谱能力的提升和歌唱素养的完善，进而将小学生有效培养为音乐知识丰富、音乐能力完善和艺术品质健全的优秀学生。因此，为了有效提升小学音乐课堂的教学质量，教师需要借助试唱活动的组织、合作化练习的开展和重难点问题的解决，保证每一位学生都积极参与到音乐艺术学习过程中，并真正实现其音乐艺术素养的完善。

一、试唱的教育培养：快乐识谱

在小学音乐课堂上，教师需要有效了解班级中学生的识谱和歌唱基础能力，并借助试唱训练的开展对学生的基础音乐能力进行评估和掌握，进而在后续的音乐课堂上多角度、多层级实施试唱训练，以期借此有效帮助小学生逐步实现识别简谱技巧的认知和掌握、促使学生在课堂的参与和体验中有效实现歌唱能力的提升。

例如，在学习《国旗国旗真美丽》这部分音乐知识时，为了有效了解学生的音乐基础能力，我借助音乐教室中的钢琴进行伴奏，并引领学生

从基础音阶的试唱过程中练习其音乐听力能力、检验学生的音乐歌唱基础；接着，经过老师的弹奏、基础音阶的试唱，我发现班级中学生的音准能力尚可，但是绝大部分学生并不认识简谱。基于此，我将《国旗国旗真美丽》这首乐曲的歌词加以改变——在黑板上为学生展示出了使用简谱的"数字"形式作为"歌词"的歌曲曲谱，并要求学生在老师的伴奏下一个乐句一个乐句地进行趣味化练习，促使学生在以简谱作为唱名的歌唱练习过程中，实现不同唱名对应的音高的有效认知和掌握，进而保证学生在这种以数字加以构建的歌唱过程中感受到音乐学习的乐趣。最终，学生将会在钢琴的伴奏下实现试唱练习的参与，并在钢琴固定音高的引领下掌握简谱中对应唱名的基础音高，进而保证学生在试唱参与中不知不觉实现简谱的有效认知和歌唱能力的逐步提升。

二、合作化练习演唱：提升能力

当教师带领学生在试唱练习中实现了简谱的基本认知和歌唱能力的初步建立之后，教师就需要结合班级中学生的音乐素养以组间同质、组内异质的形式组建音乐学习小组，保证每一个小组中都有音乐素养较强的学生和稍弱的学生，进而邀请其在小组中合作互助，共同完成音乐作品的演唱。

例如，老师在教授《小红帽》这首乐曲时，首先实施乐曲中简谱的教授、乐曲的范唱。接着，老师邀请学生以音乐学习小组为单位进行合作练习，并尝试在合作中针对组员的乐谱识别能力、乐曲歌唱效果实施互助和点评，进而帮助小组中的每一位成员都能够在简谱辨认中实现乐曲的有效认知和演唱。经过十五分钟的合作学习，我发现小组中音乐素养较强的学生能够采用简谱唱名的歌唱形式进行范唱，并引领小组中音乐素养稍弱的学生实施练习。小组中音乐能力较强的学生还会将音阶唱名改成歌词，并在这一过程中进一步带领小组中歌唱能力稍弱的学生实施歌唱练习。最终，我发现班级中的每一位学生都能够在老师的讲述、小组成员的合作帮助下有效实现乐曲简谱的认知、乐曲歌唱方法和技巧的掌握，并在合作化演唱练习中实现乐曲的有效掌握和音乐能力的提升。

三、重难点问题解决：完善素养

教师在音乐课堂的识谱教学和歌唱能力训练中需要及时关注学生的学习效果，并针对学生存在疑问的音乐学习要点实施针对性训练，进而帮助学生在音乐课堂的参与和体验中实现音乐素养的建立和健全。

例如，我在教育实施过程中发现班级中的学生在学习《卖报歌》这首乐曲时产生了学习疑问，学生表示为什么感觉这首乐曲的"5"与其他乐曲的"5"音高并不相同？针对学生们的疑问，我很欣慰。出现这种疑问是因为学生的听音能力显著提升，他们能够听出 C 大调、D 大调与 F 大调同一种音名的音高是不同的。于是，我针对学生们在学习中遭遇的重难点问题，实施针对性突破，以不同曲调的乐曲进行合并展示，并借此帮助学生针对大调的构成法则实施了深入浅出的介绍，保证学生在疑难问题的突破中实现豁然开朗，进而有效实现简谱的准确认知。最终，学生将在音乐课堂的参与和体验中实现重难点问题的突破和识谱与歌唱素养的完善。

综上所述，小学音乐教师需要积极利用试唱教学的开展引领学生开口歌唱，并借此有效训练学生的识谱能力，保证每一位学生都能够快速识别简谱，遵循简谱进行歌唱；要借助合作化练习的实施邀请学生互相监督、互相帮助，并共同实现音乐识谱能力和歌唱能力的提升；教师还需要借助有效措施的实施帮助每一位学生解决识谱和歌唱中的问题，促使学生实现乐谱的有效理解和歌唱能力的显著提升。相信在小学音乐教师的教育引导下，一定可以使学生变成德、智、体、美、劳全面发展的优秀学生。

参考文献

[1] 尚小雪. 小学音乐基础知识教学现状分析与教学策略研究 [D]. 内蒙古师范大学, 2019.

[2] 陈艳. 小学音乐识谱教学的有效策略 [J]. 中国教师, 2018（S2）.

中学音乐教学中德育渗透的有效路径探究

湖北省黄冈市蕲春县第二实验中学　何新秀

摘要：中学音乐中有很多蕴含德育内容的素材,合理应用这些素材,既能起到陶冶情操的作用,又能开展德育教学,对中学生全面发展有重要意义。本文理论结合实践,从生活引申实例、心理健康发展、渗透正确价值观三个角度入手,探究了中学音乐教学中德育渗透的有效路径。

关键词：德育渗透　生活实例

《中学音乐课程标准》中明确规定,在中学音乐教学中,要合理渗透德育教学,德育包括思想道德教育,正确世界观、人生观、价值观的树立,爱国主义教育,健康心理教育等内容。如何在中学音乐教学中渗透德育教育,对当下中学音乐教学尤为重要,基于此,本文理论结合实践,对中学音乐教学中德育渗透的有效路径进行了如下探究。

一、引申实例,提升音乐教学效果

音乐是一门特殊的课程,具有很强的写实性和艺术性,优秀的音乐作品可直观展现人的喜怒哀乐,因此,在教学中教师要善于引申生活实例,把音乐作品中的内涵、情感和生活实际相关联,可以是世界发生的重大事件,也可以是生活中的琐碎小事。比如：人教版初中音乐教材初二上册第一单元为《同属一个世界》,第二课时为《我们同属一个世界》,让学生体会用歌唱的方式援助受灾者的情感,知道"拯救人类生命,我和你在一起"的主题思想。在教学中教师可以通过幻灯片来播放抗洪救灾,一方有难八方支援的画面,配上这首《我们同属一个世界》可让学生亲身感受这些歌曲的内涵,结合周围的实际情况,使其更加具有感染力。在第一课时《让世界充满爱》教学中,"轻轻地捧着你的脸,为你把眼泪擦干,这颗心永远属于你,告诉我不再孤单。"教师要让学生明白本首歌曲的创作背景,同时围绕这个主题,启发学生明白爱是什么,让学生自由自在表达自己的理解,抒发自己的感情。通过对歌曲的反复吟唱,可以让学生清楚歌词所表达的"风雨不改、同舟共济的家国情怀",按照歌曲描绘的画面,引导学生结合周围的实际情况,如:某位学生家庭条件比较困难,在师生共同帮助下,该学生走出阴影,从一个自卑孤独的学生变为积极乐观的过程使其更加具有感染力,也更加容易激发同学之间和睦相处的心情。在音乐教学中通过德育的渗透,既能升华歌曲情感,又能让学生在轻松愉快的环境中掌握德育知识,做到学深悟透、融会贯通。

二、因循善诱,促进学生心理健康发展

（一）培养学生缓减压力的能力

在新课程改革的背景下,学生课业并未根本减轻,反而压力越来越大。中学阶段正是学生身心发育的关键时期,如不进行正确的释压,会影响学生的心理健康,因此,学生在压力超过实际承受能力时就必须进行宣泄缓解,唱歌就是一种有效的缓解方法。在音乐教育教学中,放声歌唱和语文课程中的朗读课文一样,让学生通过歌声来表达自己内心的真实感受,这一点也是新课程改革的主要目标之一。因此,在中学音乐课程教学中,教师既要传授学生歌唱的正确方法,又要让学生敢于表现。比如:教师可通过设计各种活动,为学生提供歌唱平台,学生跟着老师的节奏放声歌唱。教师要通过激励性的语言,让学生肯定自我,通过唱歌的方法来宣泄自己内心的压力,从而培养学生乐观积极向上的优良品质。

（二）培养学生团队协作的意识

团队合作是中学生德育教学的主要内容,也是现代社会发展的主要精神,学生们需要具有良好的集体意识、大局意识、团队意识才能在社会中占得一席之地。[1] 在中学音乐教学中,很多课程都可以培养学生的合作精神,比如:人教版初中音乐教材初二下册第五单元为《化蝶》,主要课时为《化蝶》《十八相送》《梁山伯与祝英台》,为我国音乐史上比较经典的音乐作品,在学习这几节课程时,教师可指导学生通过角色扮演的方法来学习,根据歌曲内容,分别指派不同的学生进行合作演唱,共同完成教学任务,学生在整个排练过程中通过相互配合和合作感受体验团队的重要性,也体会到了合作成功后的喜悦,这种具有实际意义的德育教学,比传统课堂上口头德育教学的效果更好,也更能激发学生的学习兴趣。

三、去伪存真,树立学生正确价值观念

在新时代背景下,科技的日新月异加快了信息传播的速度,各种思想

和文化冲击着中学生的思想和灵魂,如何树立正确的人生价值观,提升学生对于是非曲直的辨别能力,是德育教学的重中之重。中学音乐教学既能陶冶学生的情操,又能为学生提供一个识别是非对错的平台。当今学校,很多中学生都拥有功能齐备的视听设备,可以通过网络获取大量课外音乐知识,然而网络歌曲良莠不齐,因此,音乐教师对目前比较流行的音乐人和音乐作品要做足功课,充分了解学生的喜好,引导学生正确分析和鉴赏音乐作品,比如:哪些流行音乐值得欣赏,属于哪种调式,歌曲中融合了哪些元素,要指导学生分辨出无鉴赏价值的音乐作品,帮助学生树立正确的世界观、价值观和人生观。教师不仅是学生在求学道路上的拓荒者,更是未来一生的引路人,因此教师的观念会影响学生判断事物的能力,正确的价值观念引导有助于学生树立正确的审美观,提升学生综合素养和道德品质,使其成长为国家需要的栋梁之材。[2]

综上所述,本文理论结合实践,分析了中学音乐教学中德育渗透的有效路径,分析结果表明,学校德育教学比较强调学生的行为规范和道德品质。而音乐作品中有很多关于德育教育的素材,将二者紧密地结合到一起,可促使学生具有良好的审美能力和高尚情操。因此,在实际教学中,教师需要对教材进行深入的研究探索,然后结合音乐的创作背景和内涵,为学生营造一个良好的德育学习平台。

参考文献

[1] 洪瑾宜. 中学音乐教学中德育渗透的有效路径 [J]. 音乐天地,2014（11）.

[2] 洪瑾宜. 把握课堂氛围 提高教学效率 [J]. 音乐天地,2016（10）.

再谈如何发掘音乐课的文化育人功能

湖北省蕲春县第三实验中学　赵银银

摘要： 柏拉图说："音乐教育比起其他教育都重要得多。"音乐教学能够提升学生的综合文化素养，能够培养学生的团队合作精神，能够提高学生的思想道德修养。作者结合在日常音乐课堂教学的实践中对音乐课的文化育人功能进行了深入研究。

关键词： 音乐教学　文化素养　育人

音乐是人类最古老，且最具感染力和普遍性的艺术形式之一，在人类历史发展过程中，它以其自身的艺术魅力陪伴着人们，充实着人们的精神文化世界。

音乐课堂教学是美育传播的重要形式之一。在《音乐课程标准》中有应把我国传统民族民间音乐及近现代能够反映中国社会生活的音乐作品作为音乐课堂教学中的重要内容，通过音乐课堂教学使同学们感受并了解我国音乐文化，在汲取民族音乐文化的同时，学生还应当感受并体验其他国家的音乐文化，学会去理解和尊重不同地域的音乐文化知识，世界的和平与发展有赖于对不同民族文化的理解和尊重。通过音乐课堂教学，让学生建立平等多元化的世界价值观，懂得珍惜人类文化遗产，从而共享人类文明的优秀成果。

一、音乐课堂教学能够提升学生的综合文化素养 [1]

文化素养大多是指一个人的知识文化涵养及这些知识通过语言文字及举手投足中所反映出来的文化素质。音乐素养大多指相关的音乐理论知识，也可理解为学生们通过对音乐知识的学习，反映出来的艺术气质。随着时代的进步、现代化教学的发展，大家越来越认识到音乐在日常生活中的重要性。它让我们感受到世界的广度和深度，它让我们感受到人类精神世界的最高意识，同时它还决定着人与人之间交往的层次和品位。

音乐课程标准中有提到，音乐课堂教学大多是以聆听音乐、表现音乐及创造音乐为主的艺术审美活动,通过教学使学生们感受并体验音乐中的美及其丰富的音乐情感,学生被音乐作品中所表现出来的理想境界所吸引并为之陶醉,与其产生强烈的情感上的共鸣,由此达到音乐教学的目的,使学生养成高尚的审美情绪及乐观向上的生活态度,为培养学生终身热爱音乐、热爱生活、积极向上的社会情感埋下基础。

一个国家民族的音乐传统总是与这个国家的历史文化和社会形态息息相关的。学生在学习音乐时,通过对作品的深入了解,能够感受并体会到一个国家和一个时代的音乐流向,从而了解更多的文化历史导向,由此便大大增强了对音乐作品的欣赏能力,从而扩大知识面。在日常学校教学中,文化素养教育大多是通过语文、数学、英语等学科来实现的,其实音乐教育与这些课程是相辅相成的,旨在共同提高学生的综合文化素质。

二、音乐课堂教学能够培养学生的团队合作精神

记得有一次音乐课堂上我给同学们做了一个小实验:先弹一个单音,再弹一个和弦问同学们哪一个好听?同学们异口同声选择了后者,在社会当中任何一个人都不是孤立存在的,我们的生活和学习离不开群体,所以,我们需要建立团队意识。倡导人与人之间的和谐相处、平等对话、相互尊重这是社会与群体之间交往的重要保证。

很多音乐作品也有很多类似这样的题材,如《众人划桨开大船》等,在音乐课堂教学中教师就可以进行运用去引导教育学生。音乐合唱课堂,更体现了团队的合作性,合唱是一种集体声乐艺术,合唱艺术就是集体的声音发出来的总和来表达的一种和声效果。这种效果需要靠严密的合作才能够完成没有好的合作意识就没有好的合唱。

现代人不缺乏个性,但缺乏合作精神,教师从小培养学生的合作精神,有利于学生成长,通过音乐课堂教学增强学生团队合作精神,凸显音乐课的教学育人功能,这也是音乐教师育人的根本要求。

三、音乐课堂教学能够提高学生的思想品德修养

在日常教学中,我们总希望通过说教对学生完成思想教育,说教型的思想教育是枯燥无味的,但也是相对有效的一种方式。在音乐教学,教师中作者会尝试将思想教育加入音乐课堂,通过对作品的学习,让学生在欣赏音乐美的同时,更多地能够提升其思想境界和品德修养。

音乐课堂教学在选择歌曲时,歌曲内容必须要积极乐观向上。身边喜欢音乐的学生很多,但大多不会选择适合的作品,所以,我们要对学生多加引导。比如在一次歌曲合唱课《我和我的祖国》中,以电影《我和我的祖国》作为导入,分析作品相关内容,对歌曲的声部情感演唱情绪进行分析,通过一次次的排练演唱,随着对作品的深入了解,提升学生对于祖国深深的热爱之情,"我即是祖国的一部分,我为祖国骄傲与自豪。"学生在感受体验音乐、理解鉴赏音乐的同时,自身的道德修养、人格品质得到再一次的升华,达到崇高的精神境界。

好的作品加入好的音乐课堂教学,使良好的音乐教育通过美妙的音乐去传达,以潜移默化的方式让人感受到思想道德情操、意识观念及文化精神的渗透,进而提升了学生的思想品德修养。

以上便是作者的一些浅见,音乐就是一首优美的诗,歌词就是那动听的音符。在我们的生活中,有很多丰富的音乐教学资源,还需要我们去继续探索和发现。

参考文献

[1] 高华. 浅谈音乐课堂教学的文化育人功能 [J]. 中国校外教育, 2012（28）: 52.

浅谈小学阶段音乐教育的重要性

湖北省黄冈市第二实验小学　宋　霞

摘要：音乐是比一切智慧、一切哲学更高的启示。音乐教育对孩子们智力的开发、性情的养成所产生的影响是不可低估的，对提高学生的科学素养、陶冶情操、培养良好的意志品质的作用是不可替代的。

关键词：音乐教育　特殊孩子　唱游律动　重要性

古人云："乐之入人也深，其化人也速。移风易俗，莫善于乐。大声不入于里耳、曲高和寡。兴于诗，立于礼，成于乐。德者，性之端也；乐者，德之乐也。凡音之起，由人心生也，人心之动，物使之然也。"依·奥·杜那耶夫斯基说："歌曲与人民的历史是不可分割的，歌曲记载了人民的生活、仪典与风习，歌曲就是人民的心灵。"艾涅斯库说："音乐是一种语言，它能够确切地反映个人和人民的精神品质。"贝多芬说："音乐是比一切智慧、一切哲学更高的启示。"冼星海说："音乐，是人生最大的快乐；音乐，是生活中的一股清泉；音乐，是陶冶性情的熔炉。"柏拉图说："音乐教育除了非常注重道德和社会目的外，必须把美的东西作为自己的目的来探求，把人教育成美和善的。"这说明，从古至今，从西方到东方，从个人到民族，音乐都有着不可替代的作用。

如今，音乐充斥着大街小巷，渗透于各行各业。校园中，诗朗诵比赛、运动会、歌唱比赛、艺术节、元旦联欢会以及上学、放学、上课、下课的铃声，到处都有音乐。音乐与不同学科的教学也联系紧密。语文课中，诗朗诵配上背景音乐，既减缓了语速又增强了情感的表达。美术、英语等课大多用视频导课，视频中的配乐可以提升感染力。[1]就连数学课学生动手练习的时间，不少老师也选择播放轻松的背景音乐，便于学生放松思考，活跃课堂气氛。

作为一名小学音乐教师，我是幸福的。我更是幸运的，曾经有六年特殊教育学校音乐教师的经历，这让我深深地知道音乐教育对每一个孩子的智力、性情所产生的影响是不可低估的。音乐教育对提高学生的科学素养、陶冶情操、培养良好的意志品质起着不可替代的作用。音乐可以在润物细无声中，潜移默化地培养人积极向上的精神，能使人心灵得到净化，人格得到提升。在不断推行素质教育的今天，音乐教育对孩子们显得尤为重要，作为施教者，应从实际情况出发，给不同学生设计合适的教学方法。

对于学生来说，他们生活中经常接触各种高度商业化及娱乐化的声乐媒介，这些媒介播放得更多的是流行、摇滚、爵士乐以及一些口水歌，造成这些歌曲在学生中传唱度高，而出现在音乐课本中的古典音乐、经典流传的民歌传唱度较低。其实，来自于广大群众的民歌不仅仅是一首首歌曲，更是代代相传的民族文化、民族精神。通过正确的音乐教育，结合中国传统文化，孩子们能更好地树立正确的价值导向和音乐审美观，更能理解民歌的内涵，更好地掌握歌曲。

现阶段，很多学校的音乐教育不容乐观，普遍把音乐当作一门副课，部分农村学校对音乐课不重视。我所在的学校处在城乡结合部，有相当一部分学生来自周边农村，他们从小没有接受过正规的音乐教育，连基本音乐常识都不知道。播放《中华人民共和国国歌》的时候，有些学生不知道曲作者是谁，也不知道国歌的另外一个名字叫作《义勇军进行曲》。小部分学生听到国歌时，不知道应立正站好，向国旗方向敬队礼。严重欠缺的音乐教育对孩子们的成长是不利的，他们是祖国的未来，提高学校对音乐教育的重视程度已经刻不容缓。

对于特殊孩子来说，音乐教育的作用更是举足轻重的。智力障碍是特殊孩子中常见的一个群体，他们在生活和学习方面比普通孩子面临着更多的困难和挑战，但他们与普通的孩子一样喜欢美好的事物，有着丰富的内心，并渴望与他人交流，渴望能让自己被接受并更好地融入社会的教育。音乐教育就是最合适的教育之一，它会让智力障碍孩子在情感、认知、沟通、合作、表达等方面发生潜移默化的改变。由于生理构造的原因，智力障碍孩子大多无法正常地记忆与理解事物，而在音乐教育中，他们能够达到心理相对放松的状态，不仅更容易理解、记忆知识，也会使他们放下防备，用一切本能的行为表达自己，有利于配合他们的康复治疗。还有研究表明，音乐可以作为一种外部干预方式间接刺激智力障碍孩子的大脑生理结构，使他们的心理特点与行为方式发生改变。[2]他们接受音乐教育，不仅是学习音乐知识和声乐技巧，最重要的是音乐在情绪的调控、情感的培养以及行为矫正等方面都有积极作用，能够挖掘超出音乐教育本身更多的潜在价值，帮助他们获得幸福感，进行康复治疗。

怎样让小学阶段的学生更好地接受音乐教育一直都是无数从业者在

长期思考的一个问题。通过对正常孩子和智力障碍孩子的音乐教育实践,我认为游戏和唱游律动相结合的这种教育方式,容易让学生接受和理解。这种方式不仅受孩子们喜爱,而且形象易懂,可以让他们在轻松、愉快的氛围中获得情感上的熏陶,影响他们的行为,促进他们养成良好生活习惯,真正达到"寓教于乐"的效果。低年级学段可以选择如《你好歌》《再见歌》《你叫什么名字》这类歌曲进行情景式教学,有助于发展学生的言语和交往能力,他们在唱歌中学会了同学和朋友之间见面要相互问候、相互握手,分别时要说再见等交际知识,能更好地与人交往。培养学生的交通法规意识,我选择了音乐歌曲《红眼睛 绿眼睛》,并在黑板上贴上红绿灯的标记,在地上画上斑马线,要求学生们在学会歌曲后,边唱边表演。我还在教室模拟红绿灯的十字路口,让他们观察,再带他们按照红绿灯的指示过斑马线。这样一来,学生就会容易记住这些交通法规。针对学生不会主动与老师、同伴打招呼,日常的文明礼仪习惯缺失的情况,我选择《咱们从小讲礼貌》进行教学,利用"见到老师敬个礼,见到同学问声好,团结友爱一条心,讲文明,讲礼貌"这浅显易懂的歌词,在反复吟唱中培养学生良好的行为习惯,并结合社会主义核心价值观、中国梦、志愿精神等时政热点教育学生。针对学生之间时常打闹碰撞的情况,我选择歌曲《对不起 没关系》进行教学,并在校园开展情景剧表演活动。孩子们在愉快的表演当中都学会了礼貌待人。当与同学发生摩擦时,知道主动跟对方说对不起、没关系等礼貌用语。

实践证明,孩子们非常喜欢这样的教学方式。每次上课,不管是正常孩子还是特殊孩子,他们都会以热烈的方式迎接我,有的拥抱、有的夸赞、有的大声唱歌,有的跳着我教过的舞蹈,还有些不会说话的特殊儿童用力拍打,我都感到无比幸福,因为我知道音乐让他们快乐,他们爱我,也爱音乐。

参考文献

[1] 孟丽颖. 浅谈音乐教育的重要性 [J]. 中国科技教育(理论版), 2017.08

[2] 邵帅. 音乐教学法在智力障碍儿童教育中的应用 [D]. 西安音乐学院, 2015.

从国培中汲取养分,提高音乐教师素养

湖北省黄冈市团风县王亚南学校　陈　军

摘要：2019 年 99 名湖北乡村骨干音乐教师国培于陕西师范大学举行,我是团风县唯一参训教师。在学习中深有感悟,收获颇多。

关键词：国培　音乐素养

一、塑造独特的人格魅力

作为一名人民教师,特别是新时代人民教师,我听过很多次有关师德师风的讲课、党课、大小会议,但杨泳老师的"新时代·新境界·新师德"主题讲授,让人耳目一新、兴趣盎然。杨老师也会讲"空"话"大"话,但"空"中有实事,"大"中见细微,让人对深奥的法律法规加深理解;特别是以自己实事举例,杨老师尝试告诫大家什么是为师的品德和风气、为什么要这样做、怎样去做,从而认识音乐课和音乐教师,然后去改造音乐课和音乐教师,好似创造了一部教师的《共产党宣言》。由此可见,个人的人格魅力对于其他人所产生的影响是多么地巨大!

古代教育家杨雄说过"师者,人之模范也",这个观点就是对教师的示范作用的概括说明。教师具有优秀品质,才能成为学生学习的楷模。教师劳动手段的特殊性决定了教师的示范作用。朝气蓬勃的青少年儿童最富有模仿性,也最信赖他们的老师,他们把教师看成是知识的化身、高尚人格的代表,是他们学习的榜样。所以,作为教师应加强自身的思想道德修养,养成优良的品质,言传身教成为学生学习的楷模。

二、具备较扎实的专业技能和较强的业务能力

（一）乐器演奏技能

在授课专家简介中,罗琦老师是唯一的正高级教师。实践是检验真理的唯一标准,罗老师的实践让人叹为观止,居然让最难创建的弦乐团在铁一中学成立,经常在国内外演出,成绩斐然;而在讲授课程时,罗老

师也屡次强调要开展有效的艺术实践活动,并给出具体的方法和策略。

同样,我们在高新逸翠园学校的观摩,真是颠覆了我对中学音乐教师的认知,原来高校以下的教师也能玩转高端音乐。雒玉老师的管乐团让人惊叹万分,身临其境更使我尽情体味到了委婉质朴、流畅多变、丝丝入扣、古朴典雅、生动秀美。雒老师非常大方,并不藏拙,不仅现场给我们完整演绎了管乐团的教学程序:从预备的热管和校音,到渐强音和吐音的系统训练,然后让乐团完整演奏两首成品乐曲;还和各位老师交流探讨。

短短三小时的井碧媛老师即兴伴奏讲课,让我明白了和弦是即伴基本素材、和声是即伴重要工具、织体是即伴主要载体;让我获悉了诸如"哔哩哔哩网""央音在线"之类的专业实用网络资源;让我懂得了为歌曲配伴奏的步骤有四个:分析作品、标记和弦、选择织体、实践弹奏。

乐器演奏技能是音乐教师的重要基本功之一。其中钢琴是音乐教学的首选乐器,音乐教师应具备基本的弹奏能力,能够根据歌曲旋律、曲式风格与情绪要求,正确选择和编配伴奏,不断提高即兴伴奏的能力。此外,还应掌握其他一些乐器的基本演奏方法或了解其性能,以保证音乐教学和音乐课外活动的顺利开展。

(二)指挥技能

指挥家王拥军老师举手投足尽显大家风范,他对合唱中声音要求极其精准、方法稀有。如对声音位置的寻找方法易懂易操作;对气息的运用方法独到独特;对共鸣的位置统一又独立;特别是对咬字中用直声的方法去统一音色让人叫绝。同时,王老师还手把手教会了我合唱指挥的总体要求:如清晰明了、原汁原味原创地给出常见三种指挥图示,其中于四四拍的创意图示让我"爱不释手";对肩、肘、腕关节的运用在不同节拍里做了详细说明;指出指挥手势务必简洁准确。

指挥技能是音乐教师必备的音乐技能,包括合唱指挥与乐队指挥。合唱是音乐教学中的常见形式,在学校的课堂教学和课外活动中,组织合唱队是非常普遍的现象。随着音乐教育的不断发展,学校的各种乐队日益增多,并越来越受到重视,因为其对校园文化建设发挥着重要作用,所以,对音乐教师的指挥技能也有了更高的要求。

三、具备先进的教育理念,转变观念、角色,塑造新时期新教师形象

黄键博士的音乐论文写作讲座课程讲究循序渐进、由易到难、行动出真知。黄博士对论文选题的缘由、类型、原则、要点做了理论阐述,对论文

文献综述的过程、核心、范围、过程、逻辑、内容做了完整描述,对音乐论文规范性进行了不厌其烦地强调和说明。并教诲我们,写音乐论文并不像想象中那样艰难,关键在于现在就要出发,敢于朝着论文创作的星光大道前进!

现代音乐教育要突破传统的以"教师为中心"的"讲台式"教学环境旧格局,强调突出"学生角色"和"学生主体",把学生看成是具有主观能动性,充满活力的人。而撰写和发表音乐论文能够使教师自身具备先进的教育理念,转变观念、角色,塑造新时期新教师形象。

如此这般,从国培中努力汲取养分,音乐教师才能不断地提高自身素养,而使自己的课堂更加生动、更加有趣,进而大大提高课堂效率!

低年级器乐曲欣赏教学初探

英山县温泉小学　张志强

摘要：音乐欣赏是开拓儿童音乐视野、发展儿童音乐才能、提高儿童音乐审美能力的一项重要内容，也是音乐教学中的一个难题。如果我们能把这些抽象的音符、抽象的旋律变为直观的画面、形象的符号或通过各种动作加以体现，便可调动学生的各种感官参与到欣赏活动中，使学生的思维、想象建立在具体、形象、生动、活泼的基础上，这样才能取得良好的效果。

关键词：抽象　直观　形象

　　长期以来，人们一直把低年级音乐课的课堂教学内容局限为唱歌教学，而忽视了音乐课教学的另一个重要组成部分——欣赏课教学。音乐欣赏是开拓儿童音乐视野、发展儿童音乐才能、提高儿童音乐审美能力的一项重要内容，也是音乐教学中的一个难题。尤其是器乐曲的欣赏，它是一种看不见、摸不着的艺术形式。既没有生动直观的画画，也不像歌曲有精妙的歌词易于让人理解和接受。它完全是由一个个音符联成的世界，蕴藏着无穷的奥秘。因此，对于一个低年级学生来说，欣赏一首器乐曲存在着一定的难度，仅仅依靠听觉很难领会其中内涵，致使学生音乐素养的培养在欣赏课教学中无法得到落实。如果我们能把这些抽象的音符、抽象的旋律变为直观的画面、形象的符号或通过各种动作加以体现，便可调动学生的各种感官参与到欣赏活动中，使学生的思维、想象建立在具体、形象、生动、活泼的基础上，这样才能取得良好的效果。

　　如何把一首器乐曲表现在直观的"视觉"上呢？这就要求老师根据乐曲的性质或表现内容，用生动的画面或形象的符号表示出来，让学生从画中看到，从符号中理解乐曲所反映的主题思想、音乐性质、旋律变化等。如在《快乐的小熊猫》一曲的欣赏教学中，我先以故事的形式，伴着乐曲开头悠扬清新的旋律将学生带入到早晨美丽幽静的小树林中，由此让学生不知不觉地进入优美形象的乐曲中去感受其中描绘的各种音乐形象。

在此，我把整首乐曲编成有趣的故事情节，并配上六幅色彩绚丽的画面：首先，自由拍子的音乐表现的是大自然从朦胧中渐渐醒来，天越来越亮；接下来出现的连续的轻松而有弹性的音乐，像可爱的小鸟刚刚睡醒，唱着歌，拍拍翅膀飞到了熊猫百货商店前的大树上；一段活泼而欢快的曲调，仿佛看到两只活泼可爱的小熊猫来到水塘边打水；一声大镲响，水桶掉进了水塘，接着竖琴又奏出了一段表现池塘中激起浪花和泛起波纹的音乐；一段较慢的、呆板而滑稽的音乐，好像两只小熊猫摇晃着肥胖的身子在抬水；接着是一段快速地下行跳进旋律，仿佛小熊猫急促走进商店的步态；加上最后竖琴的刮奏，表现了小熊猫一溜烟走进商店柜台，开始接待买东西的顾客。像这样让学生边看、边听、边想，就能很快地理解乐曲的内容和性质。

由于低年级学生理解水平和欣赏能力比较低，仅仅依靠画面和乐曲本身的感染力，还不能使学生完全正确地理解乐曲的内容和性质，还必须借助教师的具体辅导和帮助。在学生欣赏乐曲的过程中，教师对乐曲做一些生动的讲解和分析，以及对乐曲中某个细节的乐句进行一定提示，引导学生哼唱主旋律，从而启发学生发挥想象。如在《快乐的小熊猫》一曲中，有一段表现小熊猫在池塘边打水，水桶掉进了水塘，水面激起浪花。在欣赏这一段时，我采用提前引导，及时点拨哼唱的方法，使学生发现这段音乐的变化，深入音乐，拓展想象，在头脑中逐渐展现出更为丰富、有趣的音乐画面。

当教师用形象的画面、生动的语言把学生引入音乐的意境中去时，再进一步激发学生用自身的体态和动作表现自己对乐曲的感受。让学生根据乐曲的情节发展，或模仿小动物的姿态（如：小鸟刚睡醒的姿态，小熊猫抬水的姿态等），这样，学生把自己对音乐的理解，化为想象，并用身体的动作加以表现；或用各种色彩、各种线条表现乐曲情绪的变化，（如：《杜鹃圆舞曲》中可让学生自己选择颜色表现音乐情绪的变化，并说明选择颜色的理由）；或用语言把音乐的内容叙述出来。这些方法都能帮助学生很好地理解音乐，将学生的情感与乐曲的内容紧密地联系起来并融为一体，从而提高学生的音乐鉴赏力和表现力，为学生音乐思维发展打好基础。

总之，在小学低年级器乐曲欣赏课教学中，教师创设轻松愉快的教学氛围，使用灵活多样的教学方法，不仅能让学生更好地体验音乐，提升音乐素养，还能让学生更好地领悟音乐的真谛，获得精神的愉悦。

浅谈如何提升学生的音乐审美能力

英山县中小学教学研究室　郑　珊

摘要：在音乐教育中，音乐审美能力至关重要。系统的音乐学习能够培养学生正确的审美观以及审美能力，随着学习的深入，学生的审美能力和审美观都有一个质的飞跃，能促使学生成为一个身心健康的人。

关键词：审美能力　探索与创新　课堂评价

《音乐课程标准》中提及音乐老师在进行音乐教学活动时，情感态度和价值观应该放在第一位，要突出学生对音乐的亲身体验，这也就足以证明音乐是可以表达人的情感，还可以多样化来体现。在音乐教学中，情感具有引力、定向、激励和强劲的作用，使学生体验到愉快、振奋、高尚、积极的情感。国家一直在强调素质教育，那么何为素质教育呢？其实音乐教育也是素质教育的一部分，在素质教育发展中有着举足轻重的作用。学习音乐不仅能提升审美水平，还能激发学生创造性思维。让学生具有好乐感、好声音，有兴趣，有良好的音乐基础，是学生需要的一种最基本素养，也是音乐教育的使命和责任。那么如何提高学生对音乐的审美能力，这是我们广大音乐教师必须要深思的一个问题，下面我就此问题谈谈自己的几点见解：

一、直观感受音乐

其实音乐都源自于生活，通过声音、听觉、情感反映我们人类生活的喜怒哀乐。它在各个教学学段表现的形式也不一样，比如在小学基本上是听和唱，而到了中学则以欣赏为主。苏霍姆林说："能够听和理解音乐是审美素养的象征之一，因此没有它的音乐教育是不完美的"。所以，学生对音乐的直观感受是非常重要的。比如歌曲《友谊地久天长》是一首歌颂友谊的歌曲，旋律优美，歌词富有内涵。在学习这首歌时，教师让学生直接听懂歌词，唱出歌曲，让学生用自己的方式表达，让学生积极尝试各种演唱形式，提出自己的见解。这种形式的效果是：学生有很强的参与性和趣味性,有的是独唱,有的是二重唱,有的是集体演唱,有的是舞蹈表达。教师只需要用欣赏和肯定的眼光来看待每一个学生,对他们的歌唱做出积极的评价。事实说明,在提高学生学习音乐兴趣的基础上,也提高了学生对音乐作品的理解力和审美能力。

二、理解音乐作品的来源

每一个音乐作品都有其创作依据。教师应让学生了解音乐作品的背景来源,从而加深对作品的理解。比如,初中音乐课本中有一首歌曲《雪绒花》,它是美国电影《音乐之声》中的一首歌曲。电影中上校拒绝为纳粹服务,决不背叛自己的祖国和人民,当他准备冒险带全家离去时,临别之际,他为家乡的父老乡亲献上的还是那首他最喜爱的歌。这首歌表达了奥地利人民反对侵略的正义声音和反对暴力的胜利信念。教师应让学生深刻理解作品的背景,使音乐作品变得简单易懂,让学生感受到音乐带给人们的美。

三、尊重学生的主体地位,激励学生探索与创新

教师在进行音乐教学活动时要尊重学生的主体地位,激励学生对音乐的探索和创新,同时也要鼓励学生参与到音乐活动中来,着重体现学生对音乐的体验和表达。在音乐课程的实践中,还应鼓励学生积极探索和创新,把培养学生的形象思维能力和创新思维潜能作为重要的培养目标。因此,我们在音乐教学中除了基本的唱歌、表演、欣赏之外还要增加一些对音乐作品的创作和探索、体验、表现环节,以此来增加学生对作品的深入理解,从而提高学生对音乐的审美能力。

四、有效地利用课堂评价

课堂教学评价的目的不仅在于评价教师的课堂教学,更在于鼓励教师有目的地学习、改进和提高。有效的课堂教学评价不仅能让学生快速成长,也能让老师的专业得到发展,从而提高音乐课堂的教学质量。在听课的过程中,很多老师都喜欢用"很好、很不错、给你一个赞"等口语化的表扬,给人一种应付敷衍的感觉。其实,对学生每一次的教学评价应该根据学生年龄、心理、参与教学情况等多方面进行综合细致的评价。比如在小学一年级教唱课《在农场里》中,歌曲中出现了多种小动物,我利用一年级小朋友喜爱小动物的心理,让他们模仿各种小动物们的叫声,我甚至还播放小动物们的叫声让学生们亲身体验,整个课堂瞬间热闹起来了,这为我接下来的音乐教学打下了基础。在课程教学后半部分,我采取合作

学习的方式,让学生扮演不同种类的小动物,并为他们准备头饰。学生们参与的积极性非常高,每一组都认真准备,并且上台进行展演。表演完毕后,我会对学生的表现进行评价,尽可能地去发现每一个学生的闪光点,对他们进行表扬和鼓励。学生们听了之后非常高兴,上音乐课的积极性更高了。

提升学生音乐审美能力是一个艰巨的任务,值得我们音乐老师去认真研究并落实到我们平时的音乐教学中来。让学生掌握音乐的核心素养,成为一个有修养、身心健康的人是我们音乐老师义不容辞的责任和义务。

浅谈如何提高农村初中音乐教学质量

湖北省黄冈市英山县实验中学　胡金莲

摘要：初中音乐教学的主要目标在于面向全体学生,激发学生的兴趣,以音乐审美为核心,在丰富多彩的音乐实践中,注重个性发展,发展学生的想象力、增强学生的创造意识等。但从农村初中的课堂教学实践现状来看,农村初中音乐教学活动的开展还有待改进。本文从农村音乐教师如何加强课时观、如何处理课堂内外、如何营造浓郁音乐氛围等方面提出一些措施与建议,仅供参考与借鉴。

关键词：教学质量　延伸　课堂环节

随着新课程改革的不断深入,全面提高学生德、智、体、美综合素养的观念已深入人心。农村初中学校已全面实施素质教育。然而因为对中考成绩的过于重视,有些初中养成的初三不开设音乐课的习惯还在,初一、初二的音乐课也时常被其他学科占用。因此这种情况下"如何提高农村初中音乐教学质量"的课题就显得极其重要。作为一个曾有着多年农村初中音乐教学经验的教师,我想从以下四个方面浅谈一下提高农村初中音乐教学质量的策略。

一、始终支持"一寸光阴一寸金"的观点,做保障"音乐教学课时"的忠诚卫士

音乐教学不仅能培养学生诸如爱国、感恩、善良等高尚品质,以及开拓进取、乐观向上等积极的情感态度,而且在音乐教学课堂上,学生在美的视听环境中,参与创造美的音乐实践活动,再把美的音乐作品自信地展演给他人。长期以来,在美的熏陶下,在平等、和谐的师生关系中,在团结友爱的生生情谊下,学生已深深爱上音乐这一门学科。这种氛围里,农村初中音乐教师大力推行音乐教学课已不是难事。

事实证明：只有学校全面全科开课,在以"德育"为首、"体育"为辅、以"美育"为助的情境下,学校"智育"才能以事半功倍的姿态大获全胜。

值得欣慰的是,在音乐氛围浓郁的农村初中,其他学科教师已达成共识,"以后再不占音乐课了,这种事做起来吃力不讨好,占的课也根本没教学效果"。

二、延伸音乐课堂,合理布置适量的音乐课外作业

音乐教师在充分了解学生的基础上,根据学生的个体特长布置以学生"乐意"与"能做到"为原则的课外作业。如制作简易打击乐,尝试当个指挥家,创编律动和简易舞蹈,按歌乐曲旋律节奏击拍鼓点,填词创作等。音乐教师要适时检查学生音乐课外作业,并按完成的质量情况加以引导,提出合理化建议鼓励学生课后再加工,追求更好的效果。教师可在课堂上结合教学内容让学生自主交流课外劳动成果,协作再现音乐作品。如指挥和打击乐伴奏与教师弹唱合作;听原唱与学生律动和简易舞蹈合作;学生击拍鼓点与教师歌舞表演互动等。

这些课外作业不仅丰富了音乐课堂教学内容,更提高了学生学习音乐的强烈兴趣,他们往往能自发互换课外作业内容,并兴致勃勃地充当对方的老师。

三、精心设计课堂环节,打造严谨而灵动的高质量教学课堂

播放教师准备的课件中的原声歌乐曲视听资料;教师声情并茂地范唱、弹唱;根据教学内容,教师自编自导优美舞蹈等环节都是整个音乐课堂的衔接环节。合理安排这几个环节贯穿于课堂时段的始、中、末。放在课堂之始,让学生对本课的学习有整体的艺术印象,并产生"真好听,我一定要学它"的欲望;放在课堂时段之中,是给正有些迷茫的学生以方向,并让学生产生"哦,原来是这样子啊"的明悟,从而增强克服困难的信心;放在课堂时段之末,是激励学生要用精益求精的态度吸取课堂内容的精华,引导学生持续不断地去探究音乐艺术的更高境界。

在以教师为主导的环节衔接下,教师可以根据初中学生的认知规律合理安排一些以学生为主体的环节如:发现新知识、讨论老师提出的引导性问题环节;系统学习音乐基础知识,掌握相关音乐技巧和技能的环节;运用所学知识与讨论的结果进行音乐实践活动的环节;根据学生个体特长进行协作互动的环节;设计课堂舞台让学生自信表演环节等。教师可以在整个教学过程中灵活运用学生互评、师评等小节逐渐提升学生审美、鉴赏的能力。

无论是以教师为主导的教学环节,还是以学生为主体的音乐实践活动环节,我们一定要在课前反复演练,分配好各个环节所用时间并写成教

师课时计划,课后还需根据课堂实际情况做出调整并写进课时计划的反思总结环节里,以逐渐达到打造严谨而灵动的高效课堂的目的。

四、搭建学校舞台营造浓郁音乐艺术学习氛围,角逐音乐擂台追求更完美音乐艺术境界

一台精彩的文艺晚会不仅能培养学生诸如策划、宣传、协调、组织、主持、合作等方面的能力。还因各种节目形式的要求,学生需要把舞蹈、体育、文学、戏剧、美术、影视等其他科目进行整合,在各科老师的引导下创编出新颖的文艺节目。

一次激烈的音乐比赛,能激励学生心甘情愿地接受比平时苛刻百倍的指导。师生共同努力,精雕细刻出更完美的音乐作品形象,学生斗志昂扬地参加比赛,获得理想成绩。

因此,学校应结合"五四""七一""十一""元旦"等传统节日搭建舞台,组织联欢晚会,从而提高学生综合素养,促进学生全面发展。教师应带领学生积极参加诸如湖北省教育厅组织的"十佳艺术小人才""长江钢琴杯"等比赛;黄冈市教育局组织的"校园歌手擂台赛""器乐大比武"等;英山县教育局组织的"音乐五项全能"比赛等活动,从而发挥学生个体特长,培养音乐优秀人才。

五、结语

乘着课程改革的东风,从事农村初中音乐教学的教师们还需不断学习初中音乐课程标准,挖掘教材内容,运用信息化素材提炼教学内容,保障音乐教学课时,打造严谨而灵动的高质量课堂,适量布置音乐课外作业,积极开展文艺汇演,积极参加各级各类音乐比赛,从而提高农村初中音乐教学质量。

农村中学歌唱教学之有效方法

湖北省黄冈市英山县长冲中学 郑敏吉

摘要：歌唱教学是音乐教学中很重要的一部分,本文针对在农村中学开展歌唱教学需要采取的行之有效的方法,本文结合教学实践进行了探究。

关键词：唱歌 教学方法 探究

歌唱教学目前还是我国中学音乐教学中最重要的内容之一,人民音乐出版社教材中所选的歌曲体现了思想性与艺术性的高度统一,符合学生认知水平(好听易唱),具有时代感。学生如何能够在学到知识的同时又能提高审美教育,学得快并唱得好,下面笔者结合自己的歌唱教学实践,谈几个观点,共同探究。

一、搞好歌唱教学,必须科学地运用和保护嗓音

教学中,清脆悦耳、甜润宏亮的嗓音是搞好歌唱教学的重要的因素,它使课堂富有艺术魅力,它既能给学生以振奋、激情,也有助于激发学生唱歌的兴趣,提高教学质量,音乐教师在歌唱教学时,尤其要保护好嗓子,科学发声。教师在教学中应根据课中内容需要,有计划、有控制地表演范唱,以保持课堂声音洪亮,提高教学效果。教学时,做到提前开嗓,放松面部肌肉以及喉头,加强气息训练,可以用打嘟噜的方式进行。京剧演员发声响亮讲究丹田用力,不妨也可以从中作以借鉴。此外,音乐教师要讲究科学文明的生活方式,不能有不良嗜好,烟酒的刺激对嗓音危害很大,烟叶中有许多有毒物质,如尼古丁、烟焦油等,都会破坏健康的口腔粘膜,也损伤声带,造成声音沙哑,长期酗酒或饮酒过量,也会引起声带增厚,因此,忌烟酒、少食辛辣刺激性食物也是保护嗓音的基本条件。音色是声音的属性,它决定着咽喉出声音品质的好与坏,很难想象灰暗、嘶哑的嗓音能成功地上好歌唱课,所以,保持嗓音的优美这一条件十分的重要。

二、把握歌曲艺术特征，注意作好课前引导

每一首歌都有其独特的艺术风格,教师应在教唱前力求按歌曲所要求表达的感情、风格特点做好课前引导,引导的方式可借助多媒体播放音乐或教师示范演唱,使学生在学唱前对歌曲有一个较完整的了解,吸引并提高兴趣,激发他们对学唱新歌的欲望,在整体感知前,教师也可以对歌曲的内容、背景或学唱的要求等加以讲解,如教唱《国歌》,可讲一讲伟大祖国的悠久历史、灿烂文化、优美的自然景观。教唱影视金曲,可讲一些有关剧情及该歌在影剧中的作用,如《长江之歌》等。教唱外国歌曲,则可讲些有关国家人民的风俗习惯、词曲作者的艺术成就等,如《红河谷》《雪绒花》,从而进一步促进学生对歌曲的内容和风格有所了解。

三、要因材施教，灵活处理好歌曲中的定调

音乐教材里的每首歌,都有调式注明。教学实践证明:歌曲的原调并不一定完全适合本班学生的音域和歌唱技巧,这样就会出现两种情况:一是曲调偏低,使学生声音过于压抑、声音偏白;二是曲调偏高,使学生造成高音嘶喊,过度用嗓。这两种情况,都会使学生在唱歌时发声器官过度紧张和疲劳,长期下去,不利于青少年嗓音的保护和健康发展,所以,在唱歌教学中,教师必须因材施教,充分考虑到青少年在变声期和发声器官的不同而造成基本音域有宽有窄、不稳定的特殊情况,对所选歌曲给予适当的升降调训练,达到一定的水平后可再重新回到原调,可以逐渐升高。大致上有两种做法,①大部分旋律在低声区的歌曲,可以把原调升高半个或一个调。②大部分旋律在高声区的歌曲,可以适当地将原调降调,熟练之后逐渐升高。这样学生敢于开口放松歌唱,就能够获得较好的演唱效果。总之,教师应根据青少年的实际音域来定调,让孩子们在演唱时尽可能地科学用嗓,避免错误使用声带,使歌声自然、明亮,既有利于保护嗓子,又有利于演唱效果,这是唱歌教学中不可忽视的一个问题。当然有声乐天赋的音乐特长生的培养可按要求拔高。

四、搞好歌唱教学，要善于运用激励机制

青少年天性活泼,积极向上,歌唱本是一个愉快的活动,所以不论是在课堂上,还是课后,教唱活动都要求进行得生动活泼,丰富多彩,吸引学生。怎样才能达到目标? 实践证明运用激励是搞好课堂教学很重要的教法。显然,教师要充分尊重学生的个性,倡导民主、平等的师生关系,以富有激情的教态,在充分理解歌曲内容的基础上,善于运用激励效应,鼓

励学生的情绪,为了鼓励学生能放声歌唱,教师不妨借用柯达伊的名言:"小提琴、钢琴对你算得了什么呢? 你的喉咙就是一样乐器,只要你愿意使用它,它的音乐比世界上小提琴的音色都要美。""这乐器不是小提琴,不是钢琴,而是你们的嗓子,让它发出美妙的声音吧!"学习过程中学生遇到困难是肯定的,老师在严格要求他们唱准确的同时需要不断地鼓励、肯定他们的进步,使他们充满信心演唱,当发现学生有些厌倦时,马上要以风趣的语言或小故事来鼓励,当教师点某个同学起来给全体同学范唱时,请大家热烈鼓掌并积极肯定成绩,在整个教唱的活动中,教师和学生的情绪是相互影响的。教师的激励鼓动了学生,而学生情绪上的反应又促进了教师的激情,教师如果在教唱时很呆板,教法单调易造成紧张、疲倦,很难听到情绪饱满的歌声。

五、灵活多样地组织教学,使课堂始终充满生气

教唱歌曲不宜从头到尾是老师一句句地教,学生一句句地学,而应采取灵活多变的教唱形式使课堂充满生气。教唱歌曲要根据不同年级不同班而采取不同的方法进行,对基础较差、接受能力较慢的学生,可采取单句教唱、分句跟唱的方法,减少他们的依赖性,加强他们的视唱练耳能力和审美、欣赏能力。也可用键盘乐器来代替教师的教唱。对有基础或基础较好的学生老师可放慢速度,让他们随教师模拟学唱,然后再接正常速度巩固,老师教唱时,为了避免学生嗓音疲劳,可以借助音响设备反复播放,以加深学生对旋律的印象,或可小声随着伴奏音乐使用模拟音哼唱,先让他们轻声学唱,对二段体、三段体的歌曲,均以分段学唱为好,要把握分析出歌曲的难点重点、知识点反复教唱、讲解,还可以分段或分句地请学生背唱,培养学生对曲调的记忆力,也可以让乐器进课堂,让学生自奏自唱。当然,对他们无论采取任何形式,都必须注意唱出曲调中所包含的强弱变化、高低起伏,从而培养他们音乐的表现能力。

六、歌曲教学应充分体现素质教育的目的

素质教育是一种旨在挖掘学生自身的潜能,以完善和全面提高学生基本素质为根本目的的教育。音乐教育这门学科,它通过听觉艺术来反映人的思想、情感以及社会生活,使学生们对音乐产生浓厚的兴趣、爱好、审美感受和表现能力。总之,其目的是培养学生全面发展的能力。那么,在歌曲教学中要体现素质教育,教师通过教唱歌曲,让学生全身各种器官都能活跃起来,以提高兴趣和注意力,促进记忆力,激发学生的想象力和思维力,在教唱中,教师在训练节奏时,让学生感受到抑扬顿挫、高低起伏

的乐趣,强化学生的节奏意识,培养自律素质,通过指挥合唱、对唱、个人演唱等形式,潜移默化地让学生养成能团结合作的素质。当今的知识经济社会是一个尊重个人创造和自我发展的社会,更是一个强调合作、强调沟通、互通有无的社会,学生应学会热心参与、相互合作、乐于交往、善于沟通、发展个性特长、增强团结集体合作意识。

此外,教师在歌唱教学中需要积极引导学生感受歌曲的艺术形象,理解歌词的意义,有感情地表达出歌曲的情趣与风格,并掌握相应的歌唱技能,克服教学方式单一的问题,摒弃为迎合时髦,选择歌曲内容庸俗的不良倾向,使音乐教育沿着健康的、时代主流的正确轨道稳步前行。

"快乐导航"让低年级的孩子爱上音乐

湖北省黄冈市罗田县实验小学　姚　赤　朱　磊

摘要：在低年级学生的音乐教学中,在立足快乐的基础上,采用合适的音乐教学方法,引导学生热爱音乐,培养学生的音乐素养。

关键词：快乐　方法

参加《提高农村中小学音乐教育质量的策略研究》课题实验让我这个刚踏上讲台的青年教师有了明确的尝试目标。

我任教的是一年级,《教学大纲》要求一年级的教学目标主要有:

情感态度价值观目标:通过音乐教学,让学生喜爱音乐这门学科,并能从音乐学习中培养良好的学习习惯,感受音乐来源于生活。

过程与方法目标:让学生学会在学习中与人合作学习,并乐于与同伴合作完成各种音乐实践活动;学会正确地评价自己与他人,能看到自己的缺点,并能在评价之后有所改进。

知识与技能目标:学习正确的演唱姿势;能用自然、轻柔、高位置的声音演唱歌曲;学习有表情地进行演唱,能感受歌曲的情绪并演唱出来;能欣赏乐曲的情绪,并乐于跟着音乐进行律动,能对所听的音乐有所想象。

为实现教学目标,我努力尝试着寻找一些小技巧,让低年级的学生"轻松学唱歌",爱上音乐,积极落实"立德树人"的教育目标。

一、用"情景法"让学生感受"音乐来源于生活",培养学生的音乐"想象力"

一年级的学生对一切新鲜事物都有着浓厚的兴趣,特别期待每周的音乐课。因此,我想大胆地做了一些尝试,在上课之前做一点简单的环创,让学生走进歌曲的情景,让他们感受到音乐与生活是密不可分的,激发出他们更强烈的学习兴趣,同时培养他们的想象力和创造力。

例如,在学习一年级下册第二课《放牛歌》时,为了让孩子们了解农村大自然的风景,走近牧童的生活。上课前,在教室里准备简单的装饰"白云""青草",给每个孩子发一个"笛子卡片"。最重要的是,在课前准备好多媒体,多媒体的动态场景里有:夕阳、小溪、青草、小牧童、牛、一户农家,配上《放牛歌》的音乐。

在刚开始上课的时候,我先带领着孩子们,想象自己是一个小牧童,拿着笛子,在蓝天白云下放着牛,引导学生发挥想象力,想象一些在放牛过程中可能会发生的小故事,从而将学生带入"放牛"的情景中。

一天的放牧结束,夕阳西下,小牧童们该赶着牛回家了。这个时候我关掉教室里的灯、拉上窗帘,制造出天黑的情境,并打开已经做好的多媒体。让学生们跟随着小牧童一起"骑着牛蹚着水""伴着夕阳把家回",并引导学生发挥想象力,说一说他们认为现在的牧童应该是什么样的心情?为什么?我们演唱的时候应该带着什么样的心情?

通过情景布置我让孩子们走进牧童的生活,用心感受《放牛歌》这首歌应该采用什么样的情感去演唱,同时孩子们也能深刻地感受到歌曲来源于生活,与生活密不可分,从而更加喜欢音乐。在这个学习的过程中,学生也能通过想象放牧时与放牧结束回家时会发生的一些小故事,来培养音乐想象力和语言表达能力。

二、用"代替法"分解教学"重难点",让学生感受学习音乐的乐趣

一年级下册音乐知识点有:(1)知道音有高低。(2)感受音的快慢。(3)掌握四分休止符。(4)进行正确的发声练习。(5)认识三角铁。(6)认识响板。(7)认识沙槌。(8)认识串铃。教师如果对这些知识点进行空洞的说教,逼着学生死记硬背,就会让孩子们丧失对音乐的兴趣。因此,我设计了一系列小游戏,把这些重难点分解成一个个生动有趣的活动,让孩子们在游戏中学习。

例如:用"鸭子说话"学习"四分休止符"。通常我们会描述:用以记录不同音的间断时值的符号叫作休止符。休止符的使用可以制造出音乐乐句中不同的情绪表达。休止符的命名主要依停顿时间的长短来命名,可以分为全休止符、二分休止符、四分休止符、八分休止符、十六分休止符、三十二分休止符等。在一年级下册中,学生们最先接触到的是"四分休止符",即在乐句中停顿一拍的长度。针对四分休止符的学习,我采用了"代替法"来教学,即遇到了四分休止符的地方,让孩子们击一下掌或者做一个动作,来代替演唱占用一拍。

第三课《数鸭子》,"四分休止符"是教学重点。我先在黑板上写出节奏型,并模仿小鸭子的叫声读出节奏:

|X X   X X   X | X X   X X   X O|
 ga ga ga ga ga ga ga ga ga ga   停

四分休止符之前的一部分,学生很容易掌握。但是到了四分休止符这一拍,学生很容易往后延长前一拍的内容。针对这个现象,我先引导孩子们发挥自己的想象力,用双手模仿小鸭子的嘴巴。于是,很多孩子会用两个手掌,一上一下重叠在一起,放在自己的嘴巴前面,做成一个"鸭子嘴巴",并用两个手掌的开合表示"鸭子说话"。学生再次练习这句节奏的时候,在末尾四分音符的停顿里,加上"鸭子说话",双手开合一次,即表示小鸭子说一次话,占用一拍的时长。并告诉孩子们,当你的两个小手变成小鸭子的嘴巴来说话的时候,你自己的小嘴巴就要紧紧地闭上,不能发出声音哦!于是很自然地,孩子们会在四分休止符的地方,及时收住声音,用"鸭子说话"的动作代替"演唱"来占用了一拍的时长。

在歌曲"数鸭子"中,代入"鸭子说话"的动作,孩子们就能有意识地在四分休止符的地方做出及时的停顿了。在反复的游戏训练以后,我让孩子们在心里想象一个"鸭子嘴巴",手上不做出来。这个时候,就能发现孩子们虽然手上没动作了,但是声音依旧会及时地收住,从而掌握"四分休止符"。枯燥的音乐理论融入生动有趣的游戏中,孩子们兴趣盎然!

三、用"配合法"培养学生的"合作学习能力",让学生学会与他人友好相处

学会合作,有利于学生之间的交流沟通,培养团队精神,凝聚人心,增进同学间的认识和理解,增强集体荣誉感。但是对于一年级的孩子来说,有许多孩子不知道在合作的时候该说些什么、做些什么,不愿意交流。还有一些学生,喜欢自己讲自己的,不管别人有没有在听,也不愿意倾听别人的想法。也有一些学生就是在聊天,抓不住交流合作的重点。因此,对于一年级的孩子来说,培养学生的合作学习能力、学会与他人友好相处是十分必要的。

合作的方法有许多,可以让同桌两人一组搭档,也可以是前后桌四人一组搭档,还可以以大组为单位全班进行配合。配合的内容可以是:互相念一念歌词,看谁念得更好听;我唱我跳你来看;我来唱你来跳;你一句我一句来开火车等。

例如,一年级下册第二课中的《牧童谣》,就是一首问答歌曲。除了重复出现的衬词"那斯那斯嗨"以外,前四段的中心歌词为一问一答:"天上什么放光明?""天上太阳放光明。""地上什么青又青?""地上草儿

青又青。"学生在学习完歌词以后,进行同桌两人配合的合作形式,一问一答,进行歌词的记忆。在同学们记忆熟练了之后,就加上拍手动作。

歌词:天上什么放光明　天上太阳放光明

拍手:× × × × ×　× × × × ×

歌词:地上什么青又青　地上草儿青又青

拍手:× × × × ×　× × × × ×

采用前后桌四人配合的合作形式,采用两人问两人答,并且语言与动作相配合,一边拍手一遍念词。

当拍手和念词的结合练习熟练了之后,全班同学分成男生、女生两大组,一起来进行大配合。男生问,女生答。但是男生问的时候,不拍手,而是女生拍手;女生答的时候,不拍手,而是男生拍手。

这一课的学习过程,既进行了同桌两人一组的配合,又进行了四人一组的配合,还进行了全班男女同学之间的配合,既锻炼了自己的语言与动作的配合能力,又锻炼了自己的语言与他人的动作、自己的动作与他人的语言相配合的能力,使学生学会仔细聆听、观察他人的语言、动作,也能增进同桌之间、前后桌之间、全班男女同学之间的友谊,也让孩子感受到了集体的力量!

参加《提高农村中小学音乐教育质量的策略研究》课题实验让我对"快乐教学"有了新的认识。作为一名刚踏上讲台的青年教师,我愿意继续努力,不断尝试新的教学方法,用"快乐导航",让低年级的孩子爱上音乐!

小学音乐课堂中合唱教学方法初探

湖北省黄冈市武穴市师范附属小学　彭　蕾

摘要：合唱教学能有效地锻炼学生与他人良好沟通的能力，以及良好的合作意识、团队意识和集体意识。作为一名小学音乐教师，有责任、有义务将合唱教学做好，使学生在练习合唱的时候体会到团结的力量，并能使学生得到综合素质的全面发展。

关键词：音乐课堂　合唱教学

小学音乐教师要认真对待音乐课中的合唱教学，针对合唱作品进行有效的讲解和训练，真正提升学生的音乐素养。

一、小学合唱教学中存在的难点

虽然合唱教学对培养小学生艺术素养具有不可或缺的重要意义。但合唱教学的有效开展也具有一定的难度。音乐教师嫌麻烦，学生也不怎么喜欢，大家对合唱教学都不够重视，在有限的条件下，合唱教学就很容易被忽视掉，虽然大部分学生热爱唱歌，但他们对音乐教材中的歌曲并不感兴趣，尤其是多声部合唱歌曲。学生只有在音乐课上可以欣赏合唱作品，课余时很难再感受到合唱的魅力。二声部的合唱歌曲一般都只是练习单声部的主旋律，因为演唱起来比较容易，难度也不是很大，而第二个声部旋律不大一样，这时候学生唱着唱着就会变成一个声部，有些时候有的学生就会独自捂耳唱，使得两声部音量都变得很大，结果两个声部都很容易跑调，因为二声部非主旋律的声部，对学生的视唱练耳要求更高。因此，音乐教师在合唱教学中变得无从下手，教学结果不尽人意。

二、基于音乐素养培育的合唱教学设计

如何做好小学音乐课堂中合唱作品的教学，已经引起音乐老师的重视，我在平时的音乐课教学中，积极思考和研究，探索了四点有效的教学方法。

(一)重视聆听,感受合唱歌曲的和声魅力

想要很好地完成合唱教学,就是要激发学生对合唱的浓厚兴趣。如何激发兴趣? 就是多聆听。通过大量欣赏优秀合唱作品,训练学生感知音乐的魔法耳朵,提高合唱的听觉能力。[1]所以教师从根本上不能忽略教材中合唱作品的欣赏。现在互联网发展迅猛,我们在音乐课堂上,可以充分借助互联网的资源,将教材中的合唱作品,从互联网中搜寻不同版本的合唱表演,让学生找到自己喜欢的版本。他们喜欢听了,又觉得很美,激起学习的浓厚兴趣,等到真正学唱的时候就不会被困难吓倒了。在教师的正确引导下,学生通过对比后充分感受合唱这一演唱形式在表现歌曲形象、表达歌曲情感上的优势和独特的声音魅力。

(二)寓教于乐,努力提高歌唱技巧

音乐课堂中应为学生创设轻松快乐的学习氛围,使学生感觉既是在学习,又是在玩乐。兴趣是学习的基础,但提高演唱技巧是最终目的。所以,教师可以把童声合唱团的一些常规的声音训练方法放入音乐课堂中。

比如气息训练中慢吸慢吐、慢吸快吐、快吸慢吐、快吸快吐等吸气方式的练习,并加入打嘟的半音阶上下行练习,让学生在音乐课中进行气息训练,是为他们良好发声打下坚实的基础。学生养成了气息练习的习惯,演唱声音自然会达到事半功倍的效果。

然后教师要重视学生的音准训练,识谱练习就显得非常的重要了,音乐老师不能偷懒,更不能省事,需要从一年级开始,就给学生养成良好的读谱能力,首先是认识并能记住五线谱的音符位置。其次就是对于音高的练习,教师可以设计一些小游戏来进行学习,比如在低段学生教学中可以让7名同学分别扮演7个音符,老师用钢琴分别弹奏这些音符,当学生听到是哪个音符的时候,扮演相应音符的同学就站起来,这样学生在游戏中不仅掌握了音名,而且对音高的感知和音准的提高都得到了锻炼。视唱练耳是音乐技能的重中之重,特别是合唱教学中,更体现出视唱练耳的重要,如果音准不好,学生就没办法演唱多声部的作品,会因为跑调更加不敢演唱,这样就会打消学生学习的积极性。

总而言之,教师要充分利用学生的年龄段特点和兴趣爱好方向,让他们在轻松的、愉悦的学习氛围中,"玩"着学习音乐基础知识。

(三)尝试不同的教学方法,丰富情感体验

对于一些难度中等的作品,先入为主的学习方法是我在教学实践中经常使用的。比如李叔同的《春晓》,学生耳熟能详,但是对二声部又很

容易产生畏难心理。因此,在教唱这首歌时,先对低声部进行识谱的教学指导,让学生能熟练地演唱低声部的旋律。我先让全体学生在无主旋律的伴奏下演唱低声部,然后加进高声部的伴奏,使学生在主旋律的干扰下持续唱低声部,并且能跟着伴奏不跑调地演唱。接下来,再将学生分为二个声部来演唱,学生就比较容易唱好各自的声部了,尤其是低声部的学生有旋律的先入为主,不会因为主旋律的干扰而容易跑调。这种打破常规的方法能使学生做到把低声部当成单独的歌曲来演唱,而不是只为高声部在做伴奏,因此,可以从根本上克服学生对于二声部旋律的畏难心理。

教师还可以在音乐课上普及柯达伊手势练习唱歌。学生一起合唱时容易跑调,教师使用这个手势,学生们从视觉和感官上对音高有一个概念,就能较轻松地找准音高,感受和声的效果。

(四)挖掘教材,创造性地使用合唱作品

教材中会有一些具有难度的合唱作品,适当地简化声部或者创编出适合学生水平的低声部伴唱旋律,这也是合唱教学中的小妙招,我们就可以避免只演唱高声部主旋律的无奈。又或是在一些旋律节奏比较单一的歌曲中,适当地加入一些轮唱和节奏衬词等也可以提高学生学习合唱的兴趣。

总而言之,合唱教学在音乐课中占有很重要的地位,它对提升学生的音乐素养起着不可替代的作用。[2]它不仅提高了学生的歌唱技巧和音乐审美能力,而且还能让他们在合唱的实践中学会团结合作,在用心聆听别人声音的同时,唱出和谐之音。合唱教学也对音乐教师提出了更高的要求,它需要教师具备过硬的专业知识并对音乐有深刻的理解,因此,教师要从点滴做起,日积月累,把理念渗透到每一节音乐课中,以满腔的热情、不懈的努力付出行动,扎实地完成小学阶段合唱艺术在音乐课中的有效渗透,实现知识技能与审美教育的有效结合。

参考文献

[1] 赵国栋.小学高年级音乐课堂合唱教学现状分析及有效策略 [J].校园歌声,2010(2).

[2] 吴洁.谈小学高年级音乐课堂合唱教学 [J].中小学音乐教育,2012(2).

浅谈小学音乐欣赏教学方法与手段

湖北省黄冈市团风县淋山河小学　余文静

摘要：音乐欣赏是音乐教学当中不可或缺的重要环节,也是学生音乐活动的重要部分,音乐欣赏可以提高学生对音乐学习的兴趣,使他们走入音乐殿堂,感受音乐魅力,培养自身的形象思维和音乐理解能力。文章就小学音乐课程中,音乐欣赏教学的教学方法与手段进行研究与探讨。

关键词：音乐欣赏　教学方法　教学手段

众所周知,音乐是听觉艺术,发展学生的音乐听觉、培养学生的审美感知是音乐教学的重要内容。一线的音乐教师在工作过程中,可能会遇到这样的疑惑：为什么音乐欣赏课学生总是昏昏欲睡、坐立不安,课堂死气沉沉,学生学习兴趣不浓厚？尤其对于青年教师来说,难以梳理出一条高效的教学模式,而对于教学方法更是茫然无措,甚至在各种优秀课和公开课的评比及展示当中,很少有音乐老师会选择音乐欣赏课这种课型。

那么音乐教师要想解决在音乐欣赏教学过程中存在的种种问题,该如何选择科学、合理的选择教学方法,提高学生欣赏音乐与感受音乐的能力呢？

一、声势律动有效激发学习兴趣

在教学活动中,要想让孩子们兴致勃勃地加入音乐活动中去,让他们动起来是最有效的方法之一。执教老师可根据小学生的身心发展特点,运用声势律动的教学方法来激发学生的学习兴趣。

（一）欣赏过程中的声势律动,一定是安静的。孩子们做的每一个动作,都应该是在有效聆听音乐的状态下进行的,安静的动作不会发出过多声响,不会干扰到孩子们的聆听,这样孩子才会把绝大部分关注力倾注在聆听上。

（二）欣赏过程中的声势律动,一定是简单易掌握的。目的是在伴随着音乐的同时,辅助孩子们在律动中感受音乐。相反,如果动作大且复杂,那么孩子们就会把更多的注意力放在动作的模仿上,从而忽略了有效聆听音乐。

(三)欣赏过程中的声势律动,一定是与音乐紧密相关的。尽管我们的动作看似简单,但每个动作都暗示着音乐要素。比如通过这些动作,我们非常直观地感受到了音乐的旋律音高、走向、节奏、长短音对比等,为后面进一步的学习做了很好的铺垫。

总之,让孩子们伴随音乐动起来,是直观而高效的教学方法之一。这种方法能够大大提升学生的参与热情,形成浓厚的学习兴趣。只要老师能够关注到以上三点的注意事项,并保证以学生聆听为基本原则,就会大大提升音乐欣赏课的教学效率。

二、"图形谱"明了曲式结构

在平时的欣赏课教学中,为了让学生清晰地感受音乐的节奏、旋律、速度、力度等音乐要素的变化,画"图形谱"的方法可以很好地辅助音乐教学,教学效果简单有效。

音乐课程新课标中明确指出:一至二年级学生能运用线条、图形、色块等来记录感受到的音乐;三至六年级能在教师指导下,尝试运用图谱或乐谱记录声音和音乐。从中足以见得图形谱对学生感受音乐、体会音乐具有非常重要的辅助作用。在执教《狮王进行曲》一课时,我运用几种简单的点、线、图形来表现音乐。乐曲的开头由弱转强的颤音,表现了狮王出场前的紧张气氛。图形谱主要以波浪线、螺旋线构成引子,好像是还没有看到狮王就隐约传来了一阵强烈的咆哮声。我用长短不同的两种竖线代表狮王威风凛凛出场的脚步声,用爪子印代表狮王主题旋律,大弧线是狮王的怒吼声,小弧线是狮王低声的吼叫……这样边聆听音乐边画图形谱,一首《狮王进行曲》就这样生动地呈现出来。一首乐曲从初步聆听到完全理解,整个过程孩子们都全神贯注地投入其中,大大延长了学生注意力集中的时间,学生的兴趣也非常高涨,教学效果可谓事半功倍。

"图形谱"是学生有效聆听音乐的一种辅助手段,它能帮助学生理解音乐要素,很好地解决了音乐中的曲式结构以及音乐要素等抽象复杂的问题。

三、引入语言轻松掌握主题

对主题的认知,其实就是对主题旋律和各音乐要素的认知,如情绪、节奏、旋律等。让孩子们能有效聆听音乐的方法有很多，但今天我想分享的教学方法是引入语言。

著名音乐教育家奥尔夫就提倡把呼唤、诗词、童谣、儿歌作为教学的出发点，并认为这是一切儿童容易进入的一个天地。早在1948年，奥尔夫就将语言节奏训练引入教材当中，它提出了"节奏基石"的概念，即：一个最小形态的固定节奏型，比如把我们日常生活中的呼唤放在一个节奏型当中，如王小红×××，张三××，也可以把这些呼唤变成孩子们比较熟悉的一些事物，如 乒乓球×××，篮球××。这样很容易让孩子们接受，让他们也能从中找到学习的乐趣。随着孩子们的年龄增长，教学中的"节奏基石"可变成"节奏短句"，如小白兔，白又白，两只耳朵竖起来×× ×× ×× ××，并且可以通过更换不同的节奏型来加深孩子对音乐印象。通过这些方法，我们会感受到通过语言会帮助学生更好地掌握音乐节奏。我曾在执教《玩具兵进行曲》一课中，创编了这样一首儿歌："玩具兵真可爱，悄悄悄悄都跑出来。玩具兵真可爱，跑出来！"，同学们马上就掌握了乐曲主题部分的节奏与旋律。由此可见，我们将直观生动的歌词内容赋予音乐主题，这个方法简单、有效，使原本很抽象、不太具有歌唱性的主题旋律变得通俗易懂，让孩子们就像唱儿歌一样轻松掌握，印象深刻、易于接受。

四、竖笛有效提高对音乐作品的理解

在音乐欣赏教学中，选择一件小乐器来辅助音乐教学变得尤为重要，能让孩子们更好地感受音乐的魅力，并且能激发孩子们对演奏乐器的兴趣，如竖笛。

竖笛作为一件小乐器，即简单易学，又易于演奏，是小学音乐教学的首选乐器。教师们可以让学生用多次聆听和演唱乐谱的方式熟悉音乐，再借助竖笛吹奏乐曲主体部分，让学生加深对音乐主题部分的印象，更好地理解音乐作品，感悟音乐作品中所表达的含义。[1]

如《阿细跳月》这首乐曲就很有特点，每个乐句最后音都结束在相同音上。教师可以从聆听入手，引导学生用竖笛演奏这三个音，通过聆听记忆逐渐学习吹奏完整的音乐主题。为了加深学生对音乐主题的记忆，教师可以采用"旋律递减"的教学方法，逐渐背奏出整个音乐主题。

小乐器的加入确实可以培养孩子们的专注力、合作力、动手能力等，但我们要关注到乐器的选择和使用的程度，不可过多、过噪，要在不影响学生有效聆听的基础上来展开，从而达到理想的教学效果。

总之，音乐教学方法、教学模式并不是千篇一律的，教师应当考虑学生个体差异，从实际情况出发，积极引导，选择最恰当的教学方法与手段，全面提高学生音乐素质，使学生具有一定的音乐欣赏能力和理解力。

参考文献

[1]李超."小乐器"助力音乐课堂教学[J].基础教育参考,2018.

常规音乐课上如何提高小学生的音乐欣赏能力

湖北省黄冈市黄州区东门学校　万玉洁

摘要：学生爱上音乐首先得会"听"音乐,培养倾听能力的关键在于养成良好的倾听习惯,音乐教师可以运用丰富的教学方法来带领学生欣赏音乐。

关键词：音乐欣赏　丰富欣赏形式　提高欣赏水平

我一直非常赞同苏霍姆林斯基的一句话:"我们的音乐教育不是为了培养作曲家或表演者,而是为了培养合格的听众。[1]"尤其在我们中小学的音乐教学中,孩子们都会唱歌,可是音乐欣赏,是个模糊又空洞的概念。小学是孩子学习生涯中最重要的基础阶段,加强音乐教学尤为重要。提高音乐欣赏能力是我们的最终目标,它不仅能够引导学生树立正确的审美观,还能抵制现在网络信息中的一些不良的、低俗的、暴力的音乐冲击,帮助学生正确地体会音乐,感受音乐的美!可是音乐欣赏课是常规音乐课上普遍的一个短板,大多数学生只能停留在"好听、不好听;欢快、悲伤"这些层面上,音乐的内在之美得靠老师们去带领挖掘,那么怎样让他们喜欢听音乐、会听音乐呢?以下是我的一些想法:

一、想方设法调动学生的学习兴趣,培养主动听的欲望[2]

兴趣是学习的前提,如果学生对上音乐课没有兴趣,就不能集中精力听音乐,体验音乐,就更无法去欣赏了。教师设计丰富的教学方式可以充分激发学生的学习兴趣,有效地提高课堂效率。和其他学科相比,音乐课有更浓厚的艺术性和情感性,我们要擅长运用音乐课本身的优势和丰富的教学方式来进行教学,充分调动学生的学习积极性,学生培养主动欣赏的欲望。

二、丰富欣赏形式，提高学生创造力

音乐教师可以运用丰富的教学方法来带领学生欣赏音乐，比如听、唱、画、动等，一起提升学生的音乐创造力。

（一）让学生在"聆听"中喜爱音乐

比如在欣赏人音版小学音乐四年级第八册《森林的歌声》时，我提问："同学们，今天万老师要当一个导游，带你们去一个地方，你们听听这是哪里？"学生们马上聚精会神地听，听到了里面的很多种声音。纷纷举手发言："我们到了大自然""我们到了山上""我们来到了森林里面"等通过提问的方式让学生注意力集中，通过情景创设让学生兴趣倍增。孩子们充分发挥想象力，并且把自己听到的联想到的用自己的话叙述出来，学生就会兴趣倍增，这样可以训练学生有一个良好的聆听习惯。

在欣赏《扬鞭催马运粮忙》时，我让学生展开充分地讨论，想象劳动人民大丰收时运粮食的繁忙景象，同时我启发学生聆听笛子也可以模仿马的叫声，遇到马叫的时候我们就做出相应的动作，慢下来又用另外的动作表达，他们完全可以自己听出来速度的变化，而且速度不同表达出来的情绪也不同，学生们充分展开想象、模仿，各抒己见，感受乐曲欢快热闹的场面。

这样我用音乐敲开了他们想象的大门，音乐创造能力得到提高，他们可以想象更多的美妙音乐！

（二）让学生在"哼唱"中熟悉旋律

音乐主题是音乐作品的核心，主题的变化直接影响作品的情绪、风格和形象，而学生对主题的理解和感受影响了对作品的感受和印象，欣赏乐曲的关键就在于把握好旋律主题。演唱乐曲的主题旋律可以帮助学生记住乐曲，提高学生参与音乐的积极性。同时有助于学生更快更准确地了解作品的音乐内容。

怎样让孩子们体会到歌曲的音乐情绪呢？我带学生欣赏《匈牙利舞曲第五号》时，把主题旋律出示给学生要求学生跟琴视唱，当掌握其中的节奏之后再填上歌词唱，方便记忆，学生告诉我："老师我在演唱的时候感觉在旋转""高潮部分我像乐队里的鼓手重重地敲鼓""我好像在高兴得跳舞"……通过演唱，孩子们亲自体验感受到乐曲的音乐形象，这不比老师绞尽脑汁地用语言反复得给学生灌输更深刻形象吗？

哼唱旋律可以让学生产生真实的情感，学生在演唱旋律的过程中都参与到了音乐之中,就都可以体验音乐作品的旋律特点,旋律特点听多了,就会了解大部分作品的模式,便于以后对音乐作品可以独立地辨别欣赏。

(三)让学生在"画图形谱"中记住、比较旋律

从具体形象思维到抽象逻辑思维,是小学儿童思维的基本特点。[3]但这种抽象逻辑思维在很大程度上仍然是直接与感性经验相联系的,仍然具有很大成分的具体形象性。儿童的情感表现也比较直观。他们喜欢用画笔来表现,如欣赏三年级的《杜鹃圆舞曲》时,我在黑板上把三个乐段用不同的图形谱画出来,学生跟着我画,并且很快就可以正确地把握旋律特点了,还可以自己创新。

学生欣赏三年级维瓦尔第的《四季》中的《春》时,我突发奇想,让学生把春天里的万物复苏、小草冒出来、雷阵雨、打雷、雨过天晴等场景用简笔画展现出来,学生的积极性特别高,他们听得非常仔细,辨别是哪一个图片,然后再画出来,这样,一个小的连环画都出来了呢,乐曲的顺序也都清晰了!

学科之间可以相互融合,画画是儿童感受、欣赏音乐的一种有效的途径,也能更直观地表现学生的思维,我们在音乐欣赏教学时完全可以运用它,这样学生在音乐实践中提高了学习兴趣,同时充分发挥了想象力,也锻炼了思维能力。

(四)了解学生喜好,比较欣赏

在常规音乐欣赏教学中,教师应该让学生了解音乐要素。怎样更有效地让学生的审美能力得到提高?我认为比较法就是一个非常好的手段。比如在欣赏管弦乐《乌龟》时,我把《地狱中的奥菲欧》放在一起比较着听。学生们在跟着我哼主旋律之后发现两首的旋律居然是一样的,只是速度一个快一个慢,而就因为速度的不同,两首作品给我们带来的感受却大相径庭!学生不禁感叹:"老师,真是太神奇了!两个旋律一样,速度不一样就形成了两首完全不同的曲子,要不是您提醒,我怎么都不会相信呢!"学生通过两首作品速度不同的比较,就理解了音乐要素变化可以影响乐曲情绪。

(五)让学生在"律动"中升华音乐

人天生就会跟随音乐做出一系列的动作,尤其是小学阶段的低龄儿童,听到喜欢的音乐都会手舞足蹈。学生都喜欢表演的活动,我们可以利用这一点,来培养学生的创造力。它能使学生以积极良好的状态投入到

音乐中,比如欣赏《小狗圆舞曲》时,我让学生扮演小狗,随着音乐旋转摇自己的尾巴,累了又歇一下,学生积极地听着音乐,并用可爱稚嫩的动作表现出来。在欣赏《玩具兵进行曲》时,我把教室变成了故事中的现场,随着我的旁白,学生们纷纷扮演起了玩具兵,随着音乐走队列、玩耍,他们的动作非常贴切音乐。这样一来,学生在欣赏的过程中用肢体动作表现音乐,加深了情感的体验,真正感受到了乐曲的艺术魅力。

三、开阔视野,多方面提升欣赏水平

如今社会是信息化的时代,学生对于音乐更多是通过手机、网络等接触到的,我们应抓住这一形势,合理利用资源。高雅的古典音乐往往离孩子们很遥远,他们很难引起共鸣。而流行音乐通俗易懂、活泼简单,直接表达人的情绪,学生也十分欢迎。教师可以结合学生的心理特点,选一些适合年龄段的、[4]内容健康积极的流行音乐,让孩子们学会欣赏音乐的美,雅俗共赏,感受音乐旋律,体会意境。

爱上音乐首先得会"听"音乐,培养倾听能力的关键在于养成良好的倾听习惯。柏拉图说:"音乐教育除了非常注重道德和社会目的外,必须把美的东西作为自己的目的来探求,把人教育成美和善的。"美好的音乐可以给人带来无穷的力量和欢乐,相反,可能会摧毁一个人的精神意志。在小学阶段,提高学生的音乐欣赏能力,可以帮助他们在新时代选择正确的、健康向上的音乐,伴随他们快乐健康地成长。老师的正确引导,能提高学生的音乐欣赏能力,提高孩子们的创造能力,培养良好的道德修养。加强学生的音乐欣赏能力还有很多方面值得探究,需要我们音乐教育工作者不断地思考与创新!

参考文献

[1] 张君. 论小学生音乐欣赏能力的培养策略 [J]. 新教育时代电子杂志(学生版),2016.

[2] 朱方龙. 浅谈如何培养中学生语文学习的兴趣 [J]. 速读(上旬),2017.

[3] 张军翔. 中小学生的逻辑推理能力、元认知与学业成绩的相关研究 [D]. 华东师范大学,2007.

浅谈小学低段音乐欣赏课的教学策略

湖北省黄冈市东坡小学 匡 赛

摘要：在低年级音乐欣赏教学中，采用不同的活动、不同的方式去激发学生的兴趣，引导学生学会鉴赏音乐，关注音乐的内涵，让学生学会聆听音乐。

关键词：音乐欣赏 聆听 引导.

音乐欣赏主要是从聆听音乐、表现音乐和创造音乐活动为主的审美活动，使人充分感受、体验蕴含于音乐形式中的美和丰富的情感，为音乐所表达的情感所吸引，并通过参与、体验、表现和创造活动与音乐产生强烈的情感共鸣从而陶冶性情，完善人格。在音乐欣赏教学中，学生很难深入地鉴赏音乐，而是把它当作课堂中放松的音乐，不去关注音乐的内涵，因此就需要我们在教学中用不同的活动、不同的方式去激发学生的兴趣，让学生乐于去听音乐。基于以上分析，我想对如何上好一堂小学低段音乐欣赏课谈谈我的做法。

一、创设情境，激发兴趣

托尔斯泰说过："成功的教学所需要的不是强制，而是激发学生的兴趣。"引发学生的求知欲，有助于达到理想的教学效果。对于小学生来说音乐欣赏课是很抽象的，单纯的聆听难以吸引学生的注意力，激发学生的兴趣，因此在课堂一开始就必须有好的情境引入，如最近上的二年级一堂音乐欣赏课《跳圆舞曲的小猫》，我就有很深的体会。第一次上课我采用了常规的方式，再开始谈话导入："同学们，今天有一位小动物要来到我们的舞会，你们猜猜是什么小动物"，学生会随便猜一猜，后面就很难再抓住学生的注意力，吸引学生主动聆听。而第二次我再上这节课时，就采用情境教学的方法，在上课之前告诉同学们，今天老师要带大家去王宫参加一场舞会，并给学生戴上领结，告诉他们今天的男生都是王子，女生都是公主，请王子做邀请的动作，牵着你的公主走进舞会（音乐教室），同学们一下子就兴奋了,并且男生都真的如同在电视上看到的王子般,牵着公主走进教室,并且请公主先坐下,公主则牵着裙子优雅地坐下来,每个学生都坐得特别端正,也迫不及待地想要等舞会开始,因为他们时刻在以王子的"高贵身份"要求自己,整节课中我都以王子和公主的身份称呼他们。

二、结合图谱聆听音乐,化抽象为具体——分析乐句

在欣赏音乐的过程中,初听时,学生对音乐比较感兴趣,对音乐的速度和情绪有个大概的印象,但是可能说不出来。但是在听第二遍的时候学生就注意力不集中,不愿意听。因此在聆听的过程中,我们教师可以采用图谱的方法,我以《跳圆舞曲的小猫》为例:这首乐曲的主题由四个乐句组成,1、2乐句完全一样,我通过画相同的比较舒展波浪线来表示旋律优美,第3乐句力度变强了、速度变快了,我就用比较密集的波浪线来表现力度变强和速度加快,第4乐句又用比较舒展的波浪线来表示这一乐句速度和情绪跟1、2乐句一样。这样结合图谱想象,每一个乐句音乐想要表达的是什么?学生就能在音乐体验的过程中理解音乐要素特点了。在接下来的第2段音乐中跟主题旋律相似,我可以引导学生按照老师的方法画图谱来理解和感受音乐的力度发生了变化,让他们在欣赏课中有明确的目标,知道自己该干什么,而不是单纯抽象地思考。有了第一乐段的引导,学生在听第二乐段时,就能自己画图谱,认真聆听音乐,第二遍聆听的时候学生发现力度不一样,再在原有的基础上给力度有变化的乐句加粗线条。因为线条比较简单,跟着旋律画就行,学生便乐于动手,为了能画好,学生自然就会去关注乐曲的力度和速度,理解歌曲的音乐要素。

三、趣味模唱主题

一首好的音乐作品,始终都是有一个音乐主题反复出现,要想对曲式结构进行分析,我们需要对乐曲的主题非常熟悉,单纯地聆听难以记住,而唱又太难,因此我们可以结合乐曲的内容给主题旋律填词演唱,如在《跳圆舞曲的小猫》的音乐教学中,我采用了这样的方法:这只小猫,可厉害了!我把她的兴趣爱好编成了一首歌唱起来了呢,"我爱跳舞,喵~,我爱跳舞,喵~"(老师扮演小猫范唱)你能把你的兴趣爱好说出来,让我们一起来唱唱吗?在这样的过程中,学生都会很积极,争着说出自己的兴趣爱好,让大家一起唱。这样不仅调动了学生的积极性,也让学生轻松记住了音乐主题。

四、编创律动，表现音乐

匈牙利音乐家柯达伊说过："艺术的精髓，不是技术而是创造。"因此在学生们欣赏完音乐后，音乐编创不仅能巩固和加深学生对乐曲的理解，而且还能激发学生的想象力，培养学生的创造能力，比如在《跳圆舞曲的小猫》这一课中，我让学生根据乐句的情绪、力度想象每一个乐句小猫在干什么？因为前面有情境引入，他们来参加的是舞会，所以学生能够联想到舞会，他们能发挥自己的想象："第1、2乐句小猫在安静地聆听音乐，第3乐句速度变快，表现了小猫迫不及待跑向舞池，最后一乐句速度放慢，跟第1、2乐句情绪一样，表现小猫走向舞池后开始随着音乐翩翩起舞"，并开始进入角色自己表演。

音乐欣赏教学之路任重而道远，需要教师在音乐教学实践中去反思、去摸索、去探究。

小学低段音乐课堂教学之初探

湖北省黄冈市东坡小学　杨　贝

摘要：《音乐课程标准》明确提出音乐教学要以音乐审美为核心，伴随兴趣推动素质教育。近几年来，我国的音乐教育课程也不断地得到提升和进步，小学阶段的音乐教育能够为孩子日后自身艺术发展打下坚实基础，能够帮助他们陶冶情操，提升艺术修养。

关键词：现状　情景教学　多媒体

一、小学音乐课现状

音乐学科是小学教育工作的重要组成部分，对于均衡小学各科目课程设置和培养学生艺术能力有着重要的作用。但是，在实际的教育教学中，部分教师和学生更重视文化课的学习，忽略了音乐学科的学习，部分小学的音乐课形同虚设，不利于学生的全面均衡发展。

音乐学科对于均衡小学各科目课程设置和培养学生艺术能力有着重要的作用。但是，传统的小学音乐教学只注重对学生歌曲的教学和乐理知识的传授，忽视小学生的身心发展特点和情感需要，不利于学生综合素质的提升。

近年来，教育教学在不断进行改革，新课程被广泛应用于实际教学中，新课程改革主张对学生实施素质教育，更加重视学生身心健康发展和综合能力的提高。小学音乐教材大多是选取与学生思想水平相符、与实际学习和生活相贴近的内容，如果教师可以把握好音乐学科的教学功能，合理灵活地运用教学策略，就会激发学生对音乐学科的喜爱之情，从而培养学生的音乐素养。

二、如何做到高质量课堂教学

小学阶段是学生塑造良好行为能力与学习习惯养成的关键时期，作为小学音乐教师，我们要充分发挥音乐学科的教育功能，培养学生良好的音乐鉴赏能力与审美意识，不断提高他们的音乐文化素养和音乐审美素养。在小学音乐课堂中，教师可以通过让学生们感知音乐中强烈的节奏对比和韵律美，从而做出相对应的肢体动作来表现歌曲中音高、音色、力度和节奏的种种变化，让走入音乐课堂的每个学生都能够仿佛身临其境，获得美的享受，从而以美悦情。

（一）情景式教学，将表演与音乐作品相结合，体会音乐情感

小学生活泼好动，对可以刺激他们视觉与听觉的行为活动都能产生浓厚的兴趣。小学音乐教师在音乐课上可以融入舞蹈元素，让学生随着节拍轻轻舞动，培养学生对音乐的感受能力，从而使学生在歌曲演唱中更好地把握情感。新课程背景下的音乐教学活动涵盖多个类别，教师要尊重学生的主体地位，结合新课程对小学音乐教学所提出的新要求，不断调整教学策略，创设良好的教学情境，使学生充分感受到音乐学科的魅力。

情景教学一直是音乐教学的一个很重要的方法，创设情景也有很多不同的方式。教师可以通过带领低年级段的学生们去学校附近的公园感受自然，如"风吹、鸟鸣、虫闹"等，帮助学生们感受大自然的美好同时，教师可以通过把风吹、鸟鸣这些大自然的"音乐"录制为音频在课堂上进行播放，再现情景，能够更加直观、有效地加深学生们的记忆。

还有一种情景设置就是创设故事情景。小学低年级阶段的孩子很爱听故事，对于这个方式还是比较感兴趣的，根据教学内容，创设故事情景可以更快地将学生带入音乐课堂教学中来，能够勾起学生们对音乐的好奇心和兴趣。

（二）利用多媒体，激发学生的学习兴趣

随着科学技术的不断进步，多媒体教学被学校教育所广泛应用。教师通过多媒体制作课件，不仅可以借助网络上丰富的声音、图像资源，使音乐课堂教学变得有声有色，还可以节省备课时间，大大提高备课效率，多媒体课件在课堂上的使用，也使教师教学工作的开展富有时效性，节省了板书时间，提高了课堂教学效率。乐理教学是小学音乐教学工作中的一个难点，教师可以利用多媒体，将枯燥乏味的乐理知识转化为动态的教学过程，使乐理知识变得形象生动，学生也更容易接受。在日常音乐教学过程中，教师可以结合教材需要，在多媒体上为学生播放与课程内容有关的音频和视频、设计有趣的乐理游戏，在吸引学生课堂注意力的同时使学生对音乐学习产生兴趣。当然，多媒体只是教学的辅助工具，并不能完全

代替教师的教学活动,滥用多媒体教学来代替教师的范唱与弹奏,只会让教师专业能力削减和退化,不利于正常音乐教学工作的开展。

(三)师生共同进行音乐创作

一节优质的音乐课学生除了要学会演唱音乐教材中的歌曲之外,对歌曲的编创也是很重要的,鼓励音乐创作是新课标明确提出的要求,创新也一直是这个社会最可贵的技能。除了老师要不断对教学方式进行创新以外,学生对学习的内容也要有创造性的想法,从最简单的模仿开始,进行歌词、旋律以及器乐伴奏的创编。特别是简单的器乐伴奏,从一种乐器到多种乐器进行伴奏,一次又一次进行突破,在创新的基础上再创造出不同的伴奏风格,从而展现乐曲不同的一面,发现音乐多变的美,从而加深学生对音乐的熟悉度,让孩子们感受音乐的魅力和课堂的趣味。

(四)课堂中应合理使用电子琴等多种音乐器材

当今小学音乐教材中所涉及的乐器种类繁多,但是在传统音乐教学中,教师只是让学生看课本上的乐器图片,学生没有机会亲自去触摸、演奏乐器。教师要认识到乐器教学在音乐课堂教育中的作用,让学生积极参与课堂活动,从而增加学生对乐器的了解。在实际的乐器演奏中,教师要给予及时的指导,使学生掌握乐器演奏的正确方法,促进肢体的协调配合。

教师在上课的时候可以根据教学内容摆放不同的音乐器材,比如奥尔夫打击乐器、电子琴、小提琴、手风琴和二胡等。并让学生们从使用奥尔夫打击乐器进行简单的节奏模仿到根据乐谱在电子琴等易上手的乐器上演奏歌曲的旋律来展现自己对音乐作品独特的理解。在作品的演奏中,学生们能进一步地体会音乐的无穷魅力。此外,学生们也可参与学校开设的各类音乐兴趣课中进行深入学习。

此外,电子琴具有表达形式多样化和内容丰富化的优势,相对其他乐器而言学起来更易上手,可以作为常用的音乐器材。电子琴具有音色、节奏丰富和电声效果多样的特点,相对于小提琴、小号、吉他等其他乐器而言能够更好地模仿管弦乐,同时也能够模仿生活中常用的音乐和多种音效。音乐教师应合理利用电子琴的这些特点,丰富音乐教学模式。此外,电子琴进入课堂,能够拉近教师与学生的距离,使师生变得更加亲密,互动也更加频繁,进而能够形成"朋友式"的教学模式。

三、结语

作为小学音乐教师,应该充分重视对学生的音乐教学,培养学生对美的感受能力。随着新课程改革的不断推进,音乐教育越来越受到人们的重视。作为当代小学音乐教师,我们要顺应课程改革的要求,不断更新自己的教育理念,在实践中形成独具特色的音乐教学方法,使音乐课变得富有趣味,让学生在音乐课上真正感受到音符跳动的快乐,使学生在小学阶段健康快乐地成长。

参考文献

[1] 沈桂英. 论如何提高小学音乐教学的课堂效率 [J]. 才智, 2019.

[2] 何丽娜. 浅谈如何提高农村小学音乐教学的有效性 [J]. 北方音乐, 2019.

[3] 周雪芳. 如何有效设计小学音乐教学实践活动的策略研究 [J]. 流行色, 2019.

[4] 赵薇薇. 开展小学音乐教学培养学生创新人格 [J]. 东西南北, 2019.

[5] 沈坪坪. 多元文化在小学音乐教学中的渗透与研究 [J]. 中华少年, 2019.

[6] 邢然. 小学音乐教学中创设体态律动,让音乐课堂焕发生命活力 [J]. 北方音乐, 2018.

中学音乐鉴赏课教学模式探索

湖北省黄冈市黄州区思源实验学校　潘汭孜　黄　欢

摘要：新课标初中音乐教材准确诠释了音乐教学的课程性质，体现了音乐课程人文性、审美性与实践性的学科特点，而在音乐教学过程中，容易被忽视的音乐鉴赏课又是体现音乐课程学科特点的重中之重。它通过培养中学生音乐兴趣，提高中学生音乐基础知识，创新教学观念，采用形式多样的教学方式，让中学生积极参与艺术表演，寓德育教育于音乐教育之中，激发中学生的想象力和创造力，从而培养中学生的音乐欣赏能力。

关键词：音乐鉴赏　学习兴趣　教学创新

美国著名儿童音乐教育学、心理学学者詹姆斯·L.穆塞尔在《学校教育心理学》这本书里曾经说过："在普通学校中，音乐教育就是欣赏教育，就是为欣赏而进行的教育。"[1]这恰好说明了音乐欣赏课对各阶段学生的重要性。中学生在经过小学音乐的启蒙后处于音乐入门阶段，整体感受音乐的能力还是偏弱的，并且青春期心理上的发展让他们对音乐有了自己的理解和选择能力。这给音乐欣赏教学课程带来了许多的挑战，例如要充分地激发学生的欣赏兴趣，要更有效地上好音乐欣赏课，并且要让学生在聆听优秀作品中感受到音乐的美，这就要求老师要掌握各方面的教学能力，通过丰富多样的教学形式，培养和引导学生良好的音乐欣赏能力。结合教学实践，笔者将就如何更好地培养中学生音乐鉴赏能力的问题，谈谈自己的一些思考。

一、营造丰富的体验氛围

《乐记》一书中曾记载："凡音之起，由人心生也。"中学生处在青春期，心理活动较为丰富，对音乐的感知能力是有的，但比较被动。一节普通的音乐鉴赏课如果一开始就直奔主题播放乐曲，听完一遍后请他们赏析一下音乐的内涵，不难想象，他们能够安静地听完两分钟已经很不错了。笔者所任教的学校是一所九年制学校，在集体备课的时候，大部分初中音乐老师都反映,学生希望音乐课上播放流行歌曲,不喜欢听唱教科书上的歌曲。笔者也曾关注一些音乐类的综艺节目,如《我是歌手》《声入人心》等,一次笔者在欣赏课前跟他们聊到音乐类综艺节目,他们都很感兴趣,表示观看过某一期,笔者顺势播放其中某两首歌曲之后问了三个问题:这些歌曲的创作背景?歌曲情绪是怎样的?你最喜欢哪一部分?然后分段赏析给他们听,孩子们很感兴趣,课堂气氛也很不错,虽然学生答不完全但都在努力思考。笔者再转入课题:接下来请大家翻开书本,带着同样的几个问题,欣赏男高音美声独唱《我的太阳》。听完后,笔者介绍世界三大男高音歌唱家帕瓦罗蒂、多明戈、卡雷拉斯,孩子们都很乐意听,然后引出中国三大男高音歌唱家戴玉强、魏松、莫华伦。进行扩展学习,获得较为良好的教学效果。由此证明,营造良好的欣赏氛围(包括音乐情境氛围、学生主体氛围和师生互动氛围)、丰富的情感体验(包括以言语唤起情感、以生活感受体验音乐情感、积极挖掘情感、鼓励自由想象)都能使学生情感体验更加丰富,激发对音乐的感知能力。[2]

二、言语体验和生活感受唤醒音乐情感

(一)言语体验激发音乐情感

德国教育家第斯多惠曾经说过:教学的艺术不在于传播的本领,而在于激励、唤醒、鼓舞[3]。学生赏析音乐之前需要一个让他们体验自然情绪的阶段,观看跟歌曲相关的影片、带有感情地讲故事都是丰富学生情感体验的重要条件。在学习久石让先生创作的《伴随着你》歌曲时,学生虽然对歌曲陌生,但对电影中的情节还是略知一二,非常感兴趣,笔者先播放电影《天空之城》片段和图片,采用讲故事的方法导入,影片讲述与歌曲欣赏穿插结合,主歌与副歌部分分别对应影片的起承转合,学生的情感在此不断升华,从而受到感染。

(二)在生活中更好地体验音乐情感

音乐与生活密不可分,人们在音乐中能感受到生活中细节的微妙之处。在中学的音乐欣赏教学中,教师应积极引导学生从生活中去寻找、去探索,能更真切地体验音乐情感。音乐欣赏课教学的实施,除了能有效对学生的艺术素养进行培养之外,还能有效帮助学生缓解在学习生活中受到的压力,让学生以更加优秀的状态进入日常的生活学习中。新课标指出,中学生教育应转变以往传统的教学模式,除了要重视对学生的文化课成绩进行提高之外,同时还应重视对学生自身的思想心态进行积极引导,并确保能将思想教育融入教育的各个环节中。[4]

（三）课外音乐知识在音乐欣赏课中的融入

互联网信息技术的飞速发展给初中生的教育培养拓宽了路径，就音乐欣赏教学来看，为切实有效地发挥音乐欣赏在学生教育培养中的重要作用并促使学生获得全面的发展，在实际的教学中，教师就可以在原有课本教材的基础上，充分利用互联网信息技术来获取更加丰富的音乐知识，并将其充分融入音乐欣赏课中，进而提高学生自身在音乐知识方面的储备量，学生自身的音乐理解能力。

三、欣赏的同时注重培养音乐基础知识

要提高学生的音乐欣赏能力，培养学生有一定的音乐基础知识非常有必要。中学生的音乐知识非常有限，教师要注重在课堂中传授给学生们音乐的基础知识，如视唱能力、节拍、反复记号、顿音、颤音记号等基本乐理知识，还有节奏训练、听力训练、记谱能力、简单的旋律创编等。而传授过程中应该要注意趣味教学。

综上所述，在中学生教育培养中开展音乐欣赏课，教学不仅能促进学生自身的艺术素养得到有效的提升，同时还能帮助学生缓解在学习生活中受到的压力，并培养学生正确的思想心态。因此，要高度重视中学生音乐欣赏课的教育培养，在时代变革发展的背景下对教学的方式进行创新，确保音乐欣赏教学在符合时代发展需求的同时，能充分有效地发挥自身在促进学生全面发展方面的重要作用。

参考文献

[1] 詹姆斯·L.穆塞尔，梅贝尔·格连合著；章梅译.学校音乐教学心理学[M].成都：四川人民出版社，1983.

[2] 李晶.高中音乐欣赏课堂氛围的营造和学生开创性思维的培养[J].音乐大观，2013（9）.

[3] 第斯多惠，袁一安.德国教师培养指南[J].新课程教学(电子版)，2015（1）：123-124.

[4] 熊坚毅.新课标下培养学生音乐欣赏能力的一些方法[J].陕西教育，2008：589-590.

浅谈小学音乐教学中科学歌唱之重要性

罗田县凤山镇李家楼小学　张　勇

摘要：学习唱歌就是学习正确的唱歌技巧，科学的发声训练是唱歌教学技能与方法的集中训练，正确的歌唱方法可以让学生唱出美妙的歌声，这是所有歌唱者的要求和渴望。用最简单的方法发出最美的声音，这也是音乐教育者所要重视的研究，因此在学习音乐的过程中科学地歌唱是非常重要的环节。

关键词：歌唱教学　曲目练习　音色　姿势

一、选取合适的训练曲目

如何选取合适的曲目对小学生进行系统训练，是小学音乐教师必须考虑的问题。为此，需要做好以下几个方面的工作：

（一）根据音色选择歌唱曲目

每位学生的嗓音条件都是有区别的，不同的学生嗓音不同。在课堂上，教师常常根据不同学生的嗓音特点选择相应的曲目，效果很显著。

（二）尝试不同风格具有代表性曲目

选择不同风格的曲目进行演唱练习，在一定程度上有利于学生不断提高演唱艺术的表现能力。

（三）选择合适曲目能培养学生的创编能力

不同的曲目都有其独特的地方，教师也可以在教学中对相关歌词进行创编，努力培养学生的创编能力。

二、掌握正确的歌唱姿势

老师在教学生唱歌时要注意，要在学生们面前树立好的典范，使学生能形成自觉的行动。经过多年的教学实践,我对学生提出了正确的歌唱姿势要求:(1)身体保持自然放松直立,呈现一种积极向上的状态。(2)两眼向前平视,脖子放松,胸部自然挺起,两肩略向后,两臂自然垂直放松。(3)双脚一前一后稍分开,前脚着力,身体的重心要平稳,重心落在双脚上。(4)嘴巴自然张开。

三、掌握科学的歌唱训练方法——"轻声唱法"

在歌唱教学中,经常遇到一些学生在唱歌时为了追求音量而大声喊叫,而且更多的是用真声大声喊唱,这种喊唱喉音很重、声音缺乏美感,并且到了一定程度声音很难再唱上去,尤其是在高音区,即使喊唱上去,也非常难听。那么遇到这样的问题我们该如何解决呢?我认为,采用"轻声唱法"的教学方法,由易到难,循序渐进,是解决问题的捷径。

在教学过程中我们知道,未成年儿童的歌唱器官有别于成年人,所以,要针对孩子的生理特点来教学。轻声唱法是解决声音强弱的科学的发声训练方法。因为歌唱是一种特殊形式的体力运动,正确的歌唱是身体的各发声器官的协调活动的结果,如果用喊叫式歌唱,全部注意力不由得集中到声带上,这样,必然会出现器官"打架"的现象,发声器官的协调活动最终难以实现。而用轻声唱歌,极大地减轻了声带的负担,对于协调各发声器官的活动无疑起到积极作用。通过教学实践,"轻声唱法"被证实了有很多的实效之处:第一,它可以使保护声带,避免大音量练唱时过分用力所造成的声带损坏。第二,轻声训练可以自然地真假声混合,较容易地找到高音的爆发点,增强歌唱时发高音的能力。第三,轻声唱法的训练可以验证歌唱声音的正确与否,可以培养准确的声音辨别能力,可以用它控制练习咬字、吐字、发声的清晰度、准确性。第四,轻声唱法可以解决学生在唱歌学习中大白嗓子唱歌、过分用力的毛病。

四、在表演练习中培养学生的创新能力

知识在于运用,学习了好的歌唱方法,就要运用到生活当中。音乐活动在生活中无处不在,如唱歌、跳舞、器乐演奏等,这些活动的开展有利于培养他们的动手能力和舞台表现力,在一定程度上有利于提高他们的学习创新能力。这些内容可以每一节课都进行,也可以每两节课一次,一个月下来每个学生都可以表演两个或三个节目,课堂上为他们播放乐曲精彩的表演。通过实际的表演,他们可以充分地发挥自己的想象力以及创造力,对于那些性格比较内向的学生,通过这样的表演也可以让他们得到历练的机会,让他们更好地融入集体中来。

五、结语

唱歌训练是一件很枯燥的事情,只要老师用心去钻研,就会把枯燥的发声练习变成有趣的教学游戏,在课堂上会受到学生欢迎和喜爱。通过正确的发声训练,不但可以让学生掌握科学的发声方法,而且也是对演唱歌曲的一种提高。只有这样,才能使美妙的歌声伴随学生快乐地成长,从而使每一堂音乐课变得更科学、更精彩、更风趣。在一定程度上将会推进学生全面素质的发展。

参考文献

[1] 黄瑶. 论歌唱的自然性 [J]. 现代商贸工业,2012.

[2] 赵梅伯. 歌唱的艺术 [M]. 上海:上海音乐出版社,1999.

如何在初中音乐课堂中有效开展合唱教学
——节奏、音准、和声的训练方法探究

湖北省黄冈市蕲春县实验中学　黄二玲

摘要：合唱艺术是声乐艺术中最有表现力、内容最丰富的一种演唱形式。《义务教育音乐课程标准》中对中学生歌唱教学的要求是：能用和谐统一的声音唱好歌曲，要更加重视并着力加强合唱教学。使学生感受多声部音乐的丰富表现力。尽早建立与他人合作演出的经验，培养群体意识及协调合作能力，使他们在歌唱表现中享受到美的熏陶。由此可见，合唱教学在中学音乐课堂教学中的重要地位，加强班级合唱教学势在必行，班级合唱将是未来音乐教学的重点。

关键词：合唱教学　音准　和声

合唱艺术是声乐艺术中最有表现力、内容最丰富的一种演唱形式。《义务教育音乐课程标准》中对中学生歌唱教学的要求是：能用和谐统一的声音唱好歌曲，要更加重视并着力加强合唱教学。使学生感受多声部音乐的丰富表现力。尽早建立与他人合作演出的经验，培养群体意识及协调合作能力，使他们在歌唱表现中享受到美的熏陶。由此可见，合唱教学在中学音乐课堂教学中的重要地位，加强班级合唱教学势在必行，并且已经得到了广大教师们的普遍认同，班级合唱将是未来音乐教学的重点。

那么，如何在常规的音乐课堂中有效开展和落实班级合唱的教学，这就成为音乐教师需要思考和钻研的课题。与艺术团合唱队训练不同的是，班级合唱教学是在普通学校每个班级中进行的合唱教学和训练。由于是以班级为单位的常规课堂，不是为比赛而训练的专门合唱队，是具有普及性的，从而要更加注重面向全体学生，关注每个学生的不同层次。由于学生音乐素养参差不齐，对于一般的齐唱歌曲尚能把握，但想要在整个班级能运用自如地表现合唱这一演唱形式，实属不易。往往在演唱时会出现音准不准、音量过大、音色不统一、速度不稳定、第一声部容易被高声部

带跑等混乱不堪的现象。还有合唱课堂纪律的管理问题,对教师专业基本功要求高等,给班级合唱教学带来重重压力,教学难度大。以致在初中,特别是在农村中学的音乐课堂中,进行合唱教学一直以来都是弱项,甚至是空白。大多数老师不愿教授合唱歌曲,把合唱歌曲的教学简化为只唱主旋律声部的齐唱歌曲教学。这样使我们的教学目标大打折扣,学生的合唱能力无法提高。面对现状,作为新时期新课改下的中学音乐教师,要肩负使命,迎难而上。教师需要在音乐课堂教学中长期运用合唱教学理念,不断深入探讨和积累教学实践经验,不断地交流和完善,有效地落实在每一节音乐课上。这是值得我们广大音乐教师研究和探讨的问题,也是一项需要我们去进行积极实践的教学工作。下面就本人在长期的课堂合唱教学中,对学生进行节奏、音准、和声训练方面的实践经历,来与大家分享几点心得和体会。

一、节奏训练由浅入深

从节奏训练入手,由浅入深、有序地对学生进行节奏训练非常重要。在教学中,每一节课要用十分钟的时间,对学生进行节奏的专门训练。为了避免训练中的枯燥,在节奏训练时,我采用不同的方法,设计了很多的节奏游戏,让学生全方位地参与,从而激发了学生的学习兴趣。如:(一)节拍接龙法,从每人打一拍(节拍器打节拍),到每人半拍、1/4拍,速度由慢及快,中间还可加上休止符来训练,全班学生按规定顺序和规则参与接龙。我用这样的方法训练学生内心稳定的节拍感和注意力的高度专注和集中。(二)设计节奏游戏,训练学生手、口、脑全面配合协调的能力。如:口念时值,手拍节奏(或换过来),或用不同的节奏念名字,念英文单词,还有不同的节奏在一个人身上的同时运用。如:口唱《小星星》,手拍节奏 X X ︱ X X X ︱ X X ︱ X — ‖来伴奏,还有一个人用手(拍节奏)和口(念节奏)做卡农练习(隔2拍进入)等。来让学生感受和训练节奏的二声部。(三)运用奥尔夫法的声势律动,做一些简单的单声部或多声部的节奏训练,并多以卡农形式出现,还可以用身势律动极方便而有效地为熟悉的歌曲伴奏,如为周杰伦的歌曲《稻香》配上身势伴奏非常有趣,学生特别喜欢,积极参与,给学生创造了一个快乐活泼的音乐学习环境。

二、音准训练是重中之重

由浅入深、循序渐进、长期有序地进行音准训练,是合唱教学的核心。在多年的合唱教学中,我发现让学生反复演唱音阶是训练音准最行之有效的方法。先让学生学会听辨音的高低,很多学生把音量的大小混淆为音的高低。我们可以借助柯尔文手势进行教学,帮助学生建立音高概念。在进行柯尔文手势教学时,教师不要急于把音阶的八个音在一节课里呈现给学生。要进行分步教学,第一节课只教"do""re""mi"三个音的位置,让学生用准确的手势反复边做边演唱或看老师做学生唱来巩固和吸收。再接着教 do 至 la 这 6 个音。学生掌握好了,教师可用《小星星》《粉刷匠》进行练习和展示。然后再进行八个音(一个音阶)的教授,可用《小红帽》《上学歌》来进行训练和展示。还可借助科尔文手势进行两声部的音程训练(教师用两只手代表两个声部的音高),对学生音高的稳定训练很有帮助。还可以用师生唱反调的游戏来训练,如:师:"do""re""mi"。生:"mi""re""do",这样反复多样的训练,持续在每节音乐课上不断丰富、不断深入。

三、和声训练妙不可言

合唱的魅力在于和声之美,所以和声的训练在合唱教学中必不可少。和声训练旨在训练学生对和声的倾听(体验)和敏锐。下面介绍几种和声训练方法的运用:

(一)回声式(Echo):就是唱什么答什么?一般用在乐句的最后一个长音处。还有固定回声的,就是回声是固定一样的。另外还有相同和弦的歌曲,可以产生回声的效果,如《小星星》和《春风》《梨花又开放》和《蒲公英》《两只老虎》和《小兔乖乖》(最后一句重复)等。可以让学生用半声来演唱,学会倾听(体验)和声之美。

(二)卡农式(Canon):这是大家最为熟悉也是最常用的训练方法。如用《两只老虎》来训练,可以二声部、三声部、四声部皆可。最后一句重复唱,直到四声部唱完,一齐结束。通过简单熟悉的歌曲卡农式训练,让学生感受和体验声部间的协调。

(三)固定音型式(Ostinato):根据歌曲旋律,可分为简单的固定音型(单音型)和复杂的固定音型(两种音型交替使用)。

如:歌曲《阿里郎》的伴奏设计

a:5 6 5 6 5 | 1 6 5 ‖   b: 1 6 5 | 0 5 5 5 ‖

(四)波尔冬(Bordon):就是运用五度伴唱产生的和声效果。

如:电影《音乐之声》的插曲《DoEeMi》这首歌曲,就可以用五度音程来为歌曲伴唱,让学生感受和声的美妙。

学校班级合唱教学的训练远远不止这些内容,还有许许多多的工作需要我们努力去探究。如合唱教学中对学生科学系统发声的训练,音色统一的训练,声部间倾听和协调的训练,音量控制技巧的训练,音乐作品

第三部分：教师素质提高及中小学各种课堂教学模式的探究

风格把握和情感表达的训练等太多的工作需要我们广大的中小学音乐老师去探究、去落实。作为一名音乐教师，扎扎实实地上好每一节音乐课是每位音乐老师的首要任务。学生的音乐基础能力素养从哪里来？从每一节音乐课而来。"因为爱，无倦怠。"合唱教学的道路，任重道远，愿我们都能在研究中思考,在实践中成长！

浅谈初中音乐教学中如何搞好"三定位"

湖北省黄冈市罗田县实验中学　方海霞

摘要：依据课程标准的要求，在中学的音乐教学中，本文就确定音乐课教学重点的定位、师生关系定位、教学方法的定位进行初步的探究。

关键词：中学音乐　定位　探究

新音乐课程标准的颁布与实施改变了音乐课无地位、无组织、无核心的局面，它提出了以音乐审美为核心，重视感受与鉴赏，培养学生美好的情操、健全的人格为首要基本理念，要求以培养学生兴趣爱好为动力，以面向学生全体为主体，重视音乐实践，鼓励音乐创作，倡导主动探究合作的学习方式，提倡学科综合，寓思想教育于课堂教学之中。下面我就初中音乐课如何搞好"三定位"谈一谈自己肤浅的看法。

一、音乐课中教学重点的定位

作为音乐教师，首先应明确音乐教育以审美教育为核心，在教学过程中要以音乐的美感来感染学生，要以音乐中丰富的情感来陶冶学生，进而使学生逐步构成健康的音乐审美，要引导学生对音乐的各种要素、各种手段做出整体性的反应，要用心引导学生感受、体验、表现音乐中丰富的情感内涵，还要引导学生感受、体验、鉴赏音乐的美。教学的重点应该是通过音乐教学，提高学生的音乐审美观念和审美情趣；通过音乐教学，激发学生热爱艺术、热爱生活、热爱祖国传统文化的情感。

在实际教学过程中，教师应该明白音乐课不单纯是唱歌课，不仅要教会学生唱歌，而且要教会学生怎样唱好，例如《雪绒花》缓呼缓吸，用悠长的气息演唱，《一二三四歌》用铿锵有力的吐字方法演唱；器乐课也不是单纯的技能课，要努力培养学生对乐器的兴趣和爱好，多让学生欣赏演奏家的精彩演奏；欣赏课并非语文课，杜绝语言文字解说过多，让学生用心聆听，留给学生去思考、去领悟，用音乐去激发想象、体验情感。

二、音乐课中师生关系的定位

新课程标准明确规定,在教学过程中,教师的定位是起主导作用,学生的定位是主体。可在实际教学过程中,音乐课以教师为中心的多,突出学生主体地位的少。在音乐课里,很多教师不管学生学得如何,只顾按照已设计好的环节进行教学,从未把学生作为教育的主体,从来只把学生当成知识的理解器。

音乐教学中的教师定位失衡的多,创设良好环境、激发学生主动学习、积极体验的少。在构思一堂课的教案及教学全过程时,经常思考的是我该怎样做、怎样教,很少思考学生怎样来学、怎样来体验。只想我该怎样安排,却没想到教学是教师教和学生学的双向互动过程。音乐学习本身是一个复杂多样的变体,是包括听觉、视觉、运动觉全方位的感受。

我们要更新教学观念,创造新型的教学模式,通过学生的自主学习和教师的正确引导,真正地让学生感受到音乐知识的魅力和内涵,并渐渐地对音乐知识产生兴趣,产生强烈的求知欲望,教师在音乐教学中,为学生创设轻松、愉悦、欢快的教学氛围,组织带领学生在这种环境下学习,是激发学生学习音乐知识的兴趣,以及让学生体验到音乐魅力的最有效的途径之一。通过教师创设的情景,学生的情感便会很自然地融入音乐作品之中,然后在欣赏或教师分析时,学生就会听得特别专注和集中,对音乐作品的理解和掌握就会十分全面和透彻。

三、音乐课中教学方法的定位

新课程标准倡导主动探究合作的学习方式,提倡学科综合,寓思想教育于课堂教学之中。初中生正处于生长发育的阶段,其年龄特征、知识内容积累的程度、身心特点的差异性,都是我们上课前应考虑的。掌握了学情,教学的观念就会有所转变,不同的观念就会有不同的教学手段。在充分了解学情的基础上我们才能考虑用什么方法去教,才能达到最好的效果。我认为,在教学过程中应该运用灵活多变的教学手段来激发学生的情感和乐趣,这样既能让学生掌握必要的音乐知识与技能,又能够让他们体会到学习音乐是快乐的,在一种自然的学习中提高审美的情趣。妙趣横生的讲解和形式多样的参与,不仅可以活跃课堂气氛,调动学生的主动性和积极性,而且能够使学生的认知能力、实践能力、创新能力得到培养,从而学习了知识、掌握了技巧、提高了审美能力。这是一条能达到目标的良好途径。

例如在戏曲和民歌教学中,我们应该采取怎样的方法或教学手段来达到良好的教学效果呢？在传统的音乐教育中，学生学习音乐的途径完全是建立在"一唱一随"的基础上，这种教学模式只注重了歌唱技能、技巧的训练，而忽视了音乐艺术形象的趣味性和完整性，结果老师教得枯燥，学生学得无味，逐渐使学生失去了学习音乐的兴趣。针对这种局面，我改变了以往的做法，注重以"情"感人、以"美"育人，强调听赏作用，让学生在听赏的过程中，受到歌曲情感的熏陶，力图通过一个完整的音乐形象，来揭示歌曲的思想性、艺术性以及趣味性，我校多次请剧团来为学生们表演黄梅戏和演唱罗田民歌，孩子们听赏得津津有味，大大激发了他们热爱传统文化的情感。

教学有法，但无定法，这需要我们每一位教师灵活设计、选择运用，通过我们不懈努力追求，不断实践总结，把握好定位，一定会取得良好的效果。

热情非洲鼓　灵动新课堂——创意教学初探

湖北省黄冈市黄州西湖中学　郭　璨

摘要：在高中音乐教学中科学渗透核心素养，能有效培养学生音乐鉴赏能力、表现能力和创造能力。提高学生音乐素养，锻炼良好的心理素质，丰富学生的情感体验，对提升高中音乐教学质量，推动学生全面发展具有重要的意义。因此教师需要在实际教学中明确教学目标、创新教学模式，实现核心素养在高中音乐教学中的有效渗透。

关键词：核心素养　高中音乐鉴赏　创意教学

2018年6月14日，黄冈市教育规划课题"关注音乐学科素养 让学生快乐识谱歌唱"的交流会议在古城黄州召开，我很荣幸有机会执教现场研讨课《非洲音乐》。在教学设计过程中，如何渗透音乐学科核心素养、让教学更富创意成为我需要深入研究的课题。

一、明确目标，确立主题

确立教学目标是音乐教学的关键步骤，所有教学过程都围绕教学目标为中心。高中的音乐教学要求学生能够掌握一些音乐理论知识，还需要学生能够理论联系实际，灵活运用所学知识。在这一课题中选择的非洲鼓，需要拓宽学生文化视野，使他们理解、尊重并热爱非洲音乐文化，共享与理解人类不同的音乐文明的目标。从乐器、歌曲两个方面对非洲的音乐进行体验和学习，鼓励学生以积极的态度参与唱、拍等音乐实践活动，加深对非洲音乐的理解，能够理解并表达出非洲音乐的主要特点等目标。这一目标的制定很好地表达了核心素养中对学生自主发展、社会参与、文化基础等方面的要求。

二、激情导入，激趣学习

核心音乐素养的培养要求学生能够主动地去学习音乐，那么首先就是要激发学生学习音乐的兴趣。《非洲音乐》这一课题选自高中音乐鉴赏第五单元《亚非音乐神韵——大自然和谐和平》第11节《非洲歌曲音乐》。高一的学生知识结构完整,有一定的艺术修养,也都有一定的个性。要想吸引学生的注意力,就要有所创新。为此我设计了用非洲鼓伴奏演唱流行歌曲《小宝贝》的形式,在教师的精彩演绎下,现场的气氛非常热烈,大家都被热情的鼓声所感染,同学们的学习兴趣马上就被激发出来。随后,我播放了非洲美丽的自然风光的短片,让同学们了解非洲并不是印象中的贫穷落后,而是有着悠久历史的神奇大陆,也对这堂课中非洲音乐在地理位置上的界定有了深刻认识,圆满地完成导入环节激发学生音乐学习兴趣的教学目的。

三、活跃情境,创新教学

要想更好地完成教学目标需要巧妙地安排课堂环节,灵活运用教学方法。把课堂设计成体验式课堂,创造情境,让同学们身临其境感受非洲鼓乐。为此,我把课堂设计成了非洲的部落,老师扮演酋长,学生扮演村民。在鼓声中,大家完成了一次家族会议的召开。期间,穿插节奏教学,不同的节奏型代表不同的事物,让同学们体会到非洲的鼓在社交中的运用。枯燥的节奏训练变得神奇而有意义,整个课堂也在鼓声中灵动起来。学生掌握了简单的节奏之后,再加入比较难理解的非洲纯鼓乐欣赏也让学生充满兴趣。而此时,仔细聆听就成为最行之有效的教学方法。如何在复杂的节奏中找出不断变化的节拍重音,需要同学们静下心来认真聆听,把大家从热烈的集会场景中拉回到音乐本体中。一动一静,实践加思考多样的教学方法让学生始终保持高度的注意力。培养学生的思维是核心素养中的重要环节。在教学中,教师通过问题的引导,让学生通过聆听、自主思考,并能在思考中发现新的问题,并用学到的知识去解决问题,激发促进学生潜能,奠定学生音乐核心素养基础。

四、情感体验,创作分享

打击乐中的情感体验相对于有旋律的音乐来说要更难体会一些。但是,通过对这堂课的学习,学生依然能感受到不同速度、力度、节奏、节拍的打击乐能表达不同的情绪。比如在表达焦急的情绪中,会用到快速单一的节奏型;在表达哀伤的情绪中,可以用到慢速带附点的节奏型;表达开心的情绪可以用到力度强的四拍子节奏;等等。

为了实现核心素养中让学生具备实践创新能力的目标,教师要多鼓励学生大胆进行创编。首先,引导学生就地取材,书本、钥匙、文具等一切能发出声音的工具,运用敲、拍、打等方法发出不同音色。其次,把前面学到的各种节奏型随意地击打出来。最后,让学生发挥自己的创造力,分组用手头的"打击乐"来为不同情绪的音乐配上合适的节奏节拍。在小组展示环节中,有的同学用手拍课本模仿鼓的声音,有的同学摇动钥匙模仿铃铛声,有的同学跺脚模仿低音鼓,配上表达不同情绪的流行音乐,大家各显神通,积极展示,赢得现场老师同学们的阵阵喝彩,课堂气氛达到了高潮!

　　从认知到合作再到创新,音乐核心素养要求培养出具有以上三种关键能力的学生。新课程标准理念下的音乐课堂,除了让学生获得知识技能和方法,更应该让学生的人文素养得到提高。基于核心素养的教学要把握知识本质,教学的设计要围绕学生能够积极参与各种音乐活动而开展。教师通过各种教学手段来促进学生音乐核心素养的提升,让我们的音乐课堂灵动起来,让我们的学生真正参与进来,这样的音乐课才能焕发生命的活力。

如何培养中小学生对音乐课堂的兴趣

湖北省黄冈市蕲春县第三实验中学　胡　格

摘要：新课程标准强调音乐教学以审美为核心，在音乐教学活动中以学生的兴趣爱好为主题，让学生在音乐课中去感受音乐课的价值。用学生的音乐兴趣来感受音乐的美，让学生对音乐这门课程感兴趣，把兴趣转换成学习的动力。

关键词：课堂教学　教学方式　学习兴趣

音乐教育是现在中小学生全面发展的重要科目之一，音乐能体现一个人的生活美、学习美、感受美。初中学生的文化课学习比较枯燥，这时就更能体现音乐课的重要性，音乐课堂教学中的趣味性可以开发学生的想象能力、创编能力、表达能力，激发学生对音乐学习的能动性，提高学生的音乐素养水平，让学生更投入地在音乐学习中感受音乐课堂的美。

一、师生互动，用音乐节奏让学生"动"起来

在音乐教学中我们要培养学生跳、唱、舞全面发展。农村的学生也很热爱音乐，但是他们没有很好的音乐素养，音乐基础薄弱。为了让他们更快地投入到音乐中，我将歌曲、舞蹈、器乐有机地结合在一起，让学生玩转音乐、感受音乐课堂的乐趣。许多学生的识谱基础为零，为了让学生更快地学习识谱，我运用音乐手法和上阶梯的形式来进行有效的教学，让学生去感受每个音的旋律，跟着音的高低旋律唱出来。

二、运用游戏的形式培养学生的音乐兴趣

好动是每个中小学生的特性，他们偏爱生动活泼、有趣味性的教学形式，并对这种教学形式产生了浓厚的兴趣，在课堂上乐于参与律动、集体舞蹈、音乐游戏、歌曲表演等活动。音乐课堂要有一定的兴趣动力，我的音乐教学理念是让学生在游戏中来学习音乐。针对每一首歌曲的特点来给歌曲进行动作创编，让学生以游戏的形式来掌握歌曲的难点。比如用

各种动物的声音来模仿歌曲中的节奏,用肢体动作来模仿歌曲中的旋律。发挥学生的创编能力,更好地表达自己内心的想法,感受音乐课堂给他们带来的无限魅力。

三、运用兴趣课堂,让学生感受美

(一)情景导入。播放音乐以边唱边跳的形式带领学生一起进入歌曲的情境之中。调动学生的积极性,抓住学生的注意力,使学生能更快地投入音乐歌曲中,给学生创造一个美的音乐气氛,使学生在平等、轻松、自由的气氛中进入音乐课堂。创设情景的手段可谓多种多样,教师可以通过肢体动作和表演来激发学生的表现欲,让学生将自己的想象能力大胆地表现自己,从而激发学生的学习兴趣。

(二)运用音乐的美来提高学生。例如歌曲《外婆的澎湖湾》我会播放几张有关澎湖湾的图片来吸引学生的注意力,让学生快速地进入到课堂中。讲述歌曲的音乐背景,让学生边听边想象歌曲的情景画面,把学生快速带入歌曲的情景当中。这首歌曲节奏欢快轻巧,运用双手打节奏的形式先让学生感受歌曲的节奏,再用响指来带动身体的节奏,让学生用肢体动作来表达歌曲的美。用"LA"先来模唱歌曲旋律,感受歌曲旋律的高低起伏。再让学生用自然柔美的声音来学唱歌曲,感受歌曲美的画面,发挥自己的表演能力,把唱、跳、舞有机地结合在一起。

四、音乐教学中,培养学生的学习能力

教师在音乐教学中要以学生的兴趣为主导,根据每个学生的个别差异性来进行有效地音乐教学。在音乐学习中节奏和旋律是学生最难接触的地方,也是最难懂的地方。例如:在学习歌曲节奏时,我将运用拍手拍肩的形式让学生感受节奏的强弱感,用不同乐器敲打的声音来让学生判断不同的节奏型,培养学生的听辨能力和判断能力。在教唱歌曲的旋律碰到五音不全的学生时,我会让学生先去聆听每个旋律的音程关系,像上楼梯的形式用"啊"来哼唱练习,从中来感受旋律的高低,唱好标准音"la"最为重要,我会告诉学生"la"的旋律可以比作打电话嘟嘟嘟的声音,运用打电话的声音来教会学生学唱标准音,让学生慢慢找到学习旋律的乐趣,在生活中也可以更好地去学习音乐。

音乐课不仅仅是唱歌,它还可以培养学生的全面综合能力,把舞蹈、表演、演唱有机地结合在一起,发挥学习的主观能动性,培养学生随乐而动的能力,这样才能让学生对音乐课更有兴趣更有动力。学生喜欢有趣味性的音乐课堂教学,以他们的兴趣为教学的动力,全面培养学生对音乐

课的热爱之情。

五、结语

我认为一堂好的音乐课是需要不断去开发、不断去学习的。让学生喜欢课堂教学,并产生学习兴趣是每个教师必须遵循的教学理念。音乐是美的艺术,我们都应该去学习、探索、感受音乐,音乐可以给我们带来无限的美感。音乐课堂可以带入生活中,让学生在观察生活中音乐给他们带来的无限乐趣。那么音乐的学习兴趣将激发音乐学习的积极性,音乐课堂教学就不会沉闷无趣。我们要在音乐教学中培养学生自主表现能力、创编能力,让学生喜爱音乐,从而促进学生德、智、体、美全面发展。

构架通往音乐殿堂的桥梁
——小学音乐欣赏教学方法初探

湖北省黄冈市麻城市实验一小 蔡淑芳

摘要：音乐欣赏是小学音乐教学的一个重要组成部分包括音乐欣赏。小学音乐欣赏教学中，教师应给孩子们提供尽可能多的聆听、理解、表现机会，逐步提高学生的音乐鉴赏能力。在小学音乐欣赏教学中，教师要引导学生做好以下几点：延伸——了解：即通过对教材的延伸而了解音乐的背景、特点；理解——共鸣：理解音乐的情感内涵，从而引起情感共鸣；表现——升华：用多种方法表现音乐，从情感上得到升华。

关键词：欣赏 理解 感受 表现

《乐记》中记载："凡音之起由人心生也，人之心动，物之使然也。"音乐是情感的艺术，比其他艺术更直接诉之于人的感情。"小学的音乐欣赏教学正给孩子们提供了享受音乐之美、全面感悟音乐情感的机会。那么，在小学音乐教学中，如何更好地引导学生欣赏音乐，理解音乐的情感内涵，发展他们的音乐表现力及审美能力呢？我认为，教师必须根据音乐特点，同时结合小学生的年龄及个性特点，找到切入点，构架学生与音乐之间联通的桥梁，从而找到音乐欣赏的大门，引领学生跨入音乐的殿堂。

一、延伸——了解

在课前准备时，教师要根据作品特点，对教材进行重组和延伸，促使学生的文化艺术视野更加广阔，同时还把音乐背景充分介绍给学生，引导学生感受音乐丰富的形象。为此，我延伸与重组了音乐欣赏教材，从以下几个方面，引导学生充分了解音乐作品。

1. 同类题材、体裁作品的延伸

对同一主题或体裁的音乐形象的作品，将其不同的时代、地域、风格的乐曲进行有机结合。例如：欣赏江苏民歌《茉莉花》时，教师可将河北民歌、东北民歌、歌剧《图兰朵》中不同版本的《茉莉花》结合在一起,进行比较欣赏,加深学生对作品风格的印象。在欣赏《摇篮曲》时,可将中西方国家的《摇篮曲》一同让学生欣赏,听完后学生由衷地发出感叹:"原来世界上有这么多摇篮曲,它们各有特色,又有能使人催眠这一共同特点。而且,全世界的妈妈都很爱自己的孩子"。

2. 同一作曲家的作品组合

在欣赏某一作曲家的作品时,首先对这位作曲家生平做简介,再将这位作曲家几首不同的作品结合背景与文史知识,进行对比性欣赏,体会其内在联系,从而激发学生深层理解音乐的社会性、文史性、哲理性。如:在欣赏施光南的《祝酒歌》时,同时介绍他的《在希望的田野上》,阐述作者充满激情地表达了粉碎"四人帮"后对未来美满生活的美好向往之情。

二、理解——共鸣

对教学内容进行延伸与了解,只是音乐欣赏的起步阶段,而引导学生对音乐作品经过听赏、理解音乐内涵,从而在情感上引起共鸣,体会艺术的魅力,才是发展学生音乐感受力和审美能力的有效途径。在音乐欣赏过程中,应注重各种知识的有机结合,从而帮助学生理解音乐内涵,在情感上激起共鸣。

1. 音乐欣赏与时代背景的结合

如:欣赏《国歌》时,可讲述抗日战争前期中华民族的屈辱与苦难,帮助他们体会歌曲催人奋进的力量,也可在讲述解放初期人们对民族崛起的骄傲与自豪,欣赏《北京喜讯到边寨》时,帮助学生理解乐曲中的喜悦与激情。

2. 音乐欣赏与地理位置的结合

如结合全国各地不同的地理特点来欣赏不同地方的中国民歌《茉莉花》:江苏民歌清丽婉转,因为那里风景秀丽,气候温和;东北气候寒冷,所以他们的民歌粗犷、豪放、风趣等。

3. 音乐欣赏与文学、美术的结合

如在听赏《烛光里的妈妈》时,可让学生同时诵读古诗《游子吟》,体会无私、深沉的母爱。同时,还画一画自己的妈妈,激发对妈妈的爱,引起共鸣,从而理解歌曲中表现出来的对母亲最深情的挚爱。

三、表现——升华

有这样一句话被镌刻在华盛顿图书馆:"听到的,过眼云烟;看到的,很快忘记;经过的,深刻心上。"在音乐欣赏课堂中,教师还应让学生积极参与音乐表现,用自己的动作、体态、表情、语言等将内心的体验创造性地表达出来,从而培养学生表现美、创造美的能力。

1. 用语言表现

如欣赏《平湖秋月》时,可以根据音乐意境,选择合适的有关月色的文学作品在音乐曲伴奏下朗诵。在欣赏时,教师也可以让学生以写故事的形式将你听到的音乐描述出来,这样,会提高学生的语言能力与思维想象力。

2. 用声势、舞蹈、器乐伴奏来表现

如在欣赏《糖果仙子舞曲》时,可启发学生拍打节拍表现乐曲欢快的节奏;在欣赏《四小天鹅舞曲》时,可一起模仿芭蕾舞来一段活泼的舞蹈;同时,还可以让学生选择各种各样的伴奏乐器或其他物品来演奏,敲打节奏伴奏或直接演奏作品中的某一乐段乐句。

3. 用其他艺术形式来表现

如可以依据所听赏的乐曲作一幅画等。在欣赏《龟兔赛跑》时,我让学生跟着乐曲表演音乐剧,效果也十分不错。

总之,在小学音乐欣赏教学中,我们应注重激发学生的兴趣,提高学生的综合素质,注重学科整合,扩大学生的音乐视野,并且给学生提供学习、表现、创造的大舞台,构架通往音乐殿堂的桥梁,让小学音乐欣赏教学散发出独特的魅力!

浅谈音乐教学中的美育

湖北省黄冈市麻城市中馆驿中心小学　吴金芮

摘要：音乐教育是美育的重要组成部分，美育的目的是以营造美的氛围，达到教育人的目的，以美的事物、美的形象、美的语言和行为激发人们的审美情感。音乐也是一种美的艺术，音乐教育也必然是美的教育。美育就是培养学生健康的审美观，发展学生鉴赏美和创造美的能力的教育，也称审美教育或美感教育。美育要通过各种艺术方式来表现，通过自然和社会生活中美好的事物来表现。通过艺术表现的美育就是艺术教育。在人的全面发展教育中，美育占有重要地位。在小学音乐的教育教学中，至关重要的一点就是将美育融会贯穿于教学始终。如何将其行之有效地展开推广？则是我们广大音乐教师不断研究和探索的目标。下面我想从三个方面谈谈我对音乐教学中的美育的理解。

关键词：艺术源于生活　渗透　实施

一、艺术源于生活，最美的音乐来自自然

要使学生感受到美的存在要先谈自然美。自然美是指各种自然事物呈现的美，它是社会性与自然性的统一。它的社会性指自然美的根源在于实践，如自然界中的色彩、线条、形状声音等都是形成自然美的必要条件。其中的声音就是我们音乐中的要素之一。自然美包括日月星辰、山水花草、鸟兽虫鱼、田园风光等。自然美是一种经验现象，所以人们经常能够欣赏和感受到，它们也被作为音乐中的素材采用。我们在音乐教学中不难发现，小学音乐课堂中很多歌曲的题材都是源于自然美的范畴，例如花城版小学三年级上册的《金孔雀轻轻跳》，以傣族美丽的金孔雀为题材，在教学的导入部分，我采用了模仿孔雀形态、舞蹈动作来激发学生的对美的感受，从这种由点到面的方式传达音乐课中的美育。学生从音乐课中感受到舞蹈美、音乐美，同时培养学生鉴赏美的能力，提高学生表现美、创造美的能力。一堂成功的音乐课，一首美好的乐曲，一段优美的舞蹈，于学生而言既是一种美的熏陶，又是一种美育的感受。所以音乐教学中的美育是一种渗透的过程。

二、如何将美育渗透于音乐教学中

音乐教学中的美育是渗透在音乐教学中的精华,然而如何能将这些精华通过教师的这一枢纽输送给莘莘学子?我有这样几点看法:

(1)理论联系实际。音乐教学中美育的内容要富有生活气息,并渗透到学校全部的生活中。

(2)情感与科学性的统一。音乐教学的美育既要注重学生情感体验也要求学生掌握富有逻辑的乐理知识。在感受美和享受音乐美的过程中,学生的情绪受到了感染,进一步地升华为高尚的情感,通过运用科学的方法来分析音乐作品,加深了学生对艺术的认知。

(3)内容与形式的统一。在音乐教学中,学生所要掌握的内容最终都会以一种形式表现出来。这就要求学生既要不断地探究艺术内容,对现有的内容加深理解;又要丰富学生音乐中艺术表现方法的理解,掌握表现技能及技巧。

(4)统一要求和因材施教。既要对学生掌握基本音乐知识做出统一要求,又要根据学生不同的个性特点因材施教。

三、音乐教学中的美育具体课堂实施策略

音乐是一种听觉艺术,是通过音响来塑造音乐形象的;而音乐形象对人的心理会产生巨大的影响。在实际教学中,通过音乐对人的感染力,根据学生的年龄特征、心理特点,针对孩子不同的心理,采用不同的乐曲以达到美化心灵的美育作用。有厌学情绪的孩子,带他们学习《小斑鸠对我说》《我们的学校亚克西》等积极向上的歌曲,激起学生对学校生活的热爱;有不善于与人交往、性格孤僻的孩子,让他们聆听《当我们同在一起》《我们大家跳起来》并创编音乐活动,让孩子在音乐活动中突破性格局限,建立团结互助的人际关系。例如,我校曾有位学生因父母离异产生了悲观的心理,在音乐课中我关注到了他的情绪变化,课下我向他介绍了贝多芬生活、创作上历经磨炼,在耳聋的情况下创作出第六交响曲《田园》,唤起他对美好生活的热爱与追求。在日常的音乐教学中,我通过这种特殊的方式,指导学生多聆听一些古今中外优秀的音乐作品,使学生从这些丰富多彩、风格各异的音乐形象中,感受到世界的广博和祖国的文明历史悠久,感受到革命先烈志士的坚贞不屈,感受到人类伟大的创造力。通过长期的坚持,学生的审美能力和艺术素养都得以提升,美育在音乐教育中生根发芽。我国是一个多民族的国家,有着深厚的民族文化。民族

音乐作为民族文化的重要组成部分，凝聚着伟大的民族精神，是对民族意志、力量、追求的最佳体现方式。[1]在教学过程中，教师可以设置情境，将音乐历史背景视觉化、形象化，学生才能更好地理解音乐作品本身的内涵，从而达到熏陶美好心灵的作用。例如，欣赏歌曲《卢沟谣》时，我首先给同学们讲述了发生在卢沟桥、宛平城下的"七七"事变（卢沟桥事变），日本侵华战争全面开始，百姓受苦受难的历史背景，然后再从悲壮低沉的音调、高低起伏的旋律、力度的变化等音乐表现手法让学生感受音乐形象所表达的思想内涵。除了在课堂教学中将美育渗透其中，还将音乐课堂中的美育成果表现出来。在我校组织的文艺汇演、班队活动中，运用艺术表演形式，给学生以自我表现的天地，达到提升自我价值、克服自卑、增强自信的目的。通过这些活动为载体，学生的感官需要得到满足、紧张的精神得到了放松。还开阔了视野，起到了修身养性的作用。学生个性特长得到了充分的培养与发挥，并且还提高了他们在其他学科的学习中克服困难的信心，从而促进了德、智、体、美、劳全面发展，美育在音乐教育中开花结果。

总的来讲，如果想将美育贯穿于音乐日常教学中，教师的一言一行、一举一动都有言传身教的美育渗透，可以对学生的成长起到潜移默化的作用。推动音乐教育中的美育渗透，我们小学音乐教师更是责无旁贷。在进行课堂教学时，如果教师一味注重课堂纪律，只重视知识的灌输，便不利于学生个性发展和自信心的形成。学生带着厌恶、压抑的心情去上音乐课就谈不上有美的感受，对音乐课的兴趣也会降低。所以首先要消除学生心中对音乐课的种种顾虑，努力营造轻松和谐的学习氛围，教师应保持良好的自身情绪，注重自己的语言艺术，将自己的快乐情绪传递给学生。将幽默的语言、亲切的微笑、鼓励的眼神、有趣的动作都毫不吝啬地奉献给学生，让学生和教师走得更近，这样学生才能更喜欢音乐课，促使学生生成最好的情感体验即达到美育的升华。

参考文献

[1] 季玲玲. 浅谈如何在中学音乐教学中渗透民族音乐知识[J]. 现代阅读：教育版，2012（18）.

浅谈钢琴演奏的基本技能对中学音乐教师的重要性

黄冈市黄州区西湖中学　石　佩

摘要：钢琴完美演奏是由弹奏技巧、曲风演绎两方面组成的。钢琴演奏技巧非常重要，没有扎实的演奏技巧和对作品的理解就无法完整地呈现音乐的美的。手指技术的练习是艰苦而漫长的一个学习过程，学生只有在专业的指导下，通过不断地加强练习才能有收获。在此我结合自己的学习实践，浅谈钢琴演奏的基本技巧。

关键词：演奏　技巧　练习

钢琴拥有独特的88个琴键，历来受到音乐家的喜爱，被人类誉为"乐器之王"。然而，钢琴真正的伟大之处在于它为人类发现了很多出色的制做师、作曲家和演奏家等。制做师们把钢琴的功能和表现力发挥到极致，伟大的作曲家与演奏家们则将自己全身心地融入钢琴这个乐器中，用自己对音乐的热情乃至生命演绎成为现代的经典之作[1]。几百年来，钢琴作品在演奏家不断地创作之下，创造出丰富而治愈人心的音乐世界。在乐器艺术史中，正是因为有了贝多芬、巴赫、莫扎特、肖邦、李斯特等人不断地创作和实践，才使大量优秀的钢琴作品得以流传，从而更加确立了钢琴在乐器王国中的重要地位。至今，人们还在不断地创钢琴的新演奏之道，如何将音乐与钢琴演奏完美的结合，成为人们永恒的话题。随着社会的发展，世界文化交流也增多，钢琴已经在我国得到了广泛的传播与发展。钢琴进入中国后，受到了中国人民的喜爱。新中国成立后，钢琴艺术的发展取得了辉煌的成就，涌现出许多优秀的钢琴演奏家，为我国的钢琴事业奠定了坚实的理论基础和丰富的实践经验。[2] 因为他们有着良好的艺术修养和音乐天赋，精湛的演奏技巧达到了世界水平，中国钢琴艺术水平也得到了世界的赞许和认可。

一、钢琴的声音特征与原理

钢琴具有独特的音色美。钢琴是唯一可与整个交响乐相比拟、相抗衡的独奏乐器。钢琴的音域包括了交响乐团由最低音区到最高音区间所有音域,可以弹奏出雄浑、铿锵、高昂等类似交响合奏时的音响。

钢琴的声音特点:

(1)钢琴的声音是由琴槌击打弦而发出的声音,例如钢琴的音色特征是颗粒性的声音,在弹奏连音奏法和跳音,特别能将此音色特征发挥到极致。

(2)在弹奏中,演奏者运用大臂的力量传送到小臂,没有阻碍地传送到指尖,放松全身将所有的力量融为一体,结合弹奏的技巧,弹奏出通透而饱满的音色。

从钢琴弹奏的原理上看,当你的指尖力量以及弹奏技巧掌握很熟练之时,所弹出的跳音饱满有力量,富有颗粒性。在连音奏法中,音与音之间的连接就是指尖力量的传送技巧,使乐感更流畅而清晰,不仅增强了钢琴的表现力,也将钢琴音色的优美和音域的宽广完全演奏出来。

二、手指弹奏技巧在演奏中的重要性

钢琴演奏不仅是一种艺术的展现,学习起来也是除了个人天赋以外,技巧性很突出明显的一门乐器。指尖接收演奏者的力量,通过大臂带动小臂,通过手腕放松,直接传送到指尖,通过指尖的支撑弹奏琴键发出声音,指尖的支撑不仅是演奏钢琴最基本的弹奏练习,它的功底也取决于你对一首作品的感情的演绎[3]。在扎实的手指技巧之上,熟练地拿捏力量的传送,可以将作品的情感和音色的层次演奏得更丰富,也说明了,通透的弹奏技术和精湛的技能是不可分割的。

三、演奏中的创新性练习

对于钢琴学习者来说,基本的手指训练如音阶、琶音、和弦、双音等是每日必不可少的练习。技巧的练习显得格外的机械而重复,基本的技巧训练并非一日就能到达,它是不断通过反复练习,将重难点提炼出来后理性地分析问题,再找到合适的方法去练习,从而得到提升。对于重难点的练习,善于创新的演奏者会通过自己的实践,掌握的知识及程度,在基本练习上加以创新的练习方式来增强自己的技巧。这不仅改变了往日的机械练习,也对艺术多了一种诠释的方法。技术练习与创作有着密切的关系。

第三部分：教师素质提高及中小学各种课堂教学模式的探究

（一）如何加强初中生的重复性练习

在钢琴弹奏中，采用重复练习的方法可以找到演奏作品中的关键技巧，在初中生学习中，我会通过大量的基本练习，如《哈农手指练习》来加强学生手指的力度和速度。在这些基础上，根据每位学生的能力因材施教，发掘每个人的特质和创造力。在基本练习上，加强节奏的训练，更好地练习学生的节奏感，加强每个手指的独立性。

（二）提炼技术难点的练习

演奏者掌握一定的弹奏技巧，可通过技巧弹奏键盘发音，把控节奏及力量的变化来演绎作品。当然不同的人演奏相同的作品，因对作品理解不一样，其表现出来的也不一样。除了具备基本的训练，演奏者还要将难点提出，特别是对作品的理解，如何通过指尖将完美的音色弹奏出来，同时将作品的风格进行技巧和音乐艺术结合，例如抒情优美的旋律通过指尖力量的传送，像演唱的形式弹奏出来。欢乐轻巧的风格弹奏出的音色饱满而短促，还富有弹性。通过不同曲风的练习，演奏者指尖的力度和技巧得到更多的提升，从而也解决了技术难点。

（三）曲风演绎的重要性

音乐作为一门艺术的展现，不仅仅代表技巧，更是对生活、对音乐的理解。弹奏钢琴时就像是唱歌，当你运用技巧弹奏出最完美的音色，演奏者演绎出作品的欢快、愉悦、抒情或是激情，听者就会在演奏者的诠释中感受深层的情感。除了基本练习，我也会在课堂上播放一些关于钢琴的音乐欣赏片段和短片，让学生更直观地去感受。演奏者在弹奏前，通过理论的知识，加上自己的感受去理解作品想要表达的情感。弹奏中，演奏者也要靠技巧的拿捏、运用力度的把控、音色的长短、音量的大小、乐句的流畅性来体现作品情感的层次。这也是曲风演绎的重要方式之一。

四、演奏中心理素质的重要性及如何加强心理素质

良好的心理素质是每一位上台表演者必须具备的条件。特别是在钢琴演奏中，不仅是身体的放松，还有心的投入。身体的放松能将力量无阻碍地传达到指尖，从而弹奏出最好的音色。心的投入，则是情感的出发点。清晰的头脑，放松的身体来控制作品的节奏和情感的拿捏，更重要的是情感的展现是从心的深处流露出，而不是单纯的技巧展示，只有当身心与音乐融为一体时，才能呈现出最完美的乐章。[4]

五、结语

音乐是人类精神的表现,音乐是一门艺术,也是生活的一种状态,它与人类和社会有着紧密的联系。每个人的经历不同,对艺术的呈现方式也不同,人们最容易将内心真实的感受通过音乐体现出来,加深对音乐的了解、对技巧的掌握,才能领略到音乐艺术最深的奥妙。

参考文献

[1] 罗小平. 音乐与文学 [M]. 北京:人民音乐出版社,1995.

[2] 俄罗斯作家谈文学工作 [M]. 列宁格勒出版社,1965.

[3] 刘庆刚. 钢琴的演奏与教学 [M]. 北京:人民音乐出版社,2003.

[4] 王次炤. 音乐美学新论 [M]. 北京:中央音乐学院出版社,2003.

浅谈音乐在舞蹈教学中的重要性

湖北省黄冈市黄州西湖中学　熊宏君

摘要：音乐是舞蹈的灵魂,音乐中包含并决定着舞蹈的结构、特征和气质。一首脍炙人口的好歌曲、一部气势宏大的舞蹈精品,带给人们的是听觉和视觉上的"盛宴"。用真诚的心愿来表达人们内心的真实情感。音乐通过歌曲表达人们的感情与情绪,舞蹈用其特有的语汇、动作去传播大爱,使人们的文化精神与思想内涵得到进一步传承发展与升华。以音乐来传扬学生的爱国主义精神,以舞蹈的肢体语言来抒发对祖国的博大情怀,它们二者是相辅相成的,相互联系、完美融合。音乐带给人以开心与愉悦,舞蹈带给人以享受与美感,它们是快乐与幸福的并存。

关键词：音乐　舞蹈　重要性　完美融合

音乐和舞蹈是两个不同的艺术类型,它们相互联系、相互作用、融为一体。

一、音乐和舞蹈是听觉和视觉的有机结合

众所周知,音乐是用组织声音构成的听觉意象,来表达人们的思想感情与社会现实生活的一种艺术形式。

当我们在欣赏一首乐曲时,从听觉中,我们可以感受到它是优美抒情的、还是激情澎湃的？是喜庆、悲伤、还是忧虑的,所有这些都离不开人们的听觉,去辨别去感受。舞蹈相比音乐而言,更具有形象性,它是需要大家用视觉去感知的。

音乐和舞蹈从某种意义上来说,是人们用抽象的思维和形象的意识形态、声音、肢体语言来传递内心真实情感的艺术形式。音乐通过歌曲表达人们的思想,而舞蹈就以有形的舞姿展现人们的情感。

一首脍炙人口的好歌曲、一部气势宏大的舞蹈精品,带给人们的是听觉和视觉上的"盛宴"。所以,音乐和舞蹈是相互呼应、相辅相成的。

二、培养学生音乐的乐感和舞蹈的韵律感

音乐的基本要素是构成音乐的各种元素。包括音的高低、音的长短、音的强弱和音色。音乐最基本的要素是旋律和节奏。

当我们评价一个人对音乐有没有悟性,也就是看他有没有音乐"天赋"时,首先看他对音乐有没有兴趣、爱好,有没有乐感,表象就是看他有没有音乐节奏、音准、音高的准确率。如果在乐感先天不足的情况下,我们也可以后天进行弥补:多听、多看、多练,包括视唱练耳的训练,不断地加强学习,从而得以慢慢改变,达到提高。

舞蹈的韵律感也是来自音乐的基本要素——节奏和旋律。节奏是舞蹈艺术内的本质。舞蹈是有节拍的步调,就像诗歌是有韵律的文体一样。

在舞蹈教学中要充分发挥音乐的作用,有利于培养学生的美感,逐步提高舞蹈动作的节奏感、协调性、灵活性、柔韧性和优美感,从而形成了舞蹈独特的韵律感。舞蹈动作的节奏感是依赖音乐的节拍、强弱、节奏、快慢的变化而来。

例如,舞蹈《渔家小阿妹》,作品表现的是渔民们在海上捕鱼满载而归的激动心情。一群渔家姑娘光着脚丫在海滩上欢快地唱着、跳着,手舞足蹈,兴奋至极。整个舞蹈的音乐全部用的是鼓点、节拍的强弱、节奏的快慢(因为节奏是音乐的重要组成部分之一),所形成鲜明的对比来表现渔民们由围捕鱼、打捞、满载而归、嬉戏热闹的场面。中国剧作家吴晓邦先生说过:当表情真正与节奏相结合的时候,就好像江水入大海和林鸟夜归巢那样,会使人感到舒畅和安慰。

三、音乐、舞蹈教学的情感价值观

在音乐和舞蹈教学中,表情、情感的教育和培养是必不可少的。当我们要给大家呈现一部作品时,除了熟练掌握专业的技能技巧之外,更重要的是考虑以什么样的表情去展示,也就是要以什么样的情感去表达,这部作品。

首先从音乐来看,在我们音乐教学中,比如唱歌:非常欢快、热烈、激情饱满的一首歌,学生们通过学习都会唱,也唱得很好,节奏、音准也没错,可就是不好听,不知是什么原因?问题所在就是情感不到位,没有表情。所以我们只有通过音乐并在音乐中去教育我们的学生,让他们去听、去看、去感受,乐曲要表达的人物内心是欢喜还是诉说的,我们在演唱时都要好好地去把握,结合形态意识——舞蹈肢体语言的表述,模拟意境的遐想,使学生们很快进入乐曲的角色当中,找准音调目标和旋律方向,用

舞蹈的肢体语言尽情展示。

George Balanchinc 说过：作为舞者，如被编舞者弹奏的钢琴。达到一种忘我的境界，努力追求、探索着，只有这样，你才会真正地把自己当成"主角"融入其中。正是有了美妙的音乐，我们才能更好地去展现婀娜多姿的舞蹈作品。音乐的乐句、乐段以及舞蹈动作的组合训练，到最后的作品展示等这些都是和音乐的节拍、节奏以及旋律的美感是分不开的。这样所表现出来的作品是生动、有灵性的，才能真正地去感动自己，感动观众，达到完美和谐的统一。当我们有了音乐，又该用怎样的肢体语言去表达舞蹈情感的内涵呢？苏联芭蕾舞编导扎哈罗夫说过：音乐是舞蹈的灵魂，音乐中包含了并决定着舞蹈的结构、特征和气质。

由我国著名的舞蹈老师张继刚编排的大型舞蹈作品《千手观音》由浅入深地去感知舞蹈，呈现舞蹈的形式美，从而深刻感悟舞蹈所蕴含的文化内涵与精神内涵，舞者们肢体语言和同伴一起去创作、去演绎，让观众来分享体验与之而来的快乐。只要心地善良，只要心中有爱，就会有千双手来帮助你；只要心地善良，心中有爱，就会伸出千双手去帮助别人。舞蹈中，用真诚的心愿来表达人们内心的真实情感，用舞蹈的语汇、动作去传播大爱，让《千手观音》的文化精神与思想内涵得到发展与升华，进一步弘扬了我们中华民族的传统美德。所以在音乐和舞蹈教学中，培养学生更好地去把握歌曲精髓和人物内心真实情感的写照就显得尤为重要了。

四、音乐在舞蹈创编中的意义所在

作为舞蹈编导——舞蹈的创作者兼导演，除了要有着一定舞蹈艺术的专业知识外，还要有社会生活、历史文化等各方面的知识，音乐、文学、戏剧上有一定修养，在舞蹈创编中，它们都有着非常重要的联系。

舞蹈创编中，我们对其音乐的选择也是不一样的。如果音乐旋律以 2/4 节拍出现，音乐节奏型是强、弱关系，那么舞蹈动作反映的是欢快、热闹的场面较多；若是 4/4、3/4 节拍出现，那么它的节奏型是强、弱、次强、次弱关系，舞蹈动作多是以舒缓、优美的舞姿呈现。我们在舞蹈中，有时也会运用节拍中的某一拍或半拍作为下一个舞蹈动作的"起范儿"，为主打动作做好铺垫，起着承上启下的作用。有的作品可能是先有了音乐，激发了舞蹈创编的冲动；也有的作品是先有了舞蹈动作形象，从而激发了音乐创作的灵感。

总之，以上顺序并非一成不变，音乐和舞蹈二者之间是相互联系的。在学生舞蹈教学过程中，教师可以丰富学生情绪体验、培养活泼、热情、开朗的性格。

五、结语

音乐带给人以开心与愉悦,舞蹈带给人以享受与美感,它们是快乐与幸福的并存。由此可见,在舞蹈教学中,音乐起着至关重要的作用,二者可以亲密无间、完美融合。

浅谈艺术高中声乐教学中的构想与实践

湖北省黄冈市黄州区西湖中学　熊玉华

摘要：为了提升艺术高中声乐教学的质量，给高校输送更多更好的艺术人才，根据艺术高中声乐教学的特殊性，结合学情，本文从实际情况出发，研究制定"区域式"和"启发式"教学方法。通过十几年来的教学跟踪调查，学生参加湖北省音乐高考声乐联考，过线率达99%，经过实践证明，"区域式"和"启发式"教学方法取得了较好的效果。

关键字："区域式""启发式"　教学方法

一、艺术高中声乐课教学的现状

（1）学生基数大，课时安排少，给教学带来了非常大的困难。一名教师一节课同时要面对全班几十名学生，不可能在有效时间内对每名同学都进行一对一辅导，无法准确了解和掌握每个学生的实际情况，因此也就无法针对学生进行因材施教，只能解决那些普遍存在的共性问题。

（2）受招生制度所限，部分学生来自农村，其学习环境、文化生活环境不同，对音乐的感受能力、理解能力各不相同。

（3）现在的学生大多数都是独生子女，在家里备受宠爱，从小没有养成良好的学习习惯和生活习惯。怕苦怕累，缺乏自制力和自主学习的能力。

基于以上原因，教学中出现很多问题，难以解决。按声乐高考要求，学生必须掌握一定的演唱技能技巧，能够准确完整地演唱并表达难度较高的歌曲，可由于学生的学习现状、教学形式等原因，有相当一部分人达不到教学目标，学习了一年多，有的学生还表现在一个初学阶段的状态，没有建立正确的气息和良好的发声位置，没有获得一个平衡统一的混合声区，具体表现为：缺乏声音的基本音色，声音或尖锐或虚弱，失去了本身圆润的色彩，只能演唱那些难度较小的歌曲，严重阻碍了艺术高中声乐教学的步伐。

二、提升艺术高中声乐教学的质量，给高校输送更多更好的艺术人才

根据艺术高中声乐教学的特殊性，结合学情，我从实际情况出发，研究制定"区域式"和"启发式"教学方法。

（一）"区域式教学"

在了解每个学生的基础上，根据每个学生的接受能力、反应能力、艺术素养等，把全班学生划分为上、中、下三个区域进行教学，以抓两头、带中间的办法，进行因材施教。制订不同的教学计划和目标。这样，针对性明显增强了，教学效果也大有改善。在实际教学中，对于素质较好、成绩突出的"上"组的同学，要求要相对高些，在完成教学大纲的基础上，补充一些难度较大的歌曲，同时老师要多指导，多示范严格把关，使其感到学无止境，学有所求，促进其学习声乐的热情，提高声乐演唱水平。对于成绩不理想的"下"组的同学，根据实际情况，教师多鼓励、多关注、多表扬，多一点耐心，同时要帮助他们建立学习的信心和学习计划。并根据他们现有的能力，降低一点教学难度，这样，学生学起来就容易多了，学习也有兴趣了，学习声乐的信心也增强了，演唱水平自然就得到了提高。抓住了两头，中间的同学也就自然而然地跟上了。

（二）"启发式教学"

古语有"一言可以兴邦，一言可以误国"之言。语言在艺术高中声乐教学中起着促进作用，成为艺术高中声乐教学中不可缺少的一个组成部分，多年来的教学实践告诉我们，生动形象化的语言，能启发学生的兴趣和求知欲，激发学生的学习热情。

"启发式教学"就是通过生动、形象化的语言，对其所要表达的歌曲意境，人物思想感情，以及所要掌握的技能技巧，进行描绘和表现从而达到教学目的的教学方法。形象化的语言，能够启发学生的学习兴趣和求知欲，使学生很快根据老师的意图，及时地把握歌曲的形象和思想内容。

我们知道，声乐是一门抽象艺术，学起来比较难。在教学过程中，光靠老师耐心教和学生刻苦学是不够的，还要通过老师生动形象的语言，来启发学生展开联想，才能使学生准确地把握歌曲的艺术形象。比如，在学习"胸腹式联合呼吸方法"的时候，学生半天也找不到气息吸入与呼出的状态。造成了"浅胸式呼吸"，甚至个别有憋气的错误现象，后来我就启发学生，用在大自然天然氧吧中去体会深呼吸，用爬高楼时的急促喘气去找横膈膜的运动，通过启发，学生很快就找到并建立了正确的呼吸方法。

在表达歌曲的思想感情方面，用简明易懂，生动形象的语言，能使学生比较容易地抓住歌曲的艺术形象，表达其思想感情，如：东北民歌《摇

篮曲》,主题是赞颂母爱,可由于学生还是十六七岁的孩子,生活阅历浅,无法体会到做母亲的感觉。我就启发他们"你们就回忆想象你小时候母亲坐在摇篮旁,一边哼着小曲,一边轻轻摇着你甜甜入睡的情景"。通过联想,学生情不自禁地进入了歌曲的意境。

实践证明:采用"区域式"和"启发式"教学给艺术高中声乐课教学带来了很好的教学效果,是值得提倡的。

谈音乐教师声乐演唱中呼吸的重要性

湖北省黄冈市黄梅县实验小学 艾平平

摘要：歌唱是一门艺术,也是一门科学。要获得优美悦耳流畅的歌声,就要经过科学的发声训练,掌握科学的发声方法和演唱技巧,呼吸是歌唱的基础,在声乐演唱中扮演了非常重要的角色。

关键字：呼吸 气息 保持

歌唱是一门艺术,也是一门科学。要获得优美悦耳流畅的歌声,就要经过科学的发声训练,掌握科学的发声方法和演唱技巧,呼吸是歌唱的基础,在声乐演唱中扮演了非常重要的角色。歌唱需要气息的支持,在气息的有效支持下才能进行,没有好的气息支持就发不出有质量的声音,在声乐演唱中呼吸的力度要适中,呼吸的正确把握决定着歌唱的质量,也直接影响着歌唱的声音是否优美、流畅。[1]

一、歌唱呼吸的几种方法

呼吸在歌唱中占有重要的地位,犹如汽车的发动机一样起着关键的作用,科学的呼吸是唱好歌的一个重要前提。要清楚了解歌唱发声的呼吸器官和演唱的呼吸机理。发声歌唱时的呼吸和人体在自然呼吸的基本原理是非常相似的。只是在日常的呼吸比较浅一些而已,在歌唱发声训练时呼吸运动量要大得多,而且最主要是靠横膈膜的运动来控制气息的强弱关系。[2]

我们常提及的呼吸方法主要有三种：(1)上胸式呼吸：用上胸控制呼吸的方法,吸气量少而浅。(2)腹式呼吸：依靠软肋的扩张,小腹鼓起和收缩的呼吸方法,容易吸气过深,声音缺乏灵活性,易偏低。(3)胸腹式联合呼吸：用胸腔、横膈膜与两肋、腹部肌肉共同控制气息的方法,能力强,呼吸均匀,有节制,是近代声乐界公认的科学的呼吸方法。

我们也可以通过以下几种呼吸方法来练习歌唱发声呼吸。

(一)慢呼慢吸

在练习中一般采用"闻花式"吸气,此方法身体放松,腰部向外松开,使身体内空间增大。

(二)快呼快吸

在实践练习中,我们常采用"惊讶式"呼吸方法进行练习。这种呼吸适用于演唱歌曲风格偏快、活泼类乐曲。此呼吸法要在身体上部分保持放松的基础上,借横膈膜的力量上下反弹,呼吸自如,控制好力度的变化来完成。

二、歌唱呼吸中气息的支点

歌唱气息的支点也称为"着力点"。在演唱时,气息的控制点在腰腹部分:腰部、下腹部和上腹部,把这三个点形成一个面,借助横膈膜的力量来完成歌唱。横膈膜在歌唱呼吸中起着非常重要的作用,它是吸气肌肉群的一份子,因为收缩时是往下移动的,所以在呼吸的动作上,横膈膜与腹肌处于对抗的地位。那么当发声时,呼吸力运用恰当,有了控制支点的感觉,可以轻松感触到声音的结实而不发虚,有穿透力,身体及面部表情自然舒服,给听者一种享受。

三、歌唱中呼吸的保持和运用

(一)歌唱呼吸的控制与吐字

在声乐学习中,开始总有气不够用的感觉,关键是没有能够自如掌握呼吸的正确方法。如最初我在演唱《日月和星辰》这首歌曲时,开始由于把气吸得过满,把胸腔憋住了,一开口随吐字把气息也送掉了,这样的声音结果就是发僵、发直、不流动,唱出的声音直白没有艺术性。呼吸自如,在演唱中才能轻松舒服。紧张的呼吸也会使吐字不清楚。歌者要注意气息的深位保持,这样字的位置才不会垮。

(二)演唱呼吸时与发声共鸣的关系

呼吸是歌唱发声中不可缺少的重要部分,是发声的发动机,要完成一首作品,就要考虑好如何合理地安排呼吸,打开腔体,让声音通过腔体产生共鸣再发出声音,才会变成音色优美动听的歌唱了。在歌唱发音过程中,所有的腔体都要起作用:①头腔共鸣是打开鼻咽腔所产生的,有时在头部有一种震动感。②歌唱的主要声道是咽喉部以上,声音是明亮集中有共鸣的靠前。③张开嘴看到的是后咽壁，往上是咽喉腔和鼻咽腔，是歌唱很重要的共鸣腔体，打开腔体的第一步就是将喉头向下，喉头随之到下面的位置，如果喉头下不到这个位置，千万别用力压，要通过深呼吸来解决。压喉头出来的声音是僵硬的，腔体的打开要和深呼吸同时到位。深呼吸时，喉头放松下来，小舌头软口盖上去，这样腔体就大了，共鸣也就大了，音色好听，声音也就传得远了。

（三）歌唱呼吸中的换气要有情

换气，是歌唱中最关键的一个环节，很容易被忽略。歌唱换气有两重作用：（1）能够及时把演唱前一句所积累的力量发挥出来，身体做到放松。（2）充分排除余气，好的换气应做到早呼、放松、长呼。（3）换气要在"感情"中进行，换气要根据歌曲的风格、感情来确定呼吸换气的运用，吸气的运用自如要符合歌唱的要求。吸气时要置身于感情中，使气量和浓度恰如其分，从容自如，像是深情地诉说，把歌曲内容轻松表达出来。[3]

综上所述自然、放松、结实的声音需要建立正确科学的呼吸基础上完成，歌者需要把发声器官和歌唱技巧完美结合，注意呼吸、发声、吐字的运用，以情带声把作品完美地演绎出来。

参考文献

[1] 周小燕. 声乐基础 [M]. 北京：北京高等教育出版社，1990.

[2] 贺卫华. 论歌唱中呼吸的重要性 .[J]. 长春理工大学报，2007.

[3] 张华生. 歌唱呼吸的正确运用 .[J]. 科技咨询报，2007.

浅谈如何提高钢琴课堂的教学效率

湖北省黄冈市黄州西湖中学　罗曼丽

摘要：中学钢琴课的一个显著特点就是集体教学，它不同于"一对一"的钢琴个别课形式，教师面对的不是一个学生，教学进度也不是为个别学生而定，既要保持班上整体的教学进度，又要让每个学生学有所获，这就必须提高课堂教学的效率。本文主要通过三个方面来阐述如何提高钢琴课堂的教学效率，从内容到环节到评价做到了课前、课中和课后的具体实施，使学生们都能参与进来，让整节课发挥出最大的效益。

关键词：内容　环节　评价

钢琴集体课是一门技能课，其中一个教学目标就是要求学生能够掌握键盘知识和技能，突出以学生为主体，着力培养学生的自我学习能力。"授人以鱼不如授人以渔"，教会学生学习的方法可以大大提高课堂上的教学效率，这在课堂教学中显得尤为重要。课堂上学习的曲目相当有限，而更多优秀的曲目都是需要学生自己独立去探索、去学习的。然而一节课只有45分钟，我们应该如何有效地把握这宝贵的时间，在有限的时间里让整节课的教学发挥出最大的效益来呢？在长期的教学实践活动中，我总结出了一套行之有效的方法，即合理地规划教学内容，精心安排教学环节和进行有效的教学评价。

一、合理规划教学内容

教学内容是每位教师在课前应该好好规划的，教学内容的量要结合学生的实际情况，不能拔苗助长。过多的教学内容会削减学生学习的兴趣和积极性，从而产生厌烦的情绪，而适量的教学内容不仅能够使学生轻松掌握，并且还能获得成功与满足，只有信心满满地掌握了本节课的内容，才能激发学生继续求知的欲望，激活学生不断向前的动力。

例如在钢琴曲《雪绒花》的教学中，我们一节课不可能教完所有的内容，而且过多的内容会让学生们"吃不消"，这就需要我们教师在课前做一个详细的规划。第一课时分左右手讲解练习,力求旋律和节奏没有错误。第二课时巩固分手练习,尝试双手配合。在双手配合时可以从一个单位拍或一个小节开始,逐渐过渡到一个乐句,几个乐句,这样在不知不觉中学生就能将整首曲目高效地完成。第三课时强化双手弹奏,解决出现的问题。在进一步熟练后学生还可以找到伴奏的规律,能够在右手弹奏旋律时知道左手该弹哪种分解和弦,强化双手弹奏的熟练程度。第四课时进一步完善乐曲,带有感情地演奏,注意曲谱中的力度、速度及相关的表情术语。

教育家赞可夫说:"教学法一旦触及学生的情绪意志领域,触及学生的精神需要,就能发挥高度有效的作用。"[1]兴趣是最好的老师,我们如果能将学生的兴趣调动起来,从而激发学生的学习主动性,就能够使课堂教育获得良好的效果。问题是如何使学生在一整堂课上持续这种兴趣,让兴趣贯穿于整节课的始末,使学生的注意力牢牢专注于课堂从而发挥出巨大的课堂效益,这就与课堂环节的安排密不可分了。

二、精心安排教学环节

我在安排教学环节的时候,始终坚持把音乐的各个学科都融入钢琴课堂教学中来,使整节课不再是单调的钢琴教学课,而是一堂丰富多彩的体验课。首先我会把节奏练习放在第一位,因为在音乐的历史长河中,打击乐器最先出现,并率先定型完备,这是中外乐器发展史上的共同规律。[2]节奏对于音乐,犹如梁柱对于房屋,是支撑整个音乐的框架和构造的。例如学习一首短小的主调乐曲《雪绒花》时(谱例附文末),我的教学环节顺序如下:

(一)节奏练习

主旋律的节奏练习→伴奏音型的节奏练习→分小组配合进行二声部的节奏练习→双手在桌面上敲击二声部的节奏。

我会按照以下步骤带领学生完成上述环节:

(1)观察主旋律位于哪只手?把主旋律的节奏用打出来,要求眼睛看谱、手打拍子、口唱节奏同时进行。

(2)观察另一只手的伴奏音型,并打拍子唱出节奏。

(3)进行二声部的节奏练习。在这个环节,我会将班上的学生分成两大组配合击打出二声部节奏,一轮过后交换节奏声部进行。

(4)自己在桌面上用双手进行二声部的击拍练习。

在整个节奏练习中,难易程度是循序渐进的,从单手击拍到双手的配合,从单声部到二声部,这可以极大地调动学生学习的积极性,使每一个人都能够一步一个脚印,颇有成就感地走下去,另外分小组进行二声部的节奏训练,让学生轮流击打主旋律和伴奏的节奏,这样把学生带入了一种比赛的氛围中,有了这种氛围学生们会暗自比较,不仅要把自己最优秀的一面展示出来,并且还会全情投入到课堂教学中来。最后用自己的双手进行二声部的击拍练习,这除了锻炼双手的协调能力以外,还培养了二声部节奏的听觉能力。

（二）视唱练习

读出主旋律各音的音名→单手击拍唱出主旋律→复唱旋律,教师配弹伴奏→读出伴奏各音音名→单手击拍唱伴奏。

在这个环节,我会要求学生先说出需要弹奏的旋律的音名,这样可以锻炼其的识谱能力,在此基础上,我再要求学生击拍以视唱的方式唱出旋律,通过这种方式,我可以了解到学生们是否理解他们即将要弹奏的内容,并锻炼了学生手脑并用的能力。熟悉旋律后复唱一遍,我会同时配以伴奏,让学生的耳朵能够听到两个声部的同时进行,培养对乐曲的感觉,建立对全曲的印象。通过视唱练习,学生们对即将弹奏的旋律更有把握,并能更正确地演奏出给定的任务,能够为下一个视奏环节打下良好而坚实的基础。

（三）视奏练习

单手(右手)弹奏主旋律→单手(左手)弹奏伴奏音型→双手配合弹奏前两小节→双手配合视奏整首乐曲。

在通过上一个环节的练习后,学生们会迫切地希望想要弹一弹这首优美抒情的乐曲,但是又对双手弹奏的难度有一定的畏惧心理,这时,我会让学生进行分手练习。在分手练习的过程中,最好能做到边唱边弹,让看到的音乐材料反馈给大脑,通过大脑再协调手上的运动。两只手都视奏过一遍后,就可以慢慢地分小节进行双手配合了。

在整个的视奏环节中,我都设法让每一个学生都参与进来,在分手练习和双手练习中,我们可以请一两位同学上台来展示,可以是一个乐句,也可以是一个小节的内容,每一个环节都点几位不同的学生,那么一节课下来,就能跟至少一半的学生产生互动,了解他们的学习情况,给予他们肯定,让学生们更加明显地感觉到自己的进步,增加学习的积极性。

三、 有效的教学评价

基础教育课程改革强调建立完善的促进学生全面发展、促进教师不断提高和促进教学不断发展的评价体系。我们在重视学生的学业成绩的同时,更要发现学生多方面的潜能,帮助学生更好地发展自己的长处,所以,发挥评价的反馈功能,这也是提高课堂效率的一个行之有效的途径。

在评价方式上,我总结了以下三个方面的内容,即学生的自我评价、同学互评和教师点评三个方面。

学生的自我评价可以看出其对知识点掌握的情况和对于错误的敏感程度,在此基础上进行同学互评,从不同的角度看出问题,取长补短,达到相互交流的目的和激励的效果。教师的点评更多的则是总结和补充,让学生们对于刚才两轮的评价有一个认识和衡量标准,肯定自己的进步,看到自己的不足,明确自己的方向,拓展自己的思路,使学生产生学习的主动性,激励学生不断完成一个又一个的目标,来获得更大的发展。

总之,课堂教学效率关系到许多方面,我们除了要不断地思考教学方法,调整我们的教学环节,还要积极吸取他人的教学经验,博采众长,最终才能不断提高课堂教学效率,实现一堂高质而有效的钢琴教学课。

附《雪绒花》谱例

雪绒花

罗杰斯 曲
唐重庆 配伴奏
雷特曼 打谱

参考文献

[1] 赞科夫. 教学与发展 [M]. 北京：人民教育出版社，1985.

[2] 李娟. 说文解字与中国古代乐器文化 [J]. 文学界（理论版），2011（8）.

小学音乐教师钢琴即兴伴奏能力现状分析及应对策略

湖北省黄冈市蕲春县第二实验小学　田文欢　江　玲

摘要：钢琴即兴伴奏是音乐教师必备的一种能力，在日常教学中，我对小学音乐教师即兴伴奏的能力现状进行了调查，对于怎么改变这种现状进行了一些分析及应对策略探究。

关键词：即兴伴奏　现状　策略

钢琴即兴伴奏，是集钢琴演奏技术、键盘和声技术以及伴奏造型能力为一体的综合艺术。首先，弹奏者必须具备一定的钢琴演奏技能，其次，和声知识在键盘上的实际掌握十分关键，因为伴奏是一种以和声为基础的多声部的组织形式，缺乏这种基础，也谈不上伴奏的问题。最后，通过创造性地运用声部的造型形式，即特定的音型来与旋律相配合，从而产生伴奏的艺术效果。对于小学的音乐课堂来说，钢琴即兴伴奏的重要性的，主要体现在以下几个方面：

首先，因为它的特点是"活"，所以它可以根据歌曲的情感和学生所学的情况及时调整歌曲的速度、力度、音高等，从而使学生可以更好地学唱歌曲。

其次，钢琴即兴伴奏大大增强了音乐课的趣味性、灵活性、带动性，一曲好的即兴伴奏能更好地调动学生的积极性，使学生更迫切地想学唱这首歌。

最后，它对演唱者的作用是非常大的，好的即兴伴奏能使演唱者更快地进入歌曲的情绪，让演唱者对歌曲有更快更深地理解，从而更好地演绎歌曲、表现歌曲。

所以我认为，这项能力是每位音乐教师应该都必须具备的。

一、当今小学音乐教师钢琴即兴伴奏真实状况及原因分析

（1）对调的不熟悉。拿到一首乐曲，除了 C 大调、F 大调、G 大调这三个调稍微熟悉点以外，其他的调很多的老师左手编配和弦根本无从下

手,更有一些下面乡镇的兼职音乐老师,连右手单音都不能及时地弹奏过来,更不用说左手的和弦伴奏了。

（2）和弦编配过于单一。不管碰到什么乐曲,左手永远是15351535,或者是135146135146,又或者是永远固定单一的琶音,不同的歌曲和弦编配的一样,音乐色彩不丰富。

（3）对乐曲情感的把握不透彻。不管乐曲的情绪是欢快的还是忧伤的,伴奏永远都是一个情绪,没有变化的和弦织体,使乐曲失去了灵魂。

以上几种情况,相信大家也在日常的教学和公开课上看到过,那这是什么原因造成的呢,我想,有以下几点：

（1）钢琴基本功不够扎实。有的音乐教师连钢琴弹奏的基础内容都不熟练,像音阶、和弦等,在给歌曲伴奏时缺乏规则和方法,随意弹奏,手指的指法也不对,这些基本功的不扎实导致调的不熟悉,拿到曲子,碰到棘手的调只会弹右手,更有甚者,连右手都反应不过来,更别说使用首调概念来进行练习,调子一改变就完全乱了。

（2）理论知识、和声基本知识掌握不够。很多老师理论知识不够,对歌曲的调式与调性不熟悉,这样当然不能编排出好的伴奏旋律,有的老师即使熟悉调性,但是由于乐理和声知识不过关,左手和弦伴奏不能及时、灵活转换,弹出来的伴奏比较单一、不动听。

（3）业余时间即兴伴奏练习不够。好的钢琴即兴伴奏不仅需要丰富的书本理论知识,更需要广泛的实践活动,没有丰富的实践活动支撑,那就像是纸上谈兵,毫无说服力。可我们很多的音乐老师,明知这是自己的薄弱环节,却由于各种原因不愿私下花时间勤学苦练。

二、应对的策略

（1）多练习。好的即兴伴奏需要经过长期的刻苦练习,积累丰富的经验,加以对歌曲的深刻理解,在此基础上进行创编,所以我们课下要多花些时间在钢琴的练习上,哈农也好,车尔尼也好,多熟悉各种调式,多练练手指,基本功练扎实了,才会让我们在即兴伴奏的时候更有信心、更有底气。

（2）多倾听多思考。平时听音乐的时候可以思考一下乐曲的和声走向、和声织体等,然后自己私下去思考、去摸索怎样编配和弦、用怎样的织体听起来会更和谐、更好听、更能符合该乐曲所要表达的情绪。

（3）多分析歌曲的正谱伴奏,在即兴伴奏的创编过程中,多分析钢琴的正谱伴奏也是一种很好的学习方法,正谱伴奏通常都是经过创作者精心构思的,感染力较强,我们多分析正谱伴奏的肢体结构,借鉴规范的织体手法,对我们即兴伴奏的创编是很有帮助的。

（4）加强和声理论知识的积累。教师对歌曲熟悉,可是对和声理论知识、和声转换不熟悉,伴奏起来也是心有余而力不足。想着变换各种结构,可是大脑不能及时地反应过来,也是徒劳的。

（5）多尝试。即兴伴奏重在即兴,所以应多拿各种曲子进行视奏,这样对我们即兴伴奏的创作有很大的帮助。

我相信,只要做好了以上几点,好的即兴伴奏也就水到渠成了。让我们一起努力,把音乐课上得"活"起来吧!

浅谈声乐教学中6～12岁女童的嗓音训练

湖北省黄冈市黄州区黄州西湖中学　袁子倩

摘要：儿童声乐教学初露头角，但仍存在一些问题。本文结合多个文献参考以及实际情况分析，6～12岁女童声乐教学中嗓音训练存在的问题，并通过自身教学实例来阐述如何解决嗓音训练中的问题。本文研究发现，好的嗓音效果除了需要科学的发声方法外，教师还要培养学生的内心听觉，增强学生的视唱练耳能力。

关键词：6～12岁女童嗓音训练　问题　解决方法

一、6～12岁女童嗓音训练的研究现状

现在还有不少老师喜欢让学生用"大白嗓"，因为童声稚嫩且清亮，以此达到听觉上明亮的效果。但用多了就会对孩子的声带造成不可逆转的伤害。导致孩子在唱歌的过程中出现声音嘶哑疼痛的情况。也有的老师用成人的方法训练孩子，孩子一味地模仿成人的音色、音量，则会出现卡、挤、撑、压喉咙的情况，使喉部肌肉群处于紧张过度的状态，歌唱费力。

二、以竹语轩艺术中心的1个女童为例

笔者曾在竹语轩艺术中心任儿童声乐老师，教授对象为6～12岁的女童，在授课过程中发现不同年龄段的孩子有不同的发声问题，她们的共性为中低音区时真声过多，高音区多用假声，掌握不了真假声混合的比例，假声过多，不仅无法达到高音区所呈现的音色效果，甚至会严重损坏声带机能。而混声恰好可以解决这一问题。混声可以减少真声的成分，也可以解决唱高音区时真假声转换的问题。"混声"是声乐理论中的一个专业术语，经常运用在声乐教学中，最早提出"混声"概念的是法国人。[1] 他们认为这种带有噪音机理的混声混有胸声刚劲和头声轻柔的特质。[2] 接下来本文就以在发声练习中出现的问题展开阐述。

以景语涵（12岁）同学为例：

练声曲 2/4 拍：1234 5432 | 1234 5432 | 1234 5432 | 1234 5432 | 1234 5432| 1-

　　　　　　　　ya　　yo　　ye　　yü　　i

目的：训练嗓子的灵活性以及五个元音的统一性，气息的控制力。

出现的问题：ya、ye、i 唱得太扁，声音位置低、散、不集中且有鼻音，低音下不来，高音上不去，声音发尖。

解决方法：说话的习惯影响着发声习惯，要从"说"上去统一声音。说话的位置比唱歌的位置浅，我们需要鼻口同时吸气，声带闭合，打开喉咙，降低喉头，横膈膜下沉，找到打哈欠的状态，下巴放松，来说母音。同时模仿戏曲的甩腔来说，找到高位置，集中声音。"说"好了，再来唱。针对鼻音明显的问题，在这里可以采用捏住鼻子的方法发声，如果感觉鼻腔明显有振动，那么就还是鼻音。同时积极抬软颚，仰头，找到适宜的发声位置。低音下不来，高音尖锐的现象是因为声音的管道没有统一，低音只用胸腔，就会压喉，中音把声音集中在口腔的话，声音发白不立体，高音只用头声就会发尖。所以在唱低、中、高音时，我们必须把口腔、胸腔、头声共鸣结合运用起来，这样不同音区混合相应的比例才能发出上下统一。

三、对促进女童声乐嗓音训练的思考

（一）发声思维

好的声音是通过规范的发声方法和正确的发声思维实现的，思维控制着行动，由此可见，发声思维尤其重要。儿童的声带更为稚嫩，我们用同一种音色标准来要求学生，可能会适得其反，失了本该有的音色，应在学生的嗓音条件基础上做出适当的调整。我们在教学的时候根据学生的条件，反复和学生强调正确的声音的概念，让大脑记住正确的发声状态，并支配发声器官去运作，周而复始，使得形成肌肉记忆，以便获得好的声音。除此之外，要培养学生的内心听觉意识。我认为这是声乐具有意象特征的一点，比如：声音位置低、声音靠前、声音稍暗、声音稍远。这些都是内心听觉控制的效果。在一定程度上控制了演唱者发声以及咬字的处理，当学生正确掌握了内心听觉的调控时，在嗓音训练中应会是事半功倍。[3]

（二）视唱练耳在嗓音训练中的应用

传统的教学方法对于儿童来说，难且枯燥，儿童的理解能力有限，这样的方法并不适用。儿童天真烂漫，具有丰富的想象力，对音乐有强大的

感知能力,这个阶段的训练应以练耳为主,并且用通俗易懂、生动有趣的方式来进行教学。

对于 6～12 岁的儿童来说,听觉训练上:主要采用听音的方法,首先要辨别音的高低。在这里,要发挥幼童的想象力,比如:分别弹一个低音和一个高音(两音相对来说),让她们自己想象分别是什么形象。高音可能是天上的云、树上的鸟。低音是地上的牛或者是石头之类的,以此来感受音的高低变化。节奏训练:通过儿童喜欢的儿歌,把旋律去掉,按照节奏说歌词,并结合身体上的动作律动。

四、结语

声乐是传统音乐教育乃至素质教育里非常重要的一门课程。各个中小学都对合唱十分重视,与此同时,儿童嗓音训练就更加重要。笔者从声乐嗓音训练这一部分来分析问题,从自身的学习经历和教学经历来寻找出现问题的原因并阐述解决方法。

参考文献

[1] 孙磊. 论"混声"[J]. 科教文汇,2015(11).

[2] Lu, M. Effectiveness of vocabulary learning via mobile phone[J]. Journal of Computer Assisted earning,2008(24):515–525.

[3] 张荣家."内心听觉"在声乐教学中的调控作用[J]. 西北民族大学,2010.